房地产信托业务投融资实务（第2版）

张同庆◎著

FANGDICHAN XINTUO YEWU
TOURONGZI SHIWU

中国法制出版社
CHINA LEGAL PUBLISHING HOUSE

目 录
CONTENTS

第一章　房地产开发相关问题概述

第一节　房地产开发概述

一、房地产开发概述

（一）房地产开发概念

房地产项目开发是指房地产开发企业在依法取得国有建设用地使用权的土地上进行基础设施、房屋建设、销售或出租的行为。《城市房地产管理法》规定：房地产开发是指在依法取得国有土地使用权的土地上进行基础设施、房屋建设的行为。广义上，房地产开发包括土地一级开发和土地二级开发；狭义上，房地产开发仅指土地二级开发。

土地一级开发具体是指由土地储备机构或者其他建设单位对国有建设用地使用权（集体所有土地需要征收变更为国有建设用地）进行市政配套设施建设，以使该土地符合“三通一平”“五通一平”“七通一平”等建设条件，再将土地进行有偿转让或出让的过程。土地二级开发具体是指房地产开发企业或者其他建设单位在其通过出让、转让、划拨等方式取得的国有建设用地上进行房屋建设，并将建设的房屋出售或出租的过程。狭义上，农民在其宅基地上建设自住房、违法建设出售的“小产权房”以及城市相关单位自建房，不属于房地产开发范围。

（二）小产权房

“小产权房”有三种概念：第一种是指房地产开发商领取的已竣工验收房屋的产权证为大产权证，购房者领取的产权证为小产权证；第二种是指无须补缴土地出让金的普通商品住房的产权证为大产权证，需要补缴土地出让金的经济适用房等的产权证为小产权证；第三种是指由房地产管理部门颁发的产权证为大产权证，由乡镇政府颁发的证书为小产权证。

本文所述的小产权证属于第三种情形，但是需要注意的是，农民按照规定在自有宅基地上建设的自住房不属于小产权房。具体而言，小产权证和大产权证的区别如下表：

产权证名称	土地所有权	土地出让金	颁发部门	产权年限
大产权证	国有土地	已缴纳土地出让金（划拨土地除外）	房地产管理部门	居住用地70年；教科文卫体、工业及综合用地50年；商业、旅游、娱乐用地40年
小产权证	集体土地	未缴纳土地出让金	乡镇政府	无使用年限

根据《土地管理法》和《物权法》等法律法规的规定，我国的土地所有权分为国有土地所有权和集体土地所有权。城市的土地以及法律规定属于国家所有的农村和城市郊区的土地属于国家所有；除法律规定属于国家所有外的农村和城市郊区的土地属于农民集体所有，宅基地和自留山、自留地属于农民集体所有。农民可以按照规定在宅基地上建设住宅，农村集体所有土地的使用权不得出让、转让或者出租用于非农业建设。

由于城市房地产价格上涨过快，房价已经超出普通居民的承受能力，于是催生出利用集体所有土地建设住宅进行出售的行为。农民将在宅基地上建设的房屋卖给城市居民，或者在集体所有土地上建设住宅卖给城市居民的行为不受法律保护；购房者所购买的该类住宅也得不到合法有效的产权证。

二、房地产开发相关主体资质

（一）房地产开发资质

《房地产开发企业资质管理规定》规定：房地产开发企业应当按照本规定申请核定企业资质等级。未取得房地产开发资质等级证书的企业，不得从事房地产开发经营业务。

房地产开发资质分为四个等级，一级资质的房地产开发企业的房地产开发项目建设规模不受限制，可以开发全国各地的房地产项目，其资质由省级建设部门初审后报国务院住房与城乡建设部审批。二级及二级以下的开发企业的业务范围由省级建设部门确定，但承担开发建设项目的建筑面积不得超过25万平方米，其审批办法由省级建设部门制定。

1. 一级资质：（1）注册资本不低于5000万元；（2）从事房地产开发经营5年以上；（3）近三年房屋建筑面积累计竣工30万平方米以上，或者累计完成与此相当的房地产开发投资额；（4）连续5年建筑工程质量合格率达100%；（5）上一年房屋建筑施工面积15万平方米以上，或完成与此相当的房地产开发投资额；（6）有职称的建筑、结构、财务、房地产及有关经济类的专业管理人员不少于40人，其中具有中级以上职称的管理人员不少于20人，持有资格证书的专职会计人员不少于4人；（7）工程技术、财务、统计等业务负责人具有相应专业中级以上职称；（8）具有完善的质量保证体系，商品住宅销售中实行了《住宅质量保证书》和《住宅使用说明书》制度；（9）未发生过重大工程质量事故。

2. 二级资质：（1）注册资本不低于2000万元；（2）从事房地产开发经营3年以上；（3）近三年房屋建筑面积累计竣工15万平方米以上，或者累计完成与此相当的房地产开发投资额；（4）连续3年建筑工程质量合格率达100%；（5）上一年房屋建筑施工面积10万平方米以上，或完成与此相当的房地产开发投资额；（6）有职称的建筑、结构、财务、房地产及有关经济类的专业管理人员不少于20人，其中具有中级以上职称的管理人员不少于10人，持有资格证书的专职会计人员不少于3人；（7）工程技术、财务、统计等业务负责人具有相应专业中级以上职称；（8）具有完善的质量保证体系，商品住宅销售中实行了《住宅质量保证书》和《住宅使用说明书》制度；（9）未发生过重大工程质量事故。

3. 三级资质：（1）注册资本不低于800万元；（2）从事房地产开发经营2年以上；（3）近三年房屋建筑面积累计竣工5万平方米以上，或者累计完成与此相当的房地产开发投资额；（4）连续2年建筑工程质量合格率达100%；（5）有职称的建筑、结构、财务、房地产及有关经济类的专业管理人员不少于10人，其中具有中级以上职称的管理人员不少于5人，持有资格证书的专职会计人员不少于2人；（6）工程技术、财务等业务负责人具有相应专业中级以上职称，统计等其他业务负责人具有相应专业初级以上职称；（7）具有完善的质量保证体系，商品住宅销售中实行了《住宅质量保证书》和《住宅使用说明书》制度；（8）未发生过重大工程质量事故。

4. 四级资质：（1）注册资本不低于100万元；（2）从事房地产开发经营1年以上；（3）已竣工建筑工程质量合格率达100%；（4）有职称的建筑、结构、财务、房地产及有关经济类的专业管理人员不少于5人，持有资格证书的专职会计人员不少于2人；（5）工程技术具有相应专业中级以上职称，财务等业务负责人具有相应专业初级以上职称，配有专业统计人员；（6）商品住宅销售中实行了《住宅质量保证书》和《住宅使用说明书》制度；（7）未发生过重大工程质量事故。

5. 暂定资质：《暂定资质证书》的申领条件不得低于四级资质企业的条件，有效期1年，延长期限不得超过2年。如果1年内无开发项目的，有效期不得延长。

（二）建筑业企业资质

1. 资质序列

建筑业企业的资质可以分为三个序列：施工总承包、专业承包和劳务分包。建筑企业可以申请一项或多项建筑业企业资质；申请多项资质的，应选择等级最高的一项资质为企业主项资质。

根据《建筑业企业资质管理规定》的规定，各资质序列的企业可以从事的承包作业范围为：（1）具有施工总承包资质的企业可以承接施工总承包工程；其可以对所承包的工程全部自行施工，也可以将专业工程或劳务作业分包给专业承包企业或劳务分包企业。（2）具有专业承包资质的企业可以承接施工总承包企业分包的专业工程，也可以承接建设单位依法发包的专业工程；其可以对所承接的工程全部自行施工，也可以将劳务作业分包给劳务分包企业。（3）具有劳务分包资质的企业可以承接施工总承包企业或专业承包企业分包的劳务作业。

2. 资质等级许可

由国务院建设主管部门实施行政许可的资质等级范围包括：（1）施工总承包序列特级资质和一级资质；（2）国务院国资委直接监管的企业及其下属一级企业的施工总承包二级资质和三级资质；（3）水利、交通、信息产业方面的专业承包序列一级资质；（4）铁路民航方面的专业承包序列一级资质和二级资质；（5）公路交通工程和城市轨道交通专业承包不分等级资质。

由企业工商注册所在地的省级建设主管部门实施行政许可证的资质等级范围包括（由国务院实施行政许可的除外）：（1）施工总承包序列二级资质；（2）专业承包序列一级和二级资质；（3）专业承包序列不分等级资质。

由企业工商注册所在地的设区市级建设主管部门实施行政许可证的资质等级范围包括（由国务院实施行政许可的除外）：（1）施工总承包序列三级资质；（2）专业承包序列三级资质；（3）劳务分包序列资质；（4）燃气燃烧器具安装、维修企业资质。

（三）其他相关资质

1. 建设工程勘察设计资质

工程勘察资质为工程勘察综合资质、工程勘察专业资质和工程勘察劳务资质。其中工程勘察综合资质只设甲级；工程勘察专业资质设甲级和乙级，部分专业可以根据工程性质和技术特点设丙级；工程勘察劳务资质不分等级。

工程设计资质分为工程设计综合资质、工程设计行业资质、工程设计专业资质和工程设计专项资质。其中工程设计综合资质只设甲级，工程设计行业资质、工程设计专业资质和工程设计专项资质设甲级和乙级，个别行业、专业和专项资质可以根据工程性质和技术特点设丙级，建筑工程专业资质可以设丁级。

工程勘察和工程设计甲级资质，以及涉及铁路、交通、水利、信息产业、民航等方面的工程设计乙级资质的申请向省级建设主管部门提出，并由省级建设主管部门进行初审，然后由国务院建设主管部门依据省级初审意见进行审批，其中涉及铁路、交通、水利、通信、民航等专业工程资质申请的，由国务院建设主管部门送国务院相关主管部门审核。工程勘察乙级及以下资质、劳务资质、工程设计乙级（由国务院建设主管部门审批的除外）及以下资质由省级建设主管部门进行审批，并上报国务院建设主管部门备案。国务院国资委管理的企业以及其下属一级企业的资质由国务院国资委管理的企业向国务院建设主管部门提出申请。

2. 工程监理企业资质

工程监理企业资质可分为综合资质、专业资质和事务所资质，其中综合资质和事务所资质不分级别，专业资质分为甲级和乙级，房屋建筑、水利水电、公路和市政公用专业资质可设立丙级。工程监理企业资质证书的有效期为5年。

综合资质和专业甲级资质的申请应当向省级建设主管部门提出，并由省级建设主管部门进行初审，然后由国务院建设主管部门根据省级初审意见进行审批，其中涉及铁路、交通、水利、通信、民航等专业工程资质申请的，由国务院建设主管部门送国务院相关主管部门审核。专业乙级、丙级资质和事务所资质由省级建设主管部门进行审批，并上报国务院建设主管部门备案。

三、房地产开发“五证”

（一）《国有土地使用权证》

《土地管理法实施条例》第三条第一款规定：“国家依法实行土地登记发证制度。依法登记的土地所有权和土地使用权受法律保护，任何单位和个人不得侵犯”。《城市房地产管理法》第六十条规定，“国家实行土地使用权和房屋所有权登记发证制度”。《物权法》规定设立建设用地使用权的方式可以采用出让或者划拨等方式。对于采用划拨方式取得的建设用地使用权要严格限制。《土地管理法》规定：国家机关用地和军事用地、城市基础设施用地和公益事业用地、国家重点扶持的能源、交通、水利等基础设施用地及法律、行政法规规定的其他用地，可以经县级以上人民政府批准以划拨方式取得，其他用地应当以出让等有偿方式取得。对于工业、商业、旅游、娱乐和商品住宅等经营性用地以及同一土地有两个以上意向用地者的，应当采取招标、拍卖等公开竞价的方式出让。

（二）《建设用地规划许可证》

《建设用地规划许可证》是城市规划行政主管部门确认建设项目位置和范围符合城市规划的法定凭证。《城乡规划法》第三十八条规定："在城市、镇规划区内以出让方式提供国有土地使用权的，在国有土地使用权出让前，城市、县人民政府城乡规划主管部门应当依据控制性详细规划，提出出让地块的位置、使用性质、开发强度等规划条件，作为国有土地使用权出让合同的组成部分。未确定规划条件的地块，不得出让国有土地使用权。以出让方式取得国有土地使用权的建设项目，建设单位在取得建设项目的批准、核准、备案文件和签订国有土地使用权出让合同后，向城市、县人民政府城乡规划主管部门领取建设用地规划许可证……"同时应当注意的是，没有规划条件的土地出让合同是无效的，城乡规划主管部门也不得在建设用地规划许可证中擅自改变土地出让合同的规划条件。《城乡规划法》第三十七条对以划拨方式取得土地的建设用地规划许可证进行了相关规定。

（三）建设工程规划许可证

《城乡规划法》第四十条规定："在城市、镇规划区内进行建筑物、构筑物、道路、管线和其他工程建设的，建设单位或者个人应当向城市、县人民政府城乡规划主管部门或者省、自治区、直辖市人民政府确定的镇人民政府申请办理建设工程规划许可证。申请办理建设工程规划许可证，应当提交使用土地的有关证明文件、建设工程设计方案等材料。需要建设单位编制修建性详细规划的建设项目，还应当提交修建性详细规划。对符合控制性详细规划和规划条件的，由城市、县人民政府城乡规划主管部门或者省、自治区、直辖市人民政府确定的镇人民政府核发建设工程规划许可证。城市、县人民政府城乡规划主管部门或者省、自治区、直辖市人民政府确定的镇人民政府应当依法将经审定的修建性详细规划、建设工程设计方案的总平面图予以公布。”如果建设单位未取得建设工程规划许可证或者未按照建设工程规划许可证的规定进行建设的，属于违章建筑，由县以上城乡规划部门责令停止建设、限期改正、限期拆除、罚款、没收等处罚。

（四）《建设工程施工许可证》

《建筑法》规定了建设单位在建筑工程开工前应当向建设行政主管部门领取施工许可证，领取施工许可证的条件为：（1）已经办理该建筑工程用地批准手续；（2）在城市规划区的建筑工程，已经取得规划许可证；（3）需要拆迁的，其拆迁进度符合施工要求；（4）已经确定建筑施工企业；（5）有满足施工需要的施工图纸及技术资料；（6）有保证工程质量和安全的具体措施；（7）建设资金已经落实；（8）法律、行政法规规定的其他条件。国务院建设行政主管部门确定的限额以下的小型工程和按照国务院规定的权限和程序批准开工报告的建筑工程不再领取施工许可证。施工许可证的有效期为3个月，建设单位因故未能按期开工的，有两次申请延期的机会，每次延期不超过3个月。如果建设单位领取了施工许可证后既不开工也不申请延期或者超过延期时限的，施工许可证自行废止。在建的工程因故中止施工的，建设单位应当在一个月内向发证机关报告，同时做好工程的维护管理工作。恢复施工也应当向发证机关报告，中止施工满一年的工程要恢复施工的，应事先报发证机关核验施工许可证。按照国务院有关规定批准开工报告的建筑工程不能按期开工或中止施工的，应当及时向批准机关报告。不能按期开工超过6个月的，应当重新办理开工报告的批准手续。

（五）《预售许可证》

《城市商品房预售管理办法》规定房地产开发商进行商品房预售应当取得预售许可证。商品房预售应当符合以下条件：（1）已交付全部土地使用权出让金，取得土地使用权证；（2）持有建设工程规划许可证和施工许可证；（3）按提供预售的商品房计算，投入开发建设的资金达到工程建设总投资的25%以上，并已确定施工进度和竣工交付日期。

四、地下空间开发与人防工程

（一）地下空间的规划与开发

地下空间的开发建设是城市开发建设的组成部分，将地下空间应用于城市地下交通、商业仓储、人民防空等领域，不但能够高效合理地利用有限的土地与空间资源，同时也能产生可观的经济效益。为了加强对城市地下空间开发利用的管理，合理开发城市地下空间资源，建设部颁发了《城市地下空间开发利用管理规定》。各级政府编制城市总体规划时，应当根据城市发展的需要编制城市地下空间规划，从而合理高效地对城市规划区范围内的地下空间进行开发利用。

附着于地面建筑进行的地下工程建设，建设单位应当随地面建筑一并向城市规划主管部门申办选址意见书、建设用地规划许可证和建设工程规划许可证；独立开发的地下交通、商业、仓储、能源、通信、管线和人防工程等设施，建设主体持有关批准文件和技术资料向城市规划主管部门申办选址意见书、建设用地规划许可证和建设工程规划许可证。建设单位只有在取得建设工程规划许可证和其他相关批准文件后，才可以申办建设工程施工许可证。地下工程的勘察设计、施工、监理和竣工验收等应当符合国家相关规定、标准和规范。

《城市地下空间开发利用管理规定》规定了地下工程开发建设应当遵循“谁投资、谁所有、谁受益、谁维护”的原则，并且建设单位可以对其投资开发建设的地下工程自营、转让或租赁。建设或使用单位不得擅自改变地下工程的结构设计，如需改变原有的结构设计，应当按照规定重新办理审批手续，并且由具备相应资质的设计单位设计。平战结合的地下工程应当保证战时能迅速提供给有关部门使用。

（二）人防工程与地下空间开发

《人民防空法》第五条规定：“国家对人民防空设施建设按照有关规定给予优惠。国家鼓励、支持企业事业组织、社会团体和个人，通过多种途径，投资进行人民防空工程建设；人民防空工程平时由投资者使用管理，收益归投资者所有。”

根据《中共中央、国务院、中央军委关于加强人民防空工作的决定》以及《国务院、中央军委关于进一步推进人民防空事业发展的若干意见》的规定，县级以上政府要把人民防空工程建设纳入城市总体建设规划。市政公用基础设施和房屋建筑等工程的规划和建设，要注重开发利用城市地下空间，兼顾人民防空要求，逐步形成由城市地下交通干线、地下商业娱乐设施、地下停车场、地下街道、共同沟等组成的城市地下防空体系；城市及城市规划区内的新建民用建筑应当配套同步建设防空地下室。

地下防空建设要实现投资主体多元化和投资来源多渠道，可以通过合资、合作、股份制、独资、发行债券等方式募集资金开发建设防空工程。人民防空设备设施要实行产权与使用权和经营权的分离，使用权和经营权可以以有偿出租、转让等方式推向市场。要鼓励各社会组织积极投资开发人民防空设备设施，鼓励外商投资建设人防工程，国家给予相应的政策优惠。根据《财政部、国家税务局关于外商投资企业投资人防工程有关税收问题的通知》（财税字〔1997〕121 号）规定，各级人防部门与外商共同投资建设改造人防工程，经营期在十年以上的，从开始获利的年度起，第一年和第二年免征企业所得税，第三年至第五年减半征收企业所得税。

第二节　土地一级开发流程

一、土地一级开发概述

（一）土地一级开发主体

土地一级开发主体包括各地土地整理储备中心和其他建设单位。土地整理储备中心作为开发主体的，由土地整理储备中心负责筹措开发资金、办理相关手续、通过招标方式确定具体实施单位；其他建设单位作为开发主体的，由该建设单位负责筹措资金、办理相关手续、组织土地开发建设。

（二）土地储备机构

土地储备机构是由县、市人民政府批准成立，具有独立法人资格，隶属于国土资源管理部门，统一承担本行政辖区内土地储备工作的事业单位。土地储备机构主要承担对依法取得的土地进行前期开发储存以备供应土地的职能，即地方政府通过土地储备机构将依法取得的未完成拆迁、水电气热等基础设施的“生地”，经过土地一级开发达到“熟地”的标准后，再经过招拍挂等方式将土地向市场进行供应。

我国土地储备机构主要是依据当地政府规章或规范性文件设立的，在实际运作中主要可以分为两种类型：

第一种，政府职能部门设立的土地储备机构，属于具有独立法人资格、具有事业单位性质、不以营利为目的的机构，根据政府授权对储备的土地行使管理权。事业单位性质的土地储备机构具有明显的公益性质，其不拥有国有土地使用权。

第二种，政府出资设立的企业性质的土地储备机构，属于具有独立法人资格、作为市场主体收购储备土地的机构，其可以依法取得国有土地使用权，对储备的土地依法享有占有、使用和收益的权利。

（三）土地储备范围

可以纳入土地储备范围的土地包括五种类型，分别为：依法收回的国有土地，收购的土地，行使优先购买权取得的土地，已办理农用地转用、土地征收批准手续的土地以及依法取得的其他土地。

1. 依法收回的国有土地

依法收回的国有土地分为两种情形：第一种是被依法无偿收回国有土地使用权的土地，由土地登记机关办理注销土地登记手续后纳入土地储备；第二种是因旧城改造等城市规划需要而调整使用土地的，经区县人民政府批准依法对土地使用权人给予补偿后收回土地使用权的土地，由土地登记机关注销土地登记手续后纳入土地储备。

2. 收购的土地

土地储备机构与土地使用权人签订土地使用权收购合同，根据土地评估结果协商确定土地收购补偿标准，并经国土资源部门、财政部门或地方法规规定的机构批准确认。完成土地收购程序后的土地，由土地登记机关办理注销土地登记手续后纳入土地储备。

3. 行使优先购买权取得的土地

政府行使优先购买权取得的土地，由土地登记机关办理注销土地登记手续后纳入土地储备。

4. 已办理农用地转用、土地征收批准手续的土地

已办理农用地转用、土地征收批准手续的土地，由土地登记机关办理注销土地登记手续后纳入土地储备。

5. 依法取得的其他土地

上述纳入储备的土地可以通过土地登记手续办理土地证书。土地储备机构供应已发土地证书的储备土地前，应当收回土地证书；土地储备机构供应已设立抵押权的储备土地，要先行解除抵押。

（四）储备土地的开发与供应

1. 年度土地储备计划

县市人民政府国土资源部门、财政部门和中国人民银行当地分支机构等部门根据当地的经济社会发展计划、土地利用总体规划、城市总体规划、土地利用年度计划和土地市场供需状况等共同编制年度土地储备计划。土地储备机构应于每年第三季度编制下一年度土地储备计划，年度土地储备计划需要报同级人民政府批准，并报送上级国土资源管理部门备案。

年度土地储备计划包括如下内容：（1）年度储备土地规模，其中年度新增储备土地规模原则上应当控制在本县市前三年年均供应的储备土地量之内；（2）年度储备土地前期开发规模；（3）年度储备土地供应规模；（4）年度储备土地临时利用计划；（5）计划年度末储备土地规模。

2. 储备土地开发

土地储备机构通过招标方式选择工程设计、施工和监理等单位，对储备土地进行前期开发以使之具备供应条件，前期开发主要包括道路、供水、供

电、供气、排水、通信、照明、绿化、土地平整等基础设施建设。土地储备机构不得通过下设机构进行工程建设，其下设或挂靠从事工程建设的机构必须与土地储备机构彻底脱钩。

3. 土地供应

完成前期开发整理的储备土地纳入当地土地供应计划，由当地政府国土资源管理部门统一组织供地。依法办理农用地转用、土地征收后的土地，纳入储备后满 2 年未供应的，在下达下一年度农用地转用计划时扣减相应的指标。

（五）土地供应方式

根据《物权法》《土地管理法》《城镇国有土地使用权出让和转让暂行条例》等法律法规的规定，建设用地使用权的取得方式包括出让和划拨两种方式。

1. 划拨方式取得建设用地使用权

经县级以上人民政府依法批准的如下建设用地，可以通过划拨方式取得：（1）国家机关用地和军事用地；（2）城市基础设施用地和公益事业用地；（3）国家重点扶持的能源、交通、水利等基础设施用地；（4）法律、行政法规规定的其他用地。

2. 出让方式取得建设用地使用权

（1）概述

工业、商业、旅游、娱乐和商品住宅等经营性用地以及同一土地有两个以上意向用地者的，应当采取招标、拍卖等公开竞价的方式出让，出让双方当事人应当采取书面形式订立建设用地使用权出让合同。土地使用权出让合同的出让方应当是县市级人民政府土地管理部门，开发区管委会作为出让方与受让方订立的土地使用权出让合同应当认定为无效。

通过招标、拍卖、挂牌方式确定中标人、竞得人后，出让人应当与中标人、竞得人签订成交确认书。中标人、竞得人应当按照成交确认书约定的时间与出让人签订《国有土地使用权出让合同》。受让人依照《国有土地使用权出让合同》的约定付清全部国有土地使用权出让金后，应当依法申请办理土地登记并领取国有土地使用权证书。

出让人应当在招标、拍卖、挂牌活动结束后的 10 个工作日内将招拍挂出让结果向公众公布。中标人、竞得人支付的投标竞买保证金可以冲抵土地使用权出让金，其他投标人、竞买人支付投标竞买保证金应当由出让人在招拍挂活动结束后的5个工作日内予以退还。

（2）招标、拍卖、挂牌

①招标：招标出让国有土地使用权，是指出让人发布招标公告，邀请特定或者不特定的公民、法人和其他组织参加国有土地使用权投标，根据投标结果确定土地使用者的行为。

②拍卖：拍卖出让国有土地使用权，是指出让人发布拍卖公告，由竞买人在指定时间、地点进行公开竞价，根据出价结果确定土地使用者的行为。

③挂牌：挂牌出让国有土地使用权，是指出让人发布挂牌公告，按公告规定的期限将拟出让宗地的交易条件在指定的土地交易场所挂牌公布，接受竞买人的报价申请并更新挂牌价格，根据挂牌期限截止时的出价结果确定土地使用者的行为。

二、用地手续

（一）一级开发申请

1. 一级开发申请及建设用地预审

土地所有者或者使用者征得区县政府或上级主管单位关于进行土地开发的同意后，向国土部门提交一级开发申请，申请进行土地一级开发；国土部门受理土地一级开发申请，并根据预审申请报告进行建设用地预审。

根据北京市国土资源局规定，申请建设用地预审应提供的材料包括：（1）建设项目用地预审申请表及申请报告；（2）申请身份证明材料；（3）规划部门核发的《建设项目选址意见书》及附件、附图或《规划条件》及附件、附图或规划部门发给发改部门的函复文件；（4）发改部门或具备相应批准权限的主管机关核发的项目审批、核准、备案文件或项目办理用地预审告知单；（5）项目建议书与可行性研究报告分开审批的审批单和备案类单独选址项目，提交《建设项目不压覆重要矿产资源核查意见》或《建设项目压覆重要矿产资源核查意见》；（6）报国土资源部预审的，建设项目位于地质灾害防治规划确定的地质灾害易发区内的，提交《地质灾害危险性评估报告》和《地质灾害危险性评估报告备案登记表》。

2. 开发方案编制及联审、开发主体招标

通过建设用地预审的项目，由市区县土地储备机构负责编制一级开发实施方案①，并将一级开发实施方案提交由国土部门会同发改委、规划、建设、交通、环保等部门参加的联审会。通过联审会的项目举行招投标，以此确定土地开发主体。

（二）土地一级开发主体

土地一级开发主体包括土地储备机构和通过招标方式确定的开发企业。确定土地开发主体后，由土地开发主体负责土地一级开发资金的筹措、项目的规划和核准、征地拆迁及大市政建设等手续。

（三）土地一级开发内容

土地一级开发的内容包括“三通一平”“五通一平”“七通一平”。“三通一平”主要是指通水、通电、通路和场地平整；“五通一平”主要是指通水、通电、通路、通信、排水和场地平整；“七通一平”主要是指通水、通电、通路、通信、排水、热力、燃气和场地平整。

三、规划核准

（一）办理规划意见书

根据《城市规划编制办法》，城市人民政府应当负责所在城市总体规划和城市分区规划的编制工作；城市建设部门或规划部门依据已经批准的城市总体规划或者城市分区规划编制控制性详细规划，确定建设地区的土地使用性质、使用强度等控制指标、道路和工程管线控制性位置以及空间环境控制的规划，是建设主管部门或规划部门作出建设项目规划许可的依据。土地一级

① 土地一级开发实施方案一般包括储备地块的范围和面积、控制规划条件、地上建筑物状况、开发的成本和收益，开发的计划和实施方式等。

开发主体应当按照要求向建设主管部门或城市规划部门申请办理规划意见书。

根据北京市规划委的规定，土地开发申请核发《建设项目规划条件（土地储备前期整理）》需要提交如下资料：(1)《建设项目规划许可及其他事项申请表》及《建设项目法人授权委托书》，(2) 市国土主管部门明确的由申报主体承担土地储备任务的授权批准文件及区县政府授权文件明确的作为土地储备项目的主体单位授权批准文件，(3) 土地储备机构关于开展土地储备工作的说明，(4) 用铅笔标绘拟开展土地储备前期整理用地范围的地形图，(5) 其他法律、法规、规章规定的相关要求。

（二）项目核准

土地一级开发主体取得规划意见书后，委托测绘单位对规划用地进行测绘钉桩，并按照建设用地钉桩成果及绘制要求绘制出地形图。土地一级开发主体需要向发改委申请项目核准手续，并征求建设、交通、园林、文物、环保及市政等相关部门的意见。具体程序及内容如下：

1. 测绘院委托钉桩

钉桩即固定规划用地区域的四角位置，需要在规划意见书办理之后，委托测绘院确定桩点，并由执法大队实施。土地一级开发主体按照建设用地钉桩成果及绘制要求绘制出地形图。

2. 项目核准

土地一级开发主体需要将土地一级开发项目报市发改委核准批复，批复内容主要包括建设地点（具体为四至范围）、规划用地（规划总用地面积，包括建设用地面积、代征道路用地面积、代征公共绿地面积等规划用地指标）、建设规模及内容（建筑规模，住宅、商业及公共服务设施等建设内容）。

发改委在对土地一级开发项目批复核准的同时，需要征求相关部门的意见，比如住建委的建设意见、交通委的交评意见、园林局的古树园林处理意见、文物局的文物保护意见、环保局的环评意见、市政部门的接用意见。

四、农用地征收或转用

（一）签订征地补偿协议

根据《北京市建设征地补偿安置办法》规定，征地单位与被征地农村集体经济组织或村民委员会签订征地补偿安置协议，协议内容包括补偿方式、补偿金额及支付方式、安置人员数量及安置方式、青苗及土地附着物补偿、违约责任和纠纷处理方式等内容。被征地农村集体经济组织或村民委员会在签订协议前应当就协议主要内容经村民大会民主程序形成书面决议，并应于协议签订后向村民公示征地补偿安置协议。

（二）农用地转为建设用地/征收集体土地批准

1. 申请条件及材料

根据北京市国土资源局规定，办理农用地转为建设用地申请需要符合如下条件：（1）农用地转用/征地实施主体与有关批准文件一致；（2）符合土地利用总体规划；（3）已列入年度土地利用计划中确定的农用地转用指标；（4）符合城市规划和村庄集镇规划；（5）涉及占用耕地的，应先落实补充耕地或缴纳耕地开垦费；（6）征地补偿标准符合本市有关规定（征收集体土地批准）。

申请材料包括：（1）加盖区县人民政府公章的建设用地申请函、区县人民政府填报的《建设用地项目呈报说明书》《农用地转用方案》《补充耕地方案》《征收土地方案》《供地方案》；（2）土地情况调查表、建设项目拟征地的《土地权属情况汇总表》；（3）补偿协议；（4）村民会议决定或村民会议授权村民代表会议的决定（国有农用地免交）；（5）分局公示材料（国有农用地免交）、听证情况说明或征地听证记录/村组放弃听证的回执（征收集体土地提供）；（6）建设项目用地预审意见；（7）发改部门核发的项目审批、核准或备案文件；（8）规划部门核发的《选址意见书》及附件、附图或《规划条件》及附件、附图，规划部门出具的用地钉桩成果；（9）建设用地勘测定界技术报告书和勘测定界图；（10）补充耕地审核意见及附件（不占耕地的免交）；（11）林业主管部门同意使用林地的意见（不占林地的免交）；（12）《地质灾害危险性评估报告备案登记表》及专家评审意见（建设项目用地预审意见不要求做的免交）、《建设项目不压覆重要矿产资源核查意见》或《建设项目压覆重要矿产资源核查意见》（建设项目用地预审意见不要求做的免交）；（13）拟征（占）土地的土地利用现状图、拟征（占）土地的土地利用总体规划局部图；（14）调整土地利用总体规划的，提交规划局部调整方案及附图；（15）农用地转为建设用地或集体土地征收前期工作取得的《土地权属审查告知书》；（16）申请人身份证明材料。

2. 征地公示

根据北京市国土资源局规定，各区县分局在建设项目签订征地补偿安置协议后，将征地补偿安置协议主要内容在被征地村予以公示。被征地村民提出听证申请的，应当依法举行听证，并将听证纪要随征地材料上报；征地公示期满后，由分局依法草拟建设项目农用地转用方案、补充耕地方案、征用土地方案和供地方案，经区县政府审核同意后，报市国土局审核（一书四案：征地补偿安置协议、农用地转用方案、补充耕地方案、征用土地方案和供地方案）。

3. 征地结案

根据北京市国土资源局规定，征地已经国务院或北京市政府批准并予以公告，且征地补偿款已经到位时，一级开发主体可以提交如下资料申请征地结案：（1）办理国家建设用地征用结案申请表，（2）国务院或北京市人民政府用地批准文件，（3）征地补偿安置协议，（4）村委会及乡政府出具的国家建设征用土地结案证明，（5）国家建设征地土地结案表，（6）征地补偿款交款凭证。

（三）《建设用地批准书》

根据北京市国土资源局规定，《建设用地批准书》由北京市国土资源局各区县分局实施，具体申请材料包括：（1）申请人主体资格证明文件、法定代表人身份证明书及授权委托书和受托人身份证，（2）划拨决定书或土地有偿使用合同，（3）工程进度计划，（4）标注用地位置的1∶2000的地形图。

（四）房屋拆迁及补偿

根据《国有土地上房屋征收与补偿条例》，房屋征收决定由市县级政府作出，具体可以征收的情形包括：（1）国防和外交需要，（2）由政府组织实施的能源、交通、水利等基础设施建设的需要，（3）由政府组织实施的科技、教育、文化、卫生、体育、环境和资源保护、防灾减灾、文物保护、社会福利、市政公用等公共事业需要，（4）由政府组织实施的保障性安居工程建设需要，（5）由政府依照城乡规划法有关规定组织实施的对危房集中、基础设施落后等地段进行旧城区改建的需要，（6）法律、行政法规规定的其他公共利益需要。

房屋征收部门需要拟订征收补偿方案，并报市县级政府；市县级政府组织有关部门对征收补偿方案进行论证并予以公布以征求工种意见，并将征求意见情况和根据公众意见修改情况及时公布。因旧城改建需要征收房屋，多数被征收人认为征收补偿方案不符合条例规定的，市县级政府应组织被征收人和公众代表参加的听证会，并根据听证会情况修改方案。

征收的补偿方式包括货币补偿和房屋产权调换，补偿范围包括：（1）被征收房屋价值的补偿，（2）因征收房屋造成的搬迁、临时安置的补偿，（3）因征收房屋造成的停产停业损失补偿。县市级政府还应当制定补助和奖励办法，对被征收人给予补助和奖励。实施房屋征收按照先补偿后搬迁的原则进行，禁止建设单位参与搬迁活动，禁止采用暴力、威胁或者违反规定中断供水、供热、供气、供电和道路通行等非法方式迫使被征收人搬迁。

五、验收结案与入市

（一）验收结案

土地一级开发完成后，应由国土资源部门组织有关部门对土地一级开发工作进行验收。根据北京市土地储备中心关于土地一级开发主体应当编制的《土地一级开发结案报告》，土地一级开发验收结案应当审验如下内容：

1. 项目基本情况

项目基本情况包括项目名称、项目坐落、项目开发主体、实施方案和委托协议编号、批复方式（初始批复时间和批复文件编号）、批复项目四至及土地面积、分期审验情况。

2. 结案文件审核内容

（1）征地核验文件：与集体经济组织签署的征地协议、征地批复、征地结案表、村委会出具的关于征地补偿和回迁房建设到位的证明。

（2）拆迁核验文件：拆迁许可证、拆迁结案表、规划意见书和订桩坐标成果报告、开发单位出具的对拆迁遗留问题补偿的保证书。

（3）市政核验文件：开发单位出具的市政建设承诺书、未实施市政建设的提供市政咨询方案和市政综合方案、已实施市政建设的提供市政验收文件和市政竣工图纸。

3. 现场审验内容

（1）规划红线内拆迁、拆除遗留及土地平整情况（边界不清时需要测绘单位现场指界）。

（2）现状地上地下物其他情况（如树木、管线、杂土、排水渠、电缆沟等）。

（3）市政条件情况，要求现场检验各项市政接口位置，与实施方案承诺条件对比核实。

（4）回迁房建设情况、入住情况，与实施方案承诺的条件对比核实。

（5）其他情况。

4. 开发成本审验

（1）成本审计：需要审验一级开发成本报告和审计报告。

（2）实际征地拆迁补偿指标明细和大市政费用明细。

（3）一级开发投资总额和投资回报：投资总额包括前期费用、征地补偿费、拆迁补偿费、市政基础设施建设费、非经营性配套设施建设费、财务费用。

（二）入市交易

根据北京市国土资源局规定，国有土地使用权入市交易需要按照如下程序办理：

1. 申请、批转、核验与联席会审议：原土地使用权人或土地一级开发单位持有关材料向国土局提交申请，并由市国土局土地市场处初审后批转市土地整理储备中心；市土地整理储备中心对原土地使用权人或土地一级开发单位递交的材料进行核验，并由市国土局会同市规划委、发改委、建委、交通委、绿总指、园林局、文物局、环保局、规划院等单位联合对入市交易土地的规划、建设、交通、文物、环保等方面进行联合审议。

2. 规划条件申领、市政方案咨询、土地评估及低价审核：是土地整理储备中心根据联席会审议结果向市规划委申请规划条件；原土地使用权人或土地一级开发单位根据规划意见书完成市政方案咨询和土地评估；市国土局会同市价格管理部门对入市交易土地进行底价审核；

3. 方案编制与报批、签订入市交易协议：市土地整理储备中心根据规划、底价审核等编制招拍挂出让方案以及交易文件，并将交易方案报市国土局土地市场处审核后，报局长审批；同意入市交易的土地，由原土地使用权或土地一级开发单位与市土地整理储备中心签订土地入市交易协议；

4. 入市交易：市土地整理储备中心发布交易公告并组织招标、拍卖或挂牌交易，竞得人取得由市国土局核发的成交确认书；竞得人持成交确认书在规定期限内与市国土局签订出让合同并与原土地使用权人或土地一级开发单位签订补偿协议，竞得人按照出让合同及补偿协议规定向市国土局及原土地使用权人或土地一级开发单位支付相关款项。

第三节　土地二级开发流程

一、概述

房地产开发商从事房地产开发业务，应当取得相应的房地产开发资质。房地产开发资质分为 1 - 4 级及暂定资质，其中一级资质需要由省级建设主管部门初审后报住房与城乡建设部审批，二级及以下资质需要报省级建设主管部门审批。房屋工程建设流程可以用五证作为主线，即建设用地使用权证、建设用地规划许可证、建筑工程规划许可证、建筑工程施工许可证和预售许可证。

房地产开发流程包括三个基本方面：用地手续、勘察设计和规划建设。用地手续即房地产开发企业通过招拍挂等方式取得国有土地使用权，并按照规定缴纳土地使用权出让金及相关税费；勘察设计即对建设项目进行地质勘探、初步设计、出单体报建图及各专业施工图、竣工图等，并通过相关主管部门对各项设计图纸进行审查；规划建设即向相关主管部门申办建设项目备案、用地规划、工程规划、施工许可及项目施工、竣工验收等。

二、建设用地使用权取得阶段

房地产开发企业通过招拍挂等方式取得建设用地使用权，需要办理建设用地使用权出让手续和土地补偿费手续。

1. 房地产开发企业参与建设用地使用权竞买时，需要缴纳一定金额的保证金，竞买成功后取得成交确认书或中标通知书，然后与土地出让部门签署《国有土地使用权出让合同》①，房地产开发企业需要按照《国有土地使用权出让合同》约定按期缴纳土地出让价款和税费。

2. 如果竞买的建设用地使用权涉及需要房地产开发企业支付拆迁补偿费用的，房地产开发企业应与建设用地使用权出让单位签署相关补偿协议，并支付拆迁补偿费用。

三、立项备案阶段

房地产开发企业应当向所属地区的发改委提交备案登记申请表和规划意见书，申请取得固定资产投资项目备案证或立项备案批复。我国对固定资产项目投资采用备案制和核准制两种方式，目前房地产开发投资实行备案制。

---

① 根据《城乡规划法》的规定，《国有土地使用权出让合同》必须包括出让地块的位置、使用性质及开发强度等规划条件。

四、建设用地规划许可证办理阶段

（一）建设用地规划许可证办理材料

根据北京市规划委员会的规定，依法取得国有土地使用权的建设项目，建设单位可以提交如下材料申请建设用地规划许可证：（1）建设单位出具的申报委托书，（2）《建设项目规划许可及其他事项申报表》，（3）规划部门及相关部门的批准文件：以招拍挂方式取得国有土地使用权的，提交成交确认书、土地出让合同及立项备案文件，（4）《建设用地钉桩测量成果报告书》，（5）测绘部门按建设用地钉桩成果及绘图要求绘制的1∶500或1∶2000地形图。

（二）勘察设计

房地产开发企业需要对建设用地进行地质勘探，并取得地质勘探报告。房地产开发企业通过招投标确定设计单位，由设计单位对建设项目进行初步设计，并报城市规划部门出具设计方案审查意见。

初步设计阶段实行并联审批，城市规划部门为主办部门，人防、园林、消防、交通、教育、市政等为协办部门；城市规划部门先预审通过，在取得各协办部门的审查合格意见后，再出具初步审计审查意见。房地产开发企业完成初步设计工作，需要出单体报建图。

五、建设工程规划许可证办理阶段

1. 并联审批程序

《建设工程规划许可证》是建设单位办理《建设工程施工许可证》、进行规划验线及验收、商品房预售/销售及产权登记的必需要件。城市规划部门在收到建设单位提交的办理《建设工程规划许可证》的申请时，应当向人防、园林、消防、交通、教育等主管部门发放并联审批办理通知；城市规划部门收到并联审批部门的审核意见书后，应在规定时限内完成现场放验线，并核发《建设工程规划许可证》。

2. 建设工程规划许可证办理材料

根据北京市规划委员会的规定，申请建设工程规划许可证需要提交如下资料：（1）建设单位出具的申请委托书，（2）《建设项目规划许可及其他事项申报表》，（3）建设项目备案文件，（4）初步设计方案、修建性详细规划等前期规划管理文件，（5）使用国有土地的有关证明文件，（6）具有资质的设计单位按照前期规划管理文件要求绘制的建设工程施工图中的主要部分。

六、建设工程施工许可证办理阶段

（一）施工图审查

1. 施工图内容

房地产开发企业出单体报建图后，需要出各专业的施工图，然后报送施工图审查。

建设项目施工图是建设工程总体布局和建筑物的外部形状、内部布置、结构构造、内外装修、材料设备等施工要求图样，是建设工程施工的主要依据。建设项目施工图包括建筑施工图、结构施工图、设备施工图等各专业图纸，其中建筑施工图主要包括图纸目录及门窗表、建筑设计总说明、建筑平面图、建筑立面图、建筑剖面图、节点大样图及门窗大样图、楼梯大样图。

2. 施工图审查

施工图需要报送建设主管部门认定的施工图审查机构进行审查，未经审查合格的施工图不得使用。根据住房与城乡建设部《房屋建筑和市政工程设施工程施工图设计文件审查管理办法》，建设单位向审查机构提交审查的资料包括：作为勘察设计依据的政府有关部门的批准文件及附件、全套施工图、其他应当提交的材料。审查机构的审查内容包括：（1）是否符合工程建设强制性标准；（2）地基基础和主体结构的安全性；（3）是否符合民用建筑节能强制性标准，对执行绿色建筑标准的项目，还应当审查是否符合绿色建筑标准；（4）勘察设计企业和注册执行人员以及相关人员是否按规定在施工图上加盖相应的图章和签字；（5）法律、法规、规章规定必须审查的其他内容。

（二）向市计委、建委和开发办办理年度施工计划，并在建委办理招投标备案

1. 年度施工计划

根据北京市《关于加强实施许可管理有关工作的通知》及《关于实施京建法〔2012〕14 号文件有关问题的说明》规定，在北京市区域内的房屋建筑及市政基础设施工程在申报施工许可时应提交施工计划通知书和年度投资计划。

2. 招投标备案

建设单位进行房屋建筑工程建筑施工招标时，应当按照规定向北京市住房和城乡建设委员会进行备案。备案申报材料包括：《招标文件备案表》、招标文件、施工图设计文件已通过审查的证明材料。

（三）办理建筑工程施工许可证

1. 申领条件

根据《北京市建筑工程施工许可办法》规定，建设单位需要具备如下条件方可申领建筑工程施工许可证：（1）已经办理该建筑工程用地批准手续并取得土地使用权；（2）取得建设工程规划许可证；（3）需要拆迁的，其拆迁进度符合施工要求；需要挖掘道路的，已经征得道路主管部门同意；影响交通安全的，已经征得公安机关交通管理部门的同意；（4）已经确定建筑施工企业，并签订施工承包合同；（5）有满足施工需要的施工图纸及技术资料，施工图设计文件已按规定进行了审查，依法建设的人防工程的施工图符合有关法律规定；（6）有保证工程质量和安全的具体措施，并按规定办理了工程质量监督手续；（7）建设资金已经落实，建设工期不足 1 年的，到位资金不得少于工程合同价款的 50%；建设工期超过 1 年的，到位资金不得少于工程合同价款的 30%。

2. 申领材料

申领建筑工程施工许可证需要提交如下材料：（1）建筑工程施工许可申请表；（2）建设工程规划许可证正本、附件、附图；（3）用地批准手续（国有土地使用证或有关批准文件；（4）建筑工程施工图设计文件审查合格书；

(5) 招投标管理部门出具的施工合同备案表;(6) 招投标管理部门出具的监理合同备案表;(7) 建筑施工企业安全生产管理人员安全生产考核合格证书(B本、C本)及地上、地下管线及建筑物资料移交单(表AQ—A—2);(8) 建设单位提供开户行的具体资金证明;(9) 人防施工图备案回执;(10) 法人委托书;(11) 年度投资计划;(12)《建设工程消防设计审核意见书》或建设单位相应的书面承诺;(13) 园林绿化部门办理的相应行政许可文件或建设单位相应的书面承诺。

七、预售许可证办理阶段

(一) 放线、规划验线;开工建设

1. 放线

建设单位取得《建筑工程施工许可证》后,在建筑工程开工后需要进行施工放线:首先由城市规划部门下属的测量队和施工单位的测量人员,根据建筑规划定位图对建筑工程进行定位,并在施工现场形成首次定位桩;建筑物定位桩设定后,由施工单位的专业测量人员、施工现场负责人及监理单位对基础工程进行放线及测量复核,根据首次定位桩及建筑物底层施工平面图进行放线,设置所有建筑轴线的定位桩;施工现场的测量员及施工员根据定位的轴线放出的基础边线进行基础开挖,接下来就是在基础工程施工出正负零后的主体工程施工及放线工作。

2. 验线

验线可分为灰线验线和施工±0验线,需要向城市规划部门申请验线。灰线验线主要是检验施工放线是否符合建设工程规划许可证要求,一般要求建设用地范围内应该拆除的建筑物已经拆除完毕,完成施工场地的清理平整并实施放线,地面应留有固定的放线标志。施工±0验线是检验工程施工至±0时,各单体建筑外围轴线位置及±0标高,主要目的是查验建设工程基础是否按照灰线检验的要求进行施工。

（二）预售许可证的办理

1. 申领条件

根据《北京市城市房地产转让管理办法》，建设单位符合如下条件时方可申领商品房预售许可证：（1）已交付全部土地使用权出让金并取得国有土地使用权证，属于预售经济适用房的，应当取得建设用地批准书；（2）取得建设工程规划许可证和施工许可证；（3）按提供预售的商品房计算，投入开发的建设资金达到工程建设总投资的25%以上；（4）已经确定竣工日期，且满足市房地产行政主管部门公布的预售最长期限。

2. 申领材料

建设单位申请预售许可证的，应当提供如下资料：（1）商品房预售许可申请表；（2）建设单位营业执照副本和资质证书；（3）已交付全部土地使用权出让金证明、国有土地使用权证、出让合同；（4）建设工程规划许可证和建筑工程施工许可证；（5）开户银行出具的投入开发建设的资金达到工程建设总投资的25%以上的证明；（6）招投标管理部门出具的工程施工合同备案表和经施工单位确认的施工进度计划；（7）属于绿化隔离带地区的项目，提交市绿化管理部门认可机构出具的确认商品房范围的证明文件；（8）已将土地使用权或土地使用权连同在建工程设定抵押的，提交抵押权人同意抵押房屋预售的证明；（9）商品房预售方案：房屋预售测绘成果备案表、房地产开发项目手册、销售机构和销售人员情况表、规划管理部门出具的建筑物名称批准文件、《临时管理规约》《前期物业服务合同》、项目建设方案及建设方案备案登记表。

（三）工地服务、设计洽商、竣工图绘制

在建设工程竣工的时候，施工单位需要根据施工实际情况绘制出竣工图，以便于建设单位和房屋使用者清晰了解建设工程的管道和设备的实际安装情况。竣工图可以在施工图的基础上进行绘制，也可以重新绘制。

八、竣工结案阶段

（一）竣工验收备案

1. 竣工验收条件

根据《建设工程质量管理条例》，建设单位收到建设工程竣工报告后，应当组织设计、施工、工程监理等有关单位进行竣工验收。工程竣工验收应当符合下列条件：（1）完成建设工程设计和合同约定的各项内容；（2）有完整的技术档案和施工管理资料；（3）有工程使用的主要建筑材料、建筑构配件和设备的进场试验报告；（4）有勘察、设计、施工、工程监理等单位分别签署的质量合格文件；（5）有施工单位签署的工程保修书。建设工程验收合格的，方可交付使用。

2. 竣工验收材料

《房屋建筑工程和市政基础设施工程竣工验收备案管理暂行办法》规定，建设单位办理工程竣工验收备案应当提交的文件包括：（1）工程竣工验收备案表；（2）工程竣工验收报告：包括工程报建日期，施工许可证号，施工图设计文件审查意见，勘察、设计、施工、工程监理等单位分别签署的质量合格文件及验收人员签署的竣工验收原始文件，市政基础设施的有关质量检测和功能性试验资料以及备案机关认为需要提供的有关资料；（3）法律、行政法规规定应当由规划、环保等部门出具的认可文件或准许使用文件；（4）法律规定应当由公安消防部门出具的对大型的人员密集场所和其他特殊建设工程验收合格的证明文件；（5）施工单位签署的工程质量保修书；（6）住宅工程应提交《住宅质量保证书》和《住宅使用说明书》。

（二）房屋所有权初始登记（办理大产权证）

建设项目竣工验收后，房地产开发企业需要办理房屋所有权的初始登记，即办理大产权证。根据《房屋登记办法》规定，初始登记需要提交如下材料：（1）登记申请书，（2）申请人身份证明，（3）建设用地使用权证明，（4）建设工程符合规划的证明，（5）房屋已竣工的证明，（6）房屋测绘报告，（7）其他必要材料。房地产开发企业在初始登记申请时，应当对建筑区划内依法属于全体业主共有的公共场所、公用设施和物业服务用房等一并予以申请登记，由房屋登记机构在房屋登记簿上予以记载，不颁发房屋权属证书。

（三）房屋所有权转移登记（分割小产权证）

房地产开发企业将房屋交付业主后，需要配合业主办理房屋所有权转移登记，也即分割小产权证。根据《房屋登记办法》，申请房屋所有权转移登记提供的材料包括：（1）登记申请书，（2）申请人身份证明，（3）房屋所有权证书或房地产权证书，（4）证明房屋所有权发生转移的材料，（5）其他必要材料。

在办理房屋所有权转移登记时，业主需要缴纳一定金额的契税。根据财政部、国家税务总局、住房与城乡建设部《关于调整房地产交易环节契税个人所得税优惠政策的通知》，对于个人购买普通住房，且该住房属于家庭成员（购房人、配偶及未成年子女）唯一住房的，减半征收契税；对于个人购买90平方米及以下的普通住房，且该住房属于家庭唯一住房的，减按1%税率征收契税。目前对于个人购买住房暂免征收印花税。

第四节　房地产开发可行性分析

一、规划技术指标

（一）规划技术指标分析

下表为房地产开发项目主要规划技术指标范例，主要包括总用地面积、总建筑面积、容积率、绿地率、建筑密度，其中总建筑面积包括住宅建筑面积、商业建筑面积、车库（车位）及公建配套设施。金融机构从事房地产投融资业务时，分析规划技术指标主要在于：（1）了解用款项目的总体建筑规划情况及是否符合相关主管部门的规划要求，（2）根据规划技术指标测算项目投资总成本的合理性，（3）根据规划技术指标测算未来销售收入及经济效益情况，（4）根据规划技术指标掌握项目的开发进度。

规划技术指标表

<table>
<tr><th colspan="3">项目</th><th>面积（平方米）</th></tr>
<tr><td colspan="3">总用地面积（m^2）</td><td></td></tr>
<tr><td colspan="3">总建筑面积（m^2）</td><td></td></tr>
<tr><td colspan="3">计容面积（m^2）</td><td></td></tr>
<tr><td rowspan="10">其中</td><td colspan="2">住宅总建筑面积（m^2）</td><td></td></tr>
<tr><td colspan="2">商业总建筑面积（m^2）</td><td></td></tr>
<tr><td colspan="2">配套设施</td><td></td></tr>
<tr><td rowspan="7">其中</td><td>幼儿园建筑面积</td><td></td></tr>
<tr><td>居委会</td><td></td></tr>
<tr><td>物业管理</td><td></td></tr>
<tr><td>公共配电所</td><td></td></tr>
<tr><td>开闭所</td><td></td></tr>
<tr><td>消防控制室</td><td></td></tr>
<tr><td>公共卫生间</td><td></td></tr>
<tr><td colspan="3">容积率</td><td></td></tr>
<tr><td colspan="3">绿地率%</td><td></td></tr>
<tr><td colspan="3">建筑密度%</td><td></td></tr>
<tr><td colspan="3">停车位</td><td></td></tr>
<tr><td colspan="3">地下车库面积</td><td></td></tr>
</table>

（二）主要指标要素说明

1. 容积率

容积率是指地上总建筑面积与总建设用地面积的比例（总建筑面积/总建设用地面积），其中地下经营性面积不纳入计算容积率的建筑面积。对于房地产开发企业来说，容积率的大小直接关系到土地价款占总成本的比例；对于业主来说，容积率的大小直接影响到居住的舒适度。具体计算规则可以参考北京市规划委发布的《容积率指标计算规则》。

2. 建筑面积

建筑面积是指建筑物各层水平平面面积的总和，亦即建筑物外墙勒脚以上各层水平投影面积的总和。建筑面积的具体计算规则可参见《建筑面积计算规则》和《商品房销售面积计算及公用建筑面积分摊规则》。

3. 建筑密度

建筑密度是指建筑物基底总面积与规划建设用地面积之比（建筑物基底总面积/规划建设用地面积）。

4. 记容面积

记容面积即计算容积率的建筑面积，是规划容积率与建设用地面积的积（规划容积率×建设用地面积）。记容面积具体为：地上建筑面积－不记容积率的建筑面积＋特殊多倍记容积率的面积。

5. 绿地率

绿地率是指规划范围内绿地面积与建设用地面积的比例（绿地面积/建设用地面积）。

二、成本收入指标

（一）项目总投资概算

房地产开发项目总投资概算包括土地费用、前期费用、建筑安装工程费用、基础设施与公共配套费用、其他间接费用，其中占主要比例的为土地费用和建筑安装工程费用。房地产开发项目融资金额具体可根据如下公式测算：总投资概算－资本金－预售款再投入金额。金融机构为房地产开发项目提供融资时，应该注意核实开发项目的资本金到位情况，并根据资本金到位情况配比提供融资金额。信托公司向房地产开发项目发放信托贷款时，开发项目应当符合“四三二”的要求，其中就对资本金投入比例作了硬性规定。

国家对于固定资产投资实行资本金制度，根据《国务院关于调整固定资产投资项目资本金比例的通知》（国发〔2009〕27 号），保障性住房和普通商品住房项目的最低资本金比例为20%，其他房地产开发项目的最低资本金比例为30%。在房地产投融资实务中，如何计算项目资本金是个难点，笔者认为可以按照如下方法计算项目资本金：（1）仅开发一个项目的房地产项目公司：资本金比例＝（经审计所有者权益－扣除项）/项目总投资；（2）开发多个项目的房地产项目公司：资本金比例＝（经审计所有者权益－扣除项）/所有在开发项目总投资合计额。

总投资概算表

明细项目	应付金额（元）
一、土地费用	
1. 土地征用出让金	
2. 拆迁补偿费	
3. 土地使用税	
4. 契税	
5. 其他（代理费）	
二、前期费用	
1. 规划、设计费	
2. 水文、地质勘探费	
3. 测绘费	
4. “三通一平”费用	
5. 水电增容费	
6. 可行性研究费	
7. 小区规费	
8. 招投标费用	
9. 预、决算编审费	
10. 检测、测试费	
11. 其他	
三、建筑安装工程	
1. 结构工程	
2. 桩基工程	
3. 装饰工程	
4. 智能工程	
5. 设备费用	
6. 直饮水	

续表

明细项目	应付金额（元）
7. 园林绿化	
8. 幕墙	
9. 监理费	
10. 泛光照明	
11. 其他	
12. 售楼处、样板间装修	
13. 地下车库装修	
四、基础设施及配套费	
1. 道路工程	
2. 供水电气工程	
3. 排污工程	
4. 通讯、照明工程	
5. 园林景观绿化	
6. 消防工程	
7. 小区智能	
8. 其他	
五、公共配套设施费	
其他	
六、间接费用	
1. 利息支出	
2. 开发间接费	
合　　计	

（二）开发主体成本

1. 土地成本

土地成本包括土地出让金、土地征收及拆迁安置补偿费、土地使用税和契税，土地出让金和土地征收及拆迁安置补偿费的具体金额分别在国有土地使用权出让合同和征收及拆迁安置协议中有明确的约定，土地使用税和契税分别依据《城镇土地使用税暂行条例》及《契税暂行条例》的标准缴纳。

各地政府一般会颁发城市基准地价，准备出让的地块根据影响土地金的因素对土地出让金价款进行修正调整。影响土地出让金的因素包括土地使用权年限、地段、规划用途、建筑容积率、周边环境状况及土地现状等。土地出让金价款的招牌挂底价的估算也可以参考政府同时期出让的类似地块的出让成交价款。下图为2018年1－4季度北京市城市地价动态监测结果。①

时间	内容	国家级样点				市级样点			
		平均	商业	居住	工业	商业（规划新城）	居住（规划新城）	办公（规划新城）	办公（市区）
2018年1季度	地价环比增长率（%）	1.70%	1.92%	1.64%	2.01%	2.09%	2.97%	1.53%	2.73%
2018年2季度	地价环比增长率（%）	1.49%	0.96%	1.58%	2.44%	2.69%	3.50%	2.03%	0.65%
2018年3季度	地价环比增长率（%）	1.51%	1.41%	1.52%	1.74%	2.32%	1.98%	2.14%	0.86%
2018年4季度	地价环比增长率（%）	0.96%	1.03%	0.92%	1.29%	1.82%	1.02%	1.19%	0.97%

2. 前期工程成本

前期工程成本主要包括开发项目的前期规划设计、勘探、可行性研究以及“三通一平”土地整理等成本。房地产开发实践中，规划设计费一般占建筑安装工程成本的3%，可行性研究费用一般占总投资成本的0.1%－0.3%，勘探和土地整理费用需要结合工程量和相应的计费标准进行计算。

3. 基础设施建设成本

基础设施建设是指在建筑物2米以外和开发项目规划红线以内的各种管线、道路等工程建设。基础设施建设费用主要包括供水电气、道路及绿化、排污、排洪、电信、环卫等各项目设施建设费用以及与市政设施干线管道的接口费。

4. 建筑安装工程成本

建筑安装工程成本主要包括主体结构建筑及特殊装修工程等建筑工程费、设备及安装工程费、室内装修工程费，其中设备及安装费用包括给排水、电

① 北京市规划和自然资源委员会：http：//ghzrzyw.beijing.gov.cn/art/2019/1/7/art_2003_565937.html。

气照明、电梯、煤气管道、消防防雷、弱电等费用。下表是全国住宅类建安成本走势图和各省会城市住宅类建安工程造价指标。

（1）全国住宅建安成本走势图①（元/m^2）

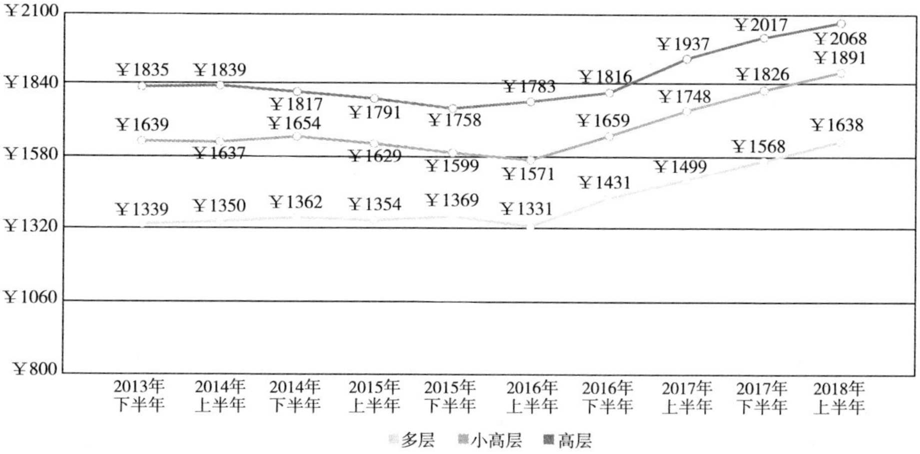

（2）2018 年下半年省会城市住宅建安工程造价指标（单位：元/平方米）②

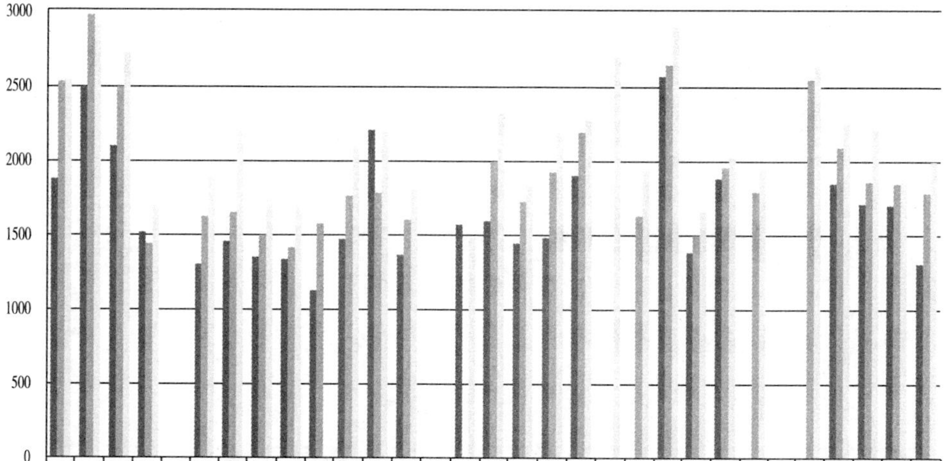

	北京	上海	天津	重庆	石家庄	太原	呼和浩特	沈阳	长春	哈尔滨	南京	杭州	合肥	福州	南昌	济南	郑州	武汉	长沙	广州	南宁	海口	成都	贵阳	昆明	拉萨	西安	兰州	西安	银川	乌鲁木齐
多层	1879	2489	2093	1510	0	1303	1450	1350	1330	1124	1469	2206	1368	0	1579	1598	1440	1479	1897	0	0	2565	1391	1875	0	0	0	1850	1714	1701	1315
小高层	2530	2970	2500	1445	0	1625	1650	1500	1420	1576	1762	1786	1605	0	0	1998	1729	1925	2191	0	1630	2643	1492	1953	1797	0	2550	2081	1859	1847	1775
高层	2534	2901	2731	1685	0	1898	2200	1750	1700	0	2090	2195	1801	0	1485	2321	1831	2184	2287	2700	1930	2900	1661	2022	1943	0	2629	2256	2211	1861	1998

---

① 中国建设工程造价信息网：http：//www. cecn. gov. cn/CecnReport/PlusReport. aspx。

② 中国建设工程造价信息网：http：//www. cecn. gov. cn/NewViewArea. asp? id = 3998。

5. 公共设施配套建设成本

公共设施配套建设成本包括居委会、派出所、托儿所和幼儿园、公共厕所、停车场等，主要是为小区居民提供配套服务的各种非营业性公共配套设施的建设费用。

（三）房地产开发间接费用

房地产开发的间接费用包括管理费用、销售费用和财务费用。

1. 管理费用

管理费用主要是房地产开发企业为组织和管理房地产开发建设而发生的相关费用，比如管理人员的薪酬及福利费用、业务招待费、工会经费、房屋租金（房产税）或管理用房的土地使用税。

2. 销售费用

销售费用包括广告宣传及市场推广费、销售代理费及其他销售费用，房地产开发项目的销售费用一般占销售收入的比例为4% -6%。

3. 财务费用

房地产开发总投资的资金来源主要包括资本金、金融机构融资、销售收入三个部分，金融机构融资发生的借款或债券的利息支出、金融机构手续费等即构成房地产开发成本中的财务费用。

三、现金流及敏感性分析

（一）现金流量平衡表

现金流量平衡表（表中为虚拟数据）

项目(万元)	总计	T年		T+1年		T+2年		T+3年		T+4年		T+5年	
现金流入	203120	上半年	下半年	上半年	下半年	上半年	下半年	上半年	下半年	上半年	下半年	上半年	下半年
销售收入	152220		4000	12000	17000	27000	15000	15000	15000	5000	20000	22220	
自筹资金	30900	20900	10000										

续表

项目(万元)	总计	T年		T+1年		T+2年		T+3年		T+4年		T+5年	
现金流入	203120	上半年	下半年	上半年	下半年	上半年	下半年	上半年	下半年	上半年	下半年	上半年	下半年
对外融资	20000		20000										
现金流出	132208												
土地征用拆迁	31139	15900	15239										
建筑安装工程	34914			6000	6000	6000	6000	6000	4914				
前期工程费用	4681		1300	1000	1000	1381							
基础配套费	14644		200	200	244	3000	3000	3000	3000	2000			
销售费	18634		2434	1800	1800	1800	1800	1800	1800	1800	1800	1800	
管理费	950	90	90	90	90	90	90	90	90	90	90	50	
财务费	4000		1200	700	700	700	700						
其他费用	900		90	90	90	90	90	90	90	90	90	90	
税金	2346	346	200	200	200	200	200	200	200	200	200	200	
归还贷款	20000		20000										
现金流净额	70912	4564	13247	1920	6876	13739	-16880	3820	4906	820	17820	20080	
累计现金流量			17811	19731	26607	40346	23466	27286	32192	33012	50832	70912	

注：可以根据上述现金流量平衡表对信托期限内房地产开发项目的现金流入与流出情况进行分析，一方面可以了解房地产开发项目是否存在资金缺口从而产生项目完工风险，另一方面可以以此预测开发项目的现金流能否覆盖信托资金本金及投资收益。如果信托期限内累计现金流量净额为负值，则会对信托资金的退出产生较大的压力。

（二）敏感性分析

房地产开发项目的敏感性分析，可以分别按照一定的比例下调销售价格或销售量，从而测算开发项目现金流量是否可以达到盈亏平衡。

1. 销售价格的敏感性分析

房型	数量	基准价格	价格下降 5%	价格下降 10%	价格下降 15%
住宅	278300m^2	4000 元/m^2	3800 元/m^2	3600 元/m^2	3400 元/m^2
商业	30000m^2	12000 元/m^2	11400 元/m^2	10800 元/m^2	10200 元/m^2
车库	40000m^2	1225 元/m^2	1164 元/m^2	1103 元/m^2	1041 元/m^2
销售收入		152220 万元	144609 万元	136998 万元	129387 万元

注：销售价格分别按照 5%、10%、15% 三种降幅测算总销售收入，可以从如下两个方面进行分析：

（1）可以结合项目总投资概算，根据销售价格下降幅度进行项目盈亏平衡分析。比如该项目总投资概算为 130000 万元，则销售价格下降 15% 即项目盈亏平衡点，如果销售价格下降幅度超过 15%，则该项目将会出现亏损。

（2）可以结合现金流量平衡表，根据销售价格下降幅度对项目销售期内各个阶段现金净流量及累计现金流量的影响进行分析。如果销售价格下降的幅度导致累计现金流量出现负值，则会对信托资金的退出产生较大的压力。

2. 销售量的敏感性分析

	业态	T 年	T+1 年	T+2 年	T+3 年	T+4 年	T+5 年
销售量（m^2）	住宅	7319	53016	76811	54825	45641	40688
	商业	789	5715	8280	5910	4920	4386
	车库	1052	7620	11040	7880	6560	5848
销售额（万元）		4000	29000	42000	30000	25000	22220
销售量（m^2）-5%	住宅	6953	50365	72970	52084	43359	38654
	商业	750	5429	7866	5615	4674	4167
	车库	999	7239	10488	7486	6232	5556
销售额（万元）		3800	27550	39900	2850	23750	21109
销售量（m^2）-10%	住宅	6587	47714	69130	49343	41077	36619
	商业	710	5144	7452	5319	4428	3947
	车库	947	6858	9936	7092	4904	5263
销售额（万元）		3600	26100	37800	27000	22500	19998
销售量（m^2）-15%	住宅	6221	45064	65289	46601	38795	34585
	商业	671	4858	7038	5024	4182	3728
	车库	894	6477	9384	6698	5576	4971
销售额（万元）		3400	24650	35700	25500	21250	18887

注：在进行业务风险评估时，需要对信托期限内开发项目的销售去化率进行预测。市场风险的不确定性决定了应当对销售去化率预测进行敏感性分析。上表是按照 5%、10%、15% 三种降幅对不同阶段的销售量进行调整，从而直接影响到各阶段销售现金流入金融。如果销售量下降的幅度导致累计现金流量出现负值，则会对信托资金的退出产生较大的压力。

第五节　房地产企业会计与税务

一、房地产行业会计准则

（一）房地产行业新旧会计准则比较[①]

1. 新准则允许投资性房地产采用公允价值模式进行计量，而旧准则仅允许采用成本模式进行计量。新会计准则仅允许有确凿证据表明投资性房地产存在活跃市场价格时，才可以采用公允价值进行计量，而不能采取现金流量贴现法等其他方法计量投资性房地产的公允价值。

2. 新准则不允许资产减值准备的转回，而旧准则则允许资产减值准备的转回。

3. 新准则明确要求采用递延税款法对所得税进行核算，而旧准则所得税费用仅包括本期应缴税金。

（二）投资性房地产

1. 投资性房地产的范围

投资性房地产是指为了赚取租金或者资本增值，或者两者兼有而持有的房地产，具体包括：（1）持有并准备增值后转让的土地使用权；（2）已出租的土地使用权；（3）已出租的建筑物。

投资性房地产不包括如下情形：（1）为生产商品、提供劳务或者经营管理而持有的自用房地产；（2）持有并准备销售的房地产应计入存货科目，不属于投资性房地产；（3）已经按照经营租赁方式租入的土地使用权或者建筑

---

① 新会计准则是指财政部制定并于2006年2月15日发布的《企业会计准则——基本准则》，自2007年1月1日起施行。旧会计准则是指财政部于1992年颁发的《企业会计准则》。

物再转租给其他单位的；（4）依据国家规定认定的闲置土地使用权。

2. 投资性房地产的计量模式

（1）投资性房地产的初始计量应当采用成本法：①外购投资性房地产的成本包括购买价款、相关税费和可直接归属于该资产的其他支出；②自行建造投资性房地产的成本，由建造该项资产达到预定可使用状态前所发生的必要支出构成；③由存货或者自用房地产转换为投资性房地产的，应当按照转换日存货或固定资产的账面价值/公允价值进行初始计量；④以其他方式取得的投资性房地产的成本，按照相关会计准则的规定确定。

（2）投资性房地产的后续计量可以采用成本法或者公允价值模式。如果有确凿证据表明投资性房地产的公允价值能够持续可靠地取得，则可以对投资性房地产采用公允价值模式进行后续计量。如果企业选择采用公允价值模式进行后续计量，则应当对其所有投资性房地产采用公允价值进行后续计量。

采用公允价值模式计量的前提条件包括：①投资性房地产所在地存在活跃的房地产交易市场；②企业能够从房地产交易市场取得同类或类似房地产市场价格及其他相关信息，从而对投资性房地产的公允价值作出合理估计。

采用公允价值模式计量的，不对投资性房地产计提折旧或摊销，应当以资产负债表日投资性房地产的公允价值为基础调整其账面价值，公允价值与原账面价值之间的差额计入当期损益。已经采用公允价值模式计量的投资性房地产，不得从公允价值模式转为成本模式；成本模式可以转变为公允价值模式，但应当作为会计政策变更进行会计处理。

（三）借款费用

借款费用确认的基本原则是企业发生的借款费用可直接归属于符合资本化条件资产①的购建或生产，应当予以资本化，计入相关资产成本；其他借款费用则应当在发生时确认为费用，计入当期损益。借款费用资本化应当符合如下条件：

---

① 符合资本化条件的资产具体是指需要经过相当长时间（通常为1年及以上时间）的购建或生产活动才能达到预定可使用或可销售状态的资产，具体包括固定资产、投资性房地产和存货等。建造合同成本、确认为无形资产的开发支出等在符合条件的情况下，也可以认定为符合资本化条件的资产。符合资本化条件的存货是指用于对外销售的房地产开发项目。

（1）资产支出已经发生，资产支出包括为购建或者生产符合资本化条件的资产而以支付现金、转移非现金资产或者承担有息债务形式发生的支出；

（2）借款费用已经发生；

（3）为使资产达到预定可使用或者可销售状态所必要的购建或者生产活动已经开始；

（4）如果符合资本化条件的资产在构建或生产的过程中发生非正常中断，且中断时间超过 3 个月的，应当暂停借款费用资本化；如果购建或生产符合资本化条件的资产达到预定可使用或可销售状态时，应当停止借款费用资本化。

（四）收入确认

房地产销售收入的确认条件之一是企业已将商品所有权上的主要风险和报酬转移给购货方。房地产物业的销售包括了建造、预售、付款、完工、交付和法律权属转移等步骤，对于哪个步骤属于收入确认的时点存在一定的争议。根据实务操作及相关法律的司法解释，企业将物业的重大风险和报酬转移给买方，卖方既不保留任何后续的管理权，也不控制资产的时点，是企业完成了物业的建造且验收合格并按照合同交付买方之时，此时物业的法律权属可能还没有转移。

具体而言，房地产销售收入确认的条件包括：（1）房地产开发企业已将房屋所有权上的主要风险和报酬转移给购房者；（2）房地产开发企业既没有保留通常与所有权相联系的继续管理权，也没有对已出售的房屋实施控制；（3）收入的金额能够可靠计量；（4）相关经济利益很可能流入企业；（5）相关已发生或将发生的成本能够可靠计量。

二、房地产交易税费

（一）营业税及附加与增值税

营业税的征税范围为在中国境内提供应税劳务、转让无形资产以及销售不动产的单位和个人。房地产开发企业销售商品房及转让土地使用权等均需要缴纳营业税，转让无形资产及销售不动产的营业税率均为 5%。转让无形资产中的土地使用权包括已完成土地前期开发或正在进行土地前期开发以及未进行前期开发的土地使用权；销售不动产包括有偿转让建筑物或构筑物所有权、销售其他土地附着物所有权，以转让有限产权或永久使用权方式销售建筑物、转让进入建筑物施工阶段的在建工程。

营业附加税是指根据营业税额和相应税率计征的城市维护建设税和教育费附加，具体计算公式为营业税 × 税率。城市维护建设税率如下：市区 7%、县城和镇 5%、乡村 1%；教育费附加的税率为 3%。

根据《营业税改征增值税试点方案》（财税〔2011〕110 号），对于交通运输业、建筑业、邮电通信业、现代服务业、文化体育业、销售不动产和转让无形资产，适用增值税一般计税方法；对于金融保险业和生活型服务业适用增值税简易计税方法。对于房地产开发企业所涉及的营业税改征增值税，则适用增值税一般计税方法。2016 年 3 月 23 日，财政部、国家税务总局印发《关于全面推开营业税改征增值税试点的通知》（财税〔2016〕36 号），自 2016 年 5 月 1 日起，全国范围内全面推开营业税改征增值税试点，建筑业、房地产业、金融业、生活服务业等全部营业税纳税人，纳入试点范围，由缴纳营业税改为缴纳增值税。

2019 年 3 月 20 日，财政部、税务总局、海关总署印发《关于深化增值税改革有关政策的公告》（财政部　税务总局　海关总署公告 2019 年第 39 号），推进增值税实质性减税政策，大幅度下调增值税税率。增值税一般纳税人原适用 16% 税率的，税率调整为 13%；原适用 10% 税率的，税率调整为 9%。

（二）契税

房地产开发企业通过招拍挂方式取得出让国有土地使用权，或者通过转让方式取得土地使用权，均需要按照 3% –5% 的税率缴纳契税，具体的计税依据为国有土地使用权出让成交价款或土地使用权出售成交价款。

（三）土地使用税

土地使用税的纳税人为拥有城市、县城、建制镇、工矿区范围内土地使用权的单位和个人。土地使用税根据土地级差的不同，采用有幅度的差别税额，具体标准如下：大城市 1.5 –30 元/平方米/年；中等城市 1.2 –24 元/平方米/年；县城、建制镇及工矿区 0.6－12 元/平方米/年；经济落后地区的适用税额标准可以经省级政府批准，在上述最低税额的基础上下浮 30%；经济发达地区适用税额标准的提高需要报经财政部批准。

（四）土地增值税

1. 土地增值税概述

（1）纳税义务人

土地增值税是基于纳税义务人转让国有土地使用权、地上建筑物及其附着物所取得的增值额而征收的税种，其中需要注意的是，土地增值税仅针对“转让国有土地使用权”的行为，而非“出让国有土地使用权”的行为。

土地增值税实质为房地产暴利税，其主要是为了抑制 20 世纪 90 年代初泛滥的土地市场的投资行为而出台的税种，土地增值税在实务操作中没有被严格地执行。[①]

（2）免征（暂免）/不征情形

①土地增值税适用于企业和个人，但是根据《关于调整房地产交易环节税收政策的通知》（财税〔2008〕137 号），对个人销售住房暂免征收土地增值税。

②房地产开发企业将开发的部分房地产转为企业自用或用于出租等商业用途时，如果产权未发生转移，不征收土地增值税，在税款清算时不列入收入，不扣除相应的成本和费用。

③对于纳税人建造的普通标准住宅，且增值额未超过扣除项目金额 20%的及因国家建设需要依法征用收回的房地产免征土地增值税。

2. 税额计算

应纳土地增值税＝增值额×税率。其中增值额为纳税人转让房地产所取得的收入减去扣除项目后的余额。扣除项目具体包括：①取得土地使用权所

---

① 根据中央电视台报道，2005 年至 2012 年 8 年间，房地产开发企业应交而未交的土地增值税总额超过 3.8 万亿元，其中应交未交土地增值税的前十大上市房地产企业分别为：雅居乐地产控股有限公司 83 亿元；SOHO 中国有限公司 64 亿元；广州富力地产股份有限公司 58 亿元；万科股份有限公司 58 亿元；深圳华侨城股份有限公司 49 亿元；招商地产 44 亿元；合生创展 42 亿元；融创中国控股有限公司 27 亿元；金地集团 26 亿元；新世界中国地产 24 亿港元，载 http：//news.sina.com.cn/c/2013－11－24/161828797292.shtml。

支付的金额；②开发土地的成本、费用；③新建房及配套设施的成本、费用，或者旧房及建筑物的评估价格；④与转让房地产有关的税金及财政部规定的其他扣除项目。

土地增值税采用四级超率累进税率，具体税率如下：①增值额未超过扣除项目金额50%的部分，税率为30%；②增值额超过扣除项目金额50%、未超过扣除项目金额100%的部分，税率为40%；③增值额超过扣除项目金额100%、未超过扣除项目金额200%的部分，税率为50%；④增值额超过扣除项目金额200%的部分，税率为60%。

3. 土地增值税的清算

（1）一般清算

根据《关于房地产开发企业土地增值税清算管理有关问题的通知》（国税发〔2006〕187号），土地增值税是以房地产开发项目为单位进行清算，分期开发的项目以分期项目为单位清算。

土地增值税清算时收入确认方法：已全额开具商品房销售发票的，按照发票所载全额确认收入；未开具发票或者未全额开具发票的，以交易双方签订的销售合同所载的售房金额及其他收益确认收入。销售合同所载商品房与有关部门实际测量面积不一致，在清算前已发生补退房款的，应在计算土地增值税时予以调整。

土地增值税清算时关于房地产开发费用的扣除，需要注意的是财务费用中的利息支出问题。根据国家税务总局《关于土地增值税清算有关问题的通知》（国税函〔2010〕220号）规定，房地产开发企业财务费用中的利息支出，按照最高不能超过商业银行同类同期贷款利率计算扣除金额。房地产信托贷款的利息比商业银行开发贷款的利息要高很多，房地产开发企业的信托贷款的超额利息支出不能作为房地产开发费用列支；房地产开发企业通过股权投资附加回购方式进行融资所支出的溢价款，其实质是上市房地产开发企业的融资成本，但是在税务上很可能不被认定为利息支出而不能作为房地产开发费用予以扣除。

（2）特殊清算

房地产开发企业将开发产品用于职工福利、奖励、对外投资、分配给股东或投资人、抵偿债务、非货币资产交换等，发生所有权转移时应视同销售房地产，收入确认的方法和顺序为：①按本企业在同一地区、同一年度销售的同类房地产的平均价格确定；②由税务机关参照当地当年、同类房地产的市场价格或评估价值确定。

4. 土地增值税的预征与清缴

（1）预征管理

房地产开发项目实行预售制度，即房地产开发商在建筑工程竣工决算前、达到预售标准后的期间内申请预先销售的制度。《土地增值税暂行条例实施细则》要求地方税务机关对预售房地产的土地增值税采取“预先征收、汇算清缴”的方式，按照房产销售的一定比例预征部分土地增值税款，在建筑工程竣工决算后汇算清缴。

（2）清缴管理

法定清缴：当发生如下任何事项时，纳税义务人必须清缴土地增值税：①房地产开发项目全部竣工、完成销售的；②整体转让未竣工决算房地产开发项目的；③直接转让土地使用权的。

认定清缴：当发生如下任何事项时，税务机关可以要求纳税人清缴土地增值税：①已竣工验收的房地产开发项目，已转让的房地产建筑面积占整个项目可售建筑面积的比例在85%以上，或虽未超过85%，但剩余可售建筑面积已出租或自用的；②取得销售（预售）许可证满三年仍未销售完毕的；③纳税人申请注销税务登记但未办理土地增值税清算手续的；④省级税务机关规定的其他情形的。

（五）企业所得税

1. 企业所得税计征

根据《企业所得税法》规定，房地产开发企业的所得税税率为25%，非居民企业的特定收入适用的所得税税率为20%[①]；符合条件的中小微利企业

---

① 《企业所得税法》将企业分为居民企业和非居民企业。居民企业包括：①依法在中国境内成立的企业，②依照外国（地区）法律成立但实际管理机构在中国境内的企业。非居民企业包括：①依照外国（地区）法律成立且实际管理机构不在中国境内，但是在中国境内设立机构场所的企业，②在中国境内未设立机构场所，但有来源于中国境内所得的企业。非居民企业在中国境内未设立机构场所的，或者虽然设立机构场所但取得的所得与其所设机构场所没有实际联系的，应当就其来源于中国境内的所得按照20%的税率缴纳企业所得税。

减按 20% 的税率征收企业所得税，国家重点扶持的高新技术企业，减按 15% 的税率征收企业所得税。

应纳企业所得税款 = 应纳税所得额 × 适用的所得税税率 − 依照税收优惠的规定减免和抵免的税额。

其中应纳税所得额为企业每一纳税年度的收入总额，减除不征税收入、免税收入、各项扣除以及允许弥补的以前年度亏损后的余额。

2. 企业所得税预征与清缴

企业所得税应当按照企业月度或者季度的实际利润额分月或者分季预缴。企业应当自月份或者季度终了之日起 15 日内，向税务机关报送预缴企业所得税申报表以预缴税款；企业应当自年度终了之日起 5 个月内，向税务机关报送年度企业所得税申报表，汇算清缴并结清应缴应退税款。

3. 反资本弱化

资本弱化是指企业通过增加债权性融资减少股本比例的方式以增加税前扣除额度，从而降低企业应纳所得税额的一种税收筹划方式。资本弱化主要在于《企业所得税法》规定借款利息支出可以作为财务费用进行税前扣除，而股本的股息支出不能进行税前扣除；企业就通过关联方借款替代股本投资的方式对企业进行注资，从而达到降低企业应纳企业所得税额的目的。

财政部和国家税务总局于 2008 年印发的《关于企业关联方利息支出税前扣除标准有关税收政策问题的通知》（财务〔2008〕121 号），对《企业所得税法》第四十六条和《企业所得税法实施条例》第一百一十九条①的反资本弱化条款作了具体规定。根据财务〔2008〕121 号文规定，企业实际支付给关联方的利息支出准予扣除的条件包括如下两项：

---

① 《企业所得税法》第四十六条规定："企业从其关联方接受的债权性投资与权益性投资的比例超过规定标准而发生的利息支出，不得在计算应纳税所得额时扣除。"

《企业所得税法实施条例》第一百一十九条规定："企业所得税法第四十六条所称债权性投资，是指企业直接或者间接从关联方获得的，需要偿还本金和支付利息或者需要以其他具有支付利息性质的方式予以补偿的融资。企业间接从关联方获得的债权性投资，包括：（一）关联方通过无关联第三方提供的债权性投资；（二）无关联第三方提供的、由关联方担保且负有连带责任的债权性投资；（三）其他间接从关联方获得的具有负债实质的债权性投资。企业所得税法第四十六条所称权益性投资，是指企业接受的不需要偿还本金和支付利息，投资人对企业净资产拥有所有权的投资。企业所得税法第四十六条所称标准，由国务院财政、税务主管部门另行规定。"

（1）企业接受关联方债券性投资与权益性投资的比例符合：①金融企业为5∶1；②其他企业为2∶1；

（2）企业能够按照企业所得税法及其实施条例的规定提供相关资料，并证明相关交易活动符合独立交易原则；或者该企业的实际税负不高于境内关联方的。

（六）其他税种

1. 耕地占用税

耕地占用税是指由占用耕地建房或者从事非农业建设的单位和个人缴纳的一个税种。房地产开发建设一般不会直接占用耕地，因此通常不会涉及耕地占用税。

耕地占用税的免税事项包括：军事设施占用耕地以及学校、幼儿园、养老院、医院占用耕地。耕地占用税减征事项：①铁路线路、公路线路、飞机场跑道、停机坪、港口航道占用耕地，减按 2 元/m^2 的税额征收耕地占用税[①]；②农村居民占用耕地建设住宅，根据当地适用税额减半征收耕地占用税。[②]

耕地占用税以纳税人实际占用的耕地面积为计税依据，耕地占用税税额为：

人均耕地面积（以县级行政区域为单位）	税额/平方米
不超过 1 亩	10－50 元
超过 1 亩但不超过 2 亩	8－40 元
超过 2 亩但不超过 3 亩	6－30 元
超过 3 亩	5－25 元

① 国务院财政、税务主管部门根据实际需要报经国务院批准后，可以对上述事项免征或者减征耕地占用税。

② 农村烈士家属、残疾军人、鳏寡孤独以及革命老根据地、少数民族聚居区和边远贫困山区生活困难的农村居民，在规定用地标准以内新建住宅缴纳耕地占用税确有困难的，经所在地乡（镇）人民政府审核，报经县级人民政府批准后，可以免征或者减征耕地占用税。

根据《耕地占用税暂行条例实施细则》规定，各省、自治区、直辖市耕地占用税平均税额表为：

地区	税额/平方米
上海	45 元
北京	40 元
天津	35 元
江苏、浙江、福建、广东	30 元
辽宁、湖北、湖南	25 元
河北、安徽、江西、山东、河南、重庆、四川	22.5 元
广西、海南、贵州、云南、陕西	20 元
山西、吉林、黑龙江	17.5 元
内蒙古、西藏、甘肃、青海、宁夏、新疆	12.5 元

2. 印花税

在中国境内书立、领受契约凭证的，应当缴纳印花税；同一合同凭证由两方及以上当事人签订并各执一份的，由各方就所执一份全额贴花。房地产开发企业涉及印花税的契约文件包括房屋购销合同、借款合同、房屋租赁合同、会计账簿等，各类型契约凭证的应纳税率/税额如下：

①房屋购销合同的印花税由立合同人按照合同金额的 0.03% 贴花；

②房屋租赁合同由立合同人按照租赁金额的 0.1% 贴花，税额不足 1 元的按照 1 元贴花；

③借款合同由立合同人按照借款金额的 0.005% 贴花，单据作为合同适用的，按照合同贴花；

④产权转移书据由立据人按照所载金额的 0.05% 贴花；

⑤记载资金的营业账簿由立账簿人按照固定资产原值与自有流动资金总额的 0.05% 贴花；

⑥房地产权证由领受人按照每件 5 元贴花。

印花税免税事项包括：已缴纳印花税的凭证副本或者抄本，财产所有人将财产捐赠给政府、社会福利单位、学校所立的数据，以及经财政部批准免税的其他凭证。

3. 房产税

房产税是在城市、县城、建制镇和工矿区征收，由房屋产权所有人缴纳的一种税。根据《房产税暂行条例》规定，房产税的纳税义务人包括如下几类：①产权属于全民所有的，由经营管理的单位缴纳；②产权出典的，由承典人缴纳；③产权所有人、承典人不在房产所在地的，或者产权未确定及租典纠纷未解决的，由房屋代管人或者使用人缴纳。

房产税的税率和税基根据纳税义务人对房产的使用情况不同而不同：对于自用住房，按照房产原值一次性减除10% －30%后余值的1.2%计征；对于出租的自有房产，按照年度租金收入的12%计征。

房产税的免税事项包括：①国家机关、人民团体、军队自用的房产；②由国家财政部门拨付事业经费的单位自用的房产；③宗教寺庙、公园、名胜古迹自用房产；④个人所有的非营业用房产；⑤经财政部批准免税的其他房产。

第六节　外商投资房地产相关制度

一、外商投资房地产概述

外商投资房地产企业是指从事普通住宅、公寓、别墅等各类住宅、宾馆（饭店）、度假村、写字楼、会展中心、商业设施、主题公园等建设经营，或者以上述项目建设为目的的土地开发或成片开发的外商投资企业。

根据《外商投资产业指导目录》规定，房地产业（包括土地成片开发；高档宾馆、别墅、高档写字楼和国际会展中心的建设和经营；房地产二级市场交易及房地产中介或经纪公司）属于限制类外商投资产业，其中土地成片开发的只限于中外合资企业和中外合作企业，不允许外商独资企业进行土地成片开发。

二、外商投资房地产市场准入制度

（一）准入条件

境外投资者从事房地产开发经营，应先取得土地使用权、房地产建筑物所有权或已与相关方签订土地使用权或房屋产权的预约出让或购买协议，然后申请设立房地产公司（项目公司）。[①] 外商投资企业新增房地产开发经营业务或外商投资房地产企业从事新的房地产项目开发经营，应申请办理扩大经营范围和规模的手续。对于未取得《外商投资企业批准证书》和《营业执照》的境外投资者，不得进行房地产开发和经营活动。

设立外商投资房地产企业，需分别经由商务主管部门和工商行政管理机关依法批准设立和办理注册登记手续，并颁发一年期的《外商投资企业批准证书》和营业执照；外商投资房地产企业付清土地使用权出让金并办理完《国有土地使用权证》后，可换发正式的《外商投资企业批准证书》和《营业执照》，在税务机关办理税务登记。

（二）准入审批

根据《商务部办公厅关于加强外商投资房地产业审批备案管理的通知》的要求，商务部门审核外商投资房地产企业审批备案材料时，重点就土地文件[②]的完整性进行审核，商务部将在原有基础上对土地成交证明等材料加大抽查力度。该通知强调指出，对境外资本在境内设立房地产企业，不得通过购买、出售境内已建和在建房地产物业进行套利。各地商务主管部门不得审批涉及房地产开发经营业务的投资性公司，严格控制以返程投资方式设立境内房地产企业的行为。

---

① 在《关于规范房地产市场外资准入和管理的意见》（建住房〔2006〕171 号）出台之前，境外投资者可以通过在境外直接持有境内房地产的方式投资境内的房地产；171 号文出台之后，境外投资者必须在境内设立房地产开发项目公司（外商投资企业）进行房地产的投资开发。

② 土地文件包括项目单位提交的开发商与土地管理部门签署的国有土地使用权出让合同、土地使用权证等土地成交证明材料。法律规定无须采用招标拍卖挂牌出让方式的，要提供由土地管理部门出具的符合国家土地管理规定的证明材料。

针对《关于规范房地产市场外资准入和管理的意见》执行过程中出现的问题，商务部和国家外汇管理局联合发布《关于进一步加强、规范外商直接投资房地产业审批和监管的通知》。该通知重申了意见的相关内容，并同时强调对于未完成商务部备案手续或未通过外商投资企业联合年检的外商投资房地产企业，外汇管理部门和外汇指定银行不予办理资本项目结售汇手续；外汇管理部门对于违规设立的外商投资房地产企业不予办理外汇登记手续。

三、外商投资房地产企业的经营管理

（一）境内外借款限制

如果外商投资房地产企业注册资本未全部缴付的，未取得《国有土地使用权证》的，或者开发项目资本金未达到项目投资总额35%的，不得办理境内、境外贷款，外汇管理部门不予批准该企业的外汇借款结汇。

（二）固定回报条款限制

外商投资房地产企业的中外投资各方，不得以任何形式在合同、章程、股权转让协议以及其他文件中，订立保证任何一方固定回报或变相固定回报的条款。

（三）最低注册资本限制

外商投资设立房地产企业，投资总额超过1000万美元（含）的，注册资本不得低于投资总额的50%；投资总额在300万–1000万美元的，其注册资本应不低于投资总额的50%/210万美元（孰高）；投资总额在300万美元（含）以下的，其注册资本应不低于投资总额的70%。[①]

（四）返程投资限制

严格控制以返程投资方式（包括统一实际控制人）并购或投资境内房地

① 外商投资房地产企业最低注册资本规定的影响包括如下两个方面：（1）降低债权性融资额度，减少可以税前列支的债务利息费用，（2）更高的注册资本要求可能引起更大的现金滞留。

产企业，境外投资者不得以变更境内房地产企业实际控制人的方式规避外商投资房地产审批。

（五）并购与转让

外商投资房地产企业的股权和项目转让，以及境外投资者并购境内房地产企业，由商务主管等部门严格按照有关法律法规和政策规定进行审批，投资者应提交履行《国有土地使用权出让合同》《建设用地规划许可证》《建设工程规划许可证》等的保证函和《国有土地使用权证》、建设（房地产）主管部门的变更备案证明、税务机关出具的相关证明材料。

境外投资者通过股权转让及其他方式并购境内房地产企业或收购合资企业中方股权的，须妥善安置职工、处理银行债务、并以自由资金一次性支付全部转让金，对有不良记录的境外投资者，不允许其在境内进行上述活动。

四、房地产市场外汇管理

《关于规范房地产市场外汇管理的通知》对外商投资房地产企业及房地产开发相关外汇问题进行了规范。

第一，对于出现如下情形之一的，外商投资房地产企业不得向境外借用外债，外汇管理局不予办理外债登记和结汇核准：①注册资本未全部缴付的；②未取得《国有土地使用权证》的；③开发项目资本金未达到项目总投资的35%的。

第二，境外机构和个人通过股权转让及其他方式并购境内房地产企业，或收购合资企业中方股权，未能以自有资金一次性支付全部转让款的，外汇管理局不予办理转股收汇外资外汇登记；外商投资房地产企业的中外投资方约定保证任何一方固定回报或变相固定回报的，外汇管理局不予办理外商投资企业外汇登记或登记变更。

第三，境外机构和个人在境内银行开立的外国投资者专用外汇账户内的资金，不得用于房地产开发和经营。

第七节 房地产开发融资类型

一、土地一级开发融资类型

（一）土地一级开发融资概述

1. 土地一级开发资金来源

我国土地一级开发的资金筹措方式分为两种：第一种，由土地储备机构直接负责土地一级开发的资金筹措，由土地储备机构负责向商业银行等金融机构申请土地储备贷款；第二种，土地储备机构通过市场化方式进行招投标，由中标的市场化主体负责土地一级开发，土地一级开发的资金也由中标的市场化主体负责筹措。负责土地一级开发的市场化主体既可以是政府设立的独立法人机构，也可以是房地产开发企业或其他机构（民营企业、国有企业、外资企业等）。

土地储备机构负责筹措土地储备资金的来源主要有以下渠道：（1）财政部门从已供应储备土地产生的土地出让收入中安排给土地储备机构的征地和拆迁补偿费用、土地开发费用等储备土地过程中产生的相关费用；（2）财政部门从国有土地收益基金①中安排用于土地储备的资金；（3）土地储备机构

---

① 国有土地收益基金是从国有土地使用权出让收入中提取的专项政府性基金，主要用于土地收购储备，这样可以从一定程度上弥补土地收购储备资金不足，避免地方政府对土地出让收入“寅吃卯粮”的问题。

根据国务院办公厅《关于规范国有土地使用权出让收支管理的通知》（国办发〔2006〕100号）规定：“……由财政部门从缴入地方国库的土地出让收入中，划出一定比例资金，用于建立国有土地收益基金，实行分账核算，具体比例由省、自治区、直辖市及计划单列市人民政府确定，并报送财政部和国土资源部备案。国有土地收益基金主要用于土地收购储备。”国有土地收益基金的计提比例由省、自治区、直辖市及计划单列市人民政府确定，比如上海市规定市、区政府按照不低于土地出让收入1.5%的比例计提国有土地收益基金。

国有土地收益基金主要用于土地收购储备支付，包括土地补偿费、安置补助费、地上附着物和青苗补偿费、拆迁补偿费以及前期土地开发支出，按照地方人民政府批准的收购土地补偿方案、拆迁补偿方案以及财政部门核定的预算执行。

按照国家规定举借的银行贷款及其他金融机构贷款；（4）经财政部门批准可用于土地储备的其他资金；（5）上述资金产生的利息收入。

市场化主体负责筹措土地一级开发资金的来源主要有以下渠道：（1）自有资金投入（如果是由专门成立的项目公司负责土地一级开发，则自有资金投入包括项目公司自有资本金和股东借款）；（2）按照国家规定通过银行及其他金融机构进行融资。

（二）土地储备贷款

1. 土地储备贷款概述

国土资源部、财政部、中国人民银行颁发的《土地储备管理办法》（国土资发〔2007〕277号）以及国土资源部、财政部、中国人民银行、银监会《关于加强土地储备与融资管理的通知》（国土资发〔2012〕162号），从贷款规模管理、贷款期限及用途、贷款担保三个方面对土地储备贷款进行规范，凡是列入名录①的土地储备机构可以向商业银行及其他金融机构进行融资。

土地储备贷款应注意如下几个方面的问题：

（1）土地储备贷款规模管理

土地储备机构的贷款规模必须与年度土地储备计划、土地储备项目资金预算相衔接，不得超计划、超规模贷款；土地储备机构申请贷款时必须取得财政部门的贷款规模批准文件和同级人民政府批准的项目实施方案等书面材料②；土地储备贷款应当纳入地方政府性债务统一管理，执行地方政府性债务

---

① 《关于加强土地储备与融资管理的通知》要求建立土地储备机构名录。各县市国土资源管理部门将符合规定的土地储备机构信息逐级上报至省级国土资源管理部门，经省级国土资源管理部门审核后上报国土资源部，列入土地储备机构名录并定期进行更新。国土资源部将土地储备机构名录或更新结果抄送财政部、中国人民银行和银监会，地方各级国土资源管理部门将经审核后的土地储备机构名录抄送同级财政部门、中国人民银行分支机构和属地银监局。查询网址：http：//jcjg. mlr. gov. cn；通过“机构名录”和“名录代码”进行查询。

② 根据国土资源部、财政部、中国人民银行、银监会《关于加强土地储备与融资管理的通知》规定：土地储备机构同级财政部门会同国土资源管理部门、中国人民银行分支机构，根据年度土地储备计划核定土地储备融资规模，经同级人民政府审核后，按照财政管理级次逐级上报至省级财政部门。省级财政部门依据地方政府性债务管理法律法规和政策规定核准后，向土地储备机构核发年度融资规模控制卡，明确年度可融资规模并同时反映已发生的融资额度。

管理的统一政策。

商业银行及其他金融机构应当按照商业原则在财政部门批准的规模内发放贷款。商业银行及其他金融机构应当对土地储备机构提供的融资规模控制卡中的已有融资额度进行核对，拟批准的融资额度与本年度已发生的融资额度（含本年度贷款已在本年度归还部分）累计不得超过年度可融资规模。

（2）土地储备贷款期限与用途管理

商业银行及其他金融机构根据贷款人的信用状况、土地储备项目周期、资金回笼计划等因素合理确定贷款期限，但是贷款期限最长不得超过5年。

土地储备贷款实行专款专用、封闭管理，不得挪用；贷款用途可以不对应抵押土地相关补偿、前期开发等内容，但是贷款资金使用必须符合规定的土地储备资金使用范围，不得用于城市建设以及其他与土地储备业务无关的项目。

（3）土地储备贷款担保管理

土地储备机构向银行等金融机构申请的贷款必须为担保贷款，如果以储备土地抵押担保的，该储备土地必须具有合法的土地使用权证。已储备土地设定抵押权的，该储备土地的价值按照市场评估价值扣除应当上缴政府的土地出让收益来确定，抵押程序参照划拨土地使用权抵押程序执行。

各类财政性资金依法不得用于土地储备贷款担保，土地储备机构也不得以任何形式为第三方提供担保，纳入储备的土地不得用于为土地储备机构以外的机构提供融资担保。

2. 商业银行土地储备贷款

根据《商业银行房地产贷款风险管理指引》（银监发〔2004〕57号）、《关于进一步加强房地产信贷管理的通知》（银监发〔2006〕54号）、《关于加强商业性房地产信贷管理的通知》（银发〔2007〕359号）的规定，商业银行发放的土地储备贷款是指向借款人发放的用于土地收购及土地前期开发、整理的贷款，其中土地储备贷款的借款人仅限于负责土地一级开发机构。商业银行土地储备贷款应当遵守如下规定：

（1）严禁向资本金没有到位或严重不足、经营管理不规范的借款人发放土地储备贷款。

（2）商业银行应对发放的土地储备贷款设立土地储备机构资金专户，加强对土地经营收益的监控。

（3）银行应对土地的整体情况进行调查分析（土地的性质、权属关系、测绘情况、土地契约限制、在城市整体综合规划中的用途与预计开发计划是否相符等）。

（4）银行应密切关注政府有关部门及相关机构对土地经济环境、土地市场发育状况、土地未来用途及有关规划、计划等方面的政策和研究，实时掌握土地价值状况，避免由于土地价值虚增或其他情况而导致的贷款风险。

（5）不得向房地产开发企业发放专门用于缴交土地出让金的贷款；对政府土地储备机构的贷款应当以抵押贷款方式发放，且贷款额度不得超过所收购土地评估价值的70%，贷款期限最长不得超过2年。

3. 信托公司土地储备贷款

根据《关于加强信托公司房地产信托业务监管有关问题的通知》（2010年2月11日）的规定，信托公司不得以信托资金发放土地储备贷款。土地储备贷款是指向借款人发放的用于土地收购及土地前期开发、整理的贷款。

二、土地二级开发融资类型

（一）房地产开发贷款

银行开发贷款是房地产开发企业的主要资金来源之一，其融资成本在房地产开发项目的各种融资方式中也属于较低的。但是国家宏观调控政策会对银行信贷产生很大影响，为防止信贷资金大量流入房地产行业，从而助长房地产市场的泡沫，国家相应地提高了房地产项目开发贷款的条件，很多房地产项目无法达到银行贷款条件。因此开发商在前期会借助其他融资方式注入资金，待项目满足贷款条件后，再向银行贷款。

根据《商业银行房地产贷款风险管理指引》《关于进一步加强房地产信贷管理的通知》（银监发〔2006〕54号）、《关于加强商业性房地产信贷管理的通知》（银发〔2007〕359号）的规定：

（1）禁止向未取得四证（国有土地使用权证、建设用地规划许可证、建设工程规划许可证、建设工程施工许可证）的房地产企业发放开发贷款。

（2）申请房地产开发贷款的房地产企业，开发项目资本金比例应不低于35%。

《城市房地产开发经营管理条例》规定，房地产开发项目应当建立资本金制度，资本金占项目总投资的比例不得低于20%，监管部门对于申请房地产开发贷款的项目资本金比例要求为不低于总投资的35%。国务院《关于调整固定资产投资项目资本金比例的通知》（国发〔2009〕27号）对固定资产投资项目的最低资本金比例进行了调整，保障性住房和普通商品住房项目的最低资本金比例为20%，其他房地产开发项目的最低资本金比例为30%。

（3）建立严格的贷款项目审批机制，对贷款项目进行尽职调查（符合国家房地产发展总体方向、有效满足当地城市规划和房地产市场的需求，确认该项目的合法性、合规性、可行性）。

（4）严格落实房地产开发企业贷款的信用增级措施，确保担保真实、合法、有效；密切关注建筑工程款优于抵押权受偿等潜在的法律风险。

（5）商业银行应严密监控贷款用途和还款来源；严密监控建筑施工企业流动资金贷款使用情况，防止用流动资金贷款为房地产开发项目垫资；对有逾期未还款或欠息现象的房地产开发企业销售款进行监控，在收回贷款本息之前，防止销售款被挪用。

（6）建立完善的贷款发放、使用监控机制和风险防范机制；密切关注项目开发情况，确保开发项目能够在合理期限内正式交付使用。

（7）只能通过房地产开发贷款科目发放，严禁以房地产开发流动资金贷款或其他贷款科目发放。对空置3年以上的商品房不得接受作为贷款抵押物。对有囤积土地和房源行为的开发商，商业银行不得对其发放贷款。

（二）建筑承包商垫资

建筑承包商垫资是房地产开发商首选的融资方式，也是房地产开发融资中成本较低的方式之一。建筑承包商垫资使建筑承包商承担很大的风险，如果工程项目销售情况不理想或开发商资不抵债，开发商将无力支付工程款，项目开发风险将转嫁给建筑承包商，最后只能由建筑承包商收购该开发项目。

《最高人民法院关于审理建设工程施工合同纠纷案件适用法律问题的解

释》（法释〔2004〕14 号）第六条规定：当事人对垫资和垫资利息有约定，承包人请求按照约定返还垫资及其利息的，应予支持，但是约定的利息计算标准高于中国人民银行发布的同期同类贷款利率的部分除外。当事人对垫资没有约定的，按照工程欠款处理。当事人对垫资利息没有约定，承包人请求支付利息的，不予支持。

《最高人民法院关于建设工程价款优先受偿权问题的批复》（法释〔2002〕16 号）规定：1. 人民法院在审理房地产纠纷案件和办理执行案件中，应当依照《中华人民共和国合同法》第二百八十六条的规定，认定建筑工程的承包人的优先受偿权优于抵押权和其他债权；2. 建设工程承包人行使优先权的期限为 6 个月，自建设工程竣工之日或者建设工程合同约定的竣工之日起计算。由此可见，建筑承包商的垫资款和工程款可以优先于抵押权受偿。

（三）股票市场融资

1. 公开发行新股

《证券法》规定公司首次公开发行股票应当符合：（1）具备健全且运行良好的组织机构；（2）具有持续盈利能力，财务状况良好；（3）最近三年财务会计文件无虚假记载，无其他重大违法行为；（4）证监会规定的其他条件。首次公开发行股票的，应当符合《首次公开发行股票并上市管理办法》关于发行条件的相关规定。

房地产开发企业可以在境内 A 股市场上市，也可以在境外上市。境内上市可以分为直接上市和间接上市：①境内直接上市是指房地产企业在境内 A 股市场首次公开发行股票并上市；②境内间接上市是指非上市房地产企业通过收购手段取得上市公司控股权，然后通过注入自己的房地产业务及资产，实现房地产企业间接的买壳上市。境外上市也分为直接上市和间接上市：①境外直接上市是指直接以境内公司名义向境外证券主管部门申请发行股票并在当地证券交易所挂牌交易，即通常所说的 H 股、N 股、S 股等；②境外间接上市是指境内企业在境外注册公司，境外公司通过收购、股权置换等方式取得境内资产的控股权，然后将境外公司在境外证券交易所上市。

2. 再融资[①]

（1）配股：配股是指上市公司向原股东配售股份，配股应当符合如下三个条件：①拟配售股份数量不得超过本次配售股份前股份总额的30%；②控股股东应当在股东大会召开前公开承诺认配股份的数量；③采用证券法规定的代销方式发放。控股股东不履行认股股份的承诺，或者代销期限届满，原股东认购股票的数量未达到拟配售数量70%的，发行人应当按照发行价加算银行同期存款利息返还已认购的股东。

（2）公开增发：公开增发是指向不特定对象公开募集股份，公开增发应当符合如下三个条件：①最近三个会计年度加权平均净资产收益率平均不低于6%。扣除非经常性损益后的净利润与扣除前的净利润相比，以低者作为加权平均净资产收益率的计算依据；②除金融类企业外，最近一期末不存在持有金额较大的交易性金融资产和可供出售的金融资产、借予他人款项、委托理财等财务性投资的情形；③发行价格应不低于公告招股意向书前20个交易日公司股票均价或前一个交易日的均价。

（3）定向增发：定向增发是指上市公司采用非公开方式向特定对象发行股票的行为，定向增发的特定对象应当符合股东大会规定的条件，且发行对象不得超过10名。定向增发应当符合如下条件：①发行价格不低于定价基准日前20个交易日公司股票均价的90%；②本次发行的股份自发行结束之日起，12个月内不得转让；控股股东、实际控制人及其控制的企业认购的股份，36个月内不得转让；③募集资金使用符合《上市公司证券发行管理办法》的规定[②]；④本次发行将导致上市公司控制权发生变化的，还应当符合中国证监会的其他规定。

---

① 上市公司公开发行证券应当符合《上市公司证券发行管理办法》关于组织机构、盈利能力、财务状况、会计文件、募集资金等方面的一般规定，配股、公开增发、可转债还应当符合相应的特定条件。

② 《上市公司证券发行管理办法》第十条规定：上市公司募集资金的数额和使用应当符合下列规定：（1）募集资金数额不超过项目需要量；（2）募集资金用途符合国家产业政策和有关环境保护、土地管理等法律和行政法规的规定；（3）除金融类企业外，本次募集资金使用项目不得为持有交易性金融资产和可供出售的金融资产、借予他人、委托理财等财务性投资，不得直接或间接投资于以买卖有价证券为主要业务的公司；（4）投资项目实施后，不会与控股股东或实际控制人产生同业竞争或影响公司生产经营的独立性；（5）建立募集资金专项存储制度，募集资金必须存放于公司董事会决定的专项账户。

（4）可转换公司债券：可转换公司债券是指上市公司发行的，在一定期间内依据约定的条件可以转换成股份的公司债券。上市公司发行可转换公司债券应当符合如下条件：①最近三个会计年度加权平均净资产收益率平均不低于6%。扣除非经常性损益后的净利润与扣除前的净利润相比，以低者作为加权平均净资产收益率的计算依据；②本次发行后累计公司债券余额不超过最近一期末净资产额的40%；③最近三个会计年度实现的年均可分配利润不少于公司债券一年的利息。

分离交易的可转换债券：上市公司可以发行认股权和债券分离交易的可转换公司债券，发行分离交易的可转换公司债券应当符合如下条件：①公司最近一期末经审计的净资产不低于15亿元人民币；②最近三个会计年度实现的年均可分配利润不少于公司债券一年的利息；③最近三个会计年度经营活动产生的现金流量净额平均不少于公司债券一年的利息，符合上述可转换公司债券第一项条件的除外；④本次发行后累计公司债券余额不超过最近一期末净资产额的40%，预计所附认股权全部行权后募集的资金总量不超过拟发行公司债券金额。

（四）债券市场融资

1. 房地产债券概述

在资本市场上，房地产企业除了可以在股票市场进行融资之外，还可以在债券市场进行融资。债券融资对于房地产企业的优点在于：①债券的利息支出可以计入成本从而冲减企业所得税；②债券融资方式具有较强的财务杠杆效应，使得企业普通股每股收益变动率大于息税前利润变动率；③债券融资对于房地产企业的股权结构不会产生影响，不会稀释房地产企业股东的股份。

国内债券市场有银行间债券市场和证券交易所债券市场，其中银行间债券市场属于批发市场，证券交易所债券市场属于零售市场。根据发行交易的场所不同，房地产债券可以分为银行间市场债券和交易市场债券①；根据发行

---

① 我国的债券市场还存在商业银行柜台债券市场，具体是指个人、企事业单位等中小投资者按照商业银行柜台的债券买入卖出价格进行债券交易的场外零售市场，由商业银行总行为投资者办理债券登记、结算和托管。商业银行债券市场流通的债券品种包括储蓄式国债和记账式国债。

监管机关的不同，房地产债券可以分为企业债、公司债、资产支持证券、短期融资券和中期票据。

2. 房地产债券发行条件

（1）公司债

房地产企业在证券交易所发行公司债券应当符合的基本条件[①]包括：①股份有限公司的净资产不低于人民币3000万元，有限责任公司的净资产不低于6000万元；②累计债券余额不超过公司净资产的40%；③最近三年平均可分配利润足以支付公司债券一年的利息；④筹集的资金投向符合国家产业政策；⑤债券的利率不超过国务院限定的利率水平；⑥国务院规定的其他条件。

（2）企业债

房地产企业在银行间市场发行企业债应当符合的基本条件包括：①股份有限公司的净资产不低于3000万元人民币，有限责任公司及其他类型企业的净资产不低于6000万元人民币；②累计债券余额不超过企业净资产（不包括少数股东权益）的40%；③经济效益良好，近三个会计年度连续盈利；现金流状况良好，具有较强的到期偿还债务能力；最近三年平均可分配利润（净利润）足以支付企业债券一年的利息；④筹集资金投向应当符合国家产业政策和行业发展方向，所需相关手续齐全；[②] ⑤债券利率由企业根据市场情况确定，但不得超过国务院限定的利率水平；⑥已发行的企业债券或者其他债务未处于违约或者延迟支付本息的状态；⑦最近三年没有重大违法违规行为。

3. 境外债券

由于国内房地产宏观调控政策，房地产企业在国内资本市场融资的难度

---

① 房地产企业在证券交易所发行公司债除应当符合《证券法》规定的这六项基本条件外，还应当符合《公司债券发行试点办法》规定的如下条件：(1) 公司的生产经营符合法律、行政法规和公司章程的规定，符合国家产业政策；(2) 公司内部控制制度健全，内部控制制度的完整性、合理性、有效性不存在重大缺陷；(3) 经资信评级机构评级债券信用级别良好；(4) 公司最近一期末经审计的净资产额应当符合法律、行政法规和中国证监会的有关规定；(5) 最近三个会计年度实现的年均可分配利润不少于公司债券一年的利息；(6) 本次发行后累计公司债券余额不超过最近一期末净资产额的40%，金融类公司的累计公司债券余额按金融企业的有关规定计算。

② 筹集资金用于固定资产投资项目的，应当符合国家关于固定资产投资项目资本金制度的要求，原则上累计发行额不得超过该项目总投资的60%；用于产权并购的，累计发行额应当不低于并购价款总额的60%；如果用于调整债务结构的，不受上述比例限制，但企业应当提供银行同意以债还贷的证明；用于补充营运资金的，不得超过发债总额的20%。

较大，部分房地产企业开始尝试境外市场进行债券融资。房地产企业在海外发行债券进行融资，主要选择发行地为香港地区，在香港地区发行的债券可以分为如下三种类型：①以美元、港币计价和结算的外币债券；②以境外人民币计价和结算的点心债；③以人民币计价但以美元结算的合成式人民币债券。

（五）信托融资/房地产投资信托基金

信托公司可以通过设立融资型房地产信托和投资型房地产信托，将信托资金投资运用于房地产开发建设。融资型房地产信托业务主要包括房地产信托贷款以及权益投资附加回购两种类型，投资型房地产信托业务主要包括股权投资信托以及股加债两种类型。

房地产投资信托基金是信托公司开发的一种非常重要的房地产投融资工具，监管机构、金融机构、房地产开发企业等都在积极地研究探索我国的房地产投资信托基金。房地产投资信托基金在国内的理论和实践中可以概括为如下几种类型：债券型房地产投资信托基金、股权型房地产投资信托基金、开放式/封闭式房地产信托基金、有限合伙型房地产信托基金、房地产并购信托基金。

在银行信贷受到国家宏观政策收紧的情况下，房地产信托是房地产开发企业非常重要的融资渠道。房地产信托的融资成本比银行开发贷款的成本高，但是房地产信托依然有如下优势为房地产开发企业提供融资服务：（1）房地产开发企业可以以信托资金作为开发项目的前期投入资金，开发项目办理完各种审批手续后再向银行申请开发贷款。（2）房地产开发企业可以通过股权投资信托等方式降低资产负债率，并可以将信托资金用于缴交土地出让金、四证齐全前项目建设和四证齐全后项目建设。

（六）其他方式

1. 民间借款

民间融资是在房地产企业没有其他融资渠道而不得不采取的一种融资方式，一般多发生在中小民营房地产企业。民间借款的成本非常高，这给开发商带来很大的财务风险。民间融资根据贷款人的形式可以分为两种：一种是房地产开发企业通过非金融企业进行资金拆借；另一种是房地产开发企业通过自然人进行资金拆借。根据我国目前的金融监管法规，非金融企业之间不能直接进行资金拆借，贷款企业可以通过银行等具有信贷资格的金融机构向借款人发放委托借款；自然人作为贷款人可以直接向企业或自然人提供贷款。

根据最高人民法院《关于人民法院审理借贷案件的若干意见》及《关于如何确认公民与企业之间借贷行为效力问题的批复》规定，公民与公民之间、公民与非金融企业之间、公民与其他企业之间的借贷属于民间借贷，人民法院应当认定借贷关系有效；民间借贷的利率可以适当高于银行的利率，但是不得超过银行同类贷款利率的四倍，超过部分的利息将不予司法保护；民间借贷不得将利息计入本金（利滚利），对于债权人将利息计入本金计算复利的，债务人只需返还本金部分。对于如下情形之一的借贷，应当认定无效：①企业以借贷名义向职工非法集资；②企业以借贷名义向社会非法集资；③企业以借贷名义向社会公众发放贷款；④其他违反法律、行政法规的行为。

根据最高人民法院《关于审理联营合同纠纷案件若干问题的规定》《关于审理联营合同纠纷案件若干问题的解答》《关于企业相互借贷的合同出借方尚未取得约定利息人民法院应当如何裁决问题的解答》《关于对企业借贷合同借款方逾期不归还借款应如何处理问题的批复》等司法解释规定，企业之间相互借贷或者名为联营、实为借贷的合同违反了有关金融法规，应当认定合同无效，除本金可以返还外，对出借方、出资方已经取得或者约定取得的利息予以收缴，对另一方则处以相当于银行利息的罚款；对于出借方、出资方尚未取得约定的利息，人民法院应当依法向借款方收缴。

2. 联合开发

（1）联合开发概述

根据《城市房地产管理法》第二十八条规定："依法取得的土地使用权，可以依照本法和有关法律、行政法规的规定，作价入股，合资、合作开发经营房地产。"该条规定确立了房地产联合开发的法律依据。

联合开发房地产具体可以包括如下几种情形：①甲企业通过出让等方式取得建设用地使用权，但是甲企业没有房地产开发资质，甲企业就可以通过与具备房地产开发资质的乙企业以联合开发的方式对建设用地使用权进行二级开发。②甲企业提供建设用地使用权，乙企业提供资金、技术和劳务等，共同合作开发建设用地使用权。房地产联合开发的双方当事人既可以全部是具备房地产开发资质的房地产开发企业，也可以只有一方是具备房地产开发资质的房地产开发企业。

联合开发房地产可以采取如下三种方式：①联合开发各方当事人通过组建新的项目公司，再以项目公司的名义进行房地产开发建设，各方当事人按照出资比例或者合同约定承担风险、分享收益。②联合开发各方当事人各自派遣人员组成联合管理机构（如“联合开发办公室”“联合管理委员会”等），具体负责房地产开发项目的运营管理。③联合开发各方当事人既不成立项目公司，也不成立联合管理机构，仅是按照联合开发合同的约定各自履行相应的义务，分享相应的收益。

（2）联合开发相关问题

根据《最高人民法院关于审理涉及国有土地使用权合同纠纷案件适用法律问题的解释》（法释〔2005〕5 号）规定，合作开发房地产合同是指当事人订立的以提供出让土地使用权、资金等作为共同投资，共享利润、共担风险，合作开发房地产为基本内容的协议。

①合同效力问题

合作开发房地产合同的当事人一方具备房地产开发经营资质的，应当认定合同有效。当事人双方均不具备房地产开发经营资质的，应当认定合同无效。但是起诉前当事人一方已经取得房地产开发经营资质或者已经依法合作成立具有房地产开发经营资质的房地产开发企业的，应当认定有效。

土地使用权人未经有批准权的人民政府批准，以划拨土地使用权作为投资与他人订立合同合作开发房地产的，应当认定合同无效。但是起诉前已经办理批准手续的，应当认定合同有效。

②风险承担问题

合作开发房地产合同约定提供土地使用权的当事人不承担经营风险，只收取固定利益的，应当认定为土地使用权转让合同。合作开发房地产合同约定提供资金的当事人不承担经营风险，只分配固定数量房屋的，应当认定为房屋买卖合同。合作开发房地产合同约定提供资金的当事人不承担经营风险，只收取固定数额货币的，应当认定为借款合同。合作开发房地产合同约定提供资金的当事人不承担经营风险，只以租赁或者其他形式使用房屋的，应当认定为房屋租赁合同。

3. 境外基金①

鉴于中国城镇化的快速发展、居民生活水平的提高以及汇率低估等因素，使得国外房地产基金将对中国的房地产投资加入其全球资产组合，从而可以从快速成长的中国房地产市场中分享收益。投资中国房地产的境外基金来源主要有各国的金融机构、退休基金、慈善基金与私人银行的高净值客户。

外资房地产基金可以包括两种类型：一种是指外国发起人在中国募集的，基金载体在中国成立的、以人民币计值的房地产基金；另一种是在中国境外募集的，基金载体在境外的，以外币计值的离岸房地产基金。按照目前国内的法律法规，外国发起人在中国募集的、载体在中国成立的、以人民币计值的房地产基金包括：外商投资创业投资基金和股权投资基金。从政策的初衷分析，创业投资基金和股权投资基金的资金投向应当主要为高新科技和新兴产业以及其他国家鼓励类的行业；房地产行业属于国家对外资有较高准入门槛且有较大限制的行业，自然不用纳入创业投资基金和股权投资基金的投资范围，但是仍然会有地方政府在实际操作中对创业投资基金和股权投资基金投资房地产不持反对态度。

第八节　保障性安居工程建设融资

一、经济适用住房开发融资

经济适用住房是指政府提供政策优惠，限定套型面积和销售价格，按照合理标准建设，面向城市低收入住房困难家庭供应，具有保障性质的政策性住房。经济适用住房单套的建筑面积控制在60平方米左右，当地政府应当根据当地实际情况合理确定经济适用住房建设规模和各种套型的比例。经济适

① 参考《德勤中国房地产投资手册（2013年版）》。

用住房的销售价格以保本微利为原则，房地产开发企业开发的经济适用住房的项目利润率应当控制在3%以内，地方政府直接组织建设的经济适用住房应按成本价销售。经济适用住房实行有限产权制度，购买经济适用住房不满5年的，不得直接上市交易，购房人因特殊原因需要转让经济适用住房的，由政府按照原价格并考虑折旧和物价水平等因素进行回购；购买经济适用住房满5年，购房人上市交易的，应当按照交易当时同地段普通商品住房与经济适用住房的差价的一定比例向政府交纳土地收益等相关价款，政府可以优先回购；购房人可以按照政府所定的标准向政府交纳土地收益等相关价款后，取得完全产权。在取得完全产权前，购房人不得将所购买的经济适用住房用于出租经营。

国家对经济适用住房建设有相应的优惠政策支持：经济适用住房的建设用地以划拨方式供应，但是不得以经济适用房名义取得划拨土地后，以补交土地出让金等方式，变相进行商品房开发；经济适用住房项目免收城市基础设施配套费等各种行政事业性收费和政府性基金，经济适用住房项目的基础设施建设费用由政府承担。

中国人民银行与银监会于2008年1月18日联合颁发了《经济适用住房开发贷款管理办法》。根据该办法规定，在中国境内依法设立的商业银行和其他银行业金融机构可以向具有法人资格、并取得房地产开发资质的房地产开发企业发放专项用于经济适用房项目建设的开发贷款。各政策性银行未经批准，不得发放经济适用房开发贷款。

该办法对经济适用房开发贷款的用途进行了严格规定，即只能专项用于经济适用住房项目建设，并且严格禁止商业银行或者其他银行业金融机构以流动资金贷款形式发放经济适用住房开发贷款。经济适用住房开发贷款期限最长不得超过5年，一般为3年。贷款利率可以在央行基准利率基础上适当下浮，但下浮比例不得超过10%。

经济适用住房取得开发贷款应具备如下条件：（1）借款人已经取得贷款卡，并在贷款银行开立基本存款账户或一般存款账户；（2）借款人产权清晰，法人治理结构健全，经营管理规范，财务状况良好，核心管理人员素质较高；（3）借款人实收资本不低于人民币1000万元，信用良好，具有按期偿还贷款本息的能力；（4）建设项目已列入当地经济适用房年度建设投资计划和土地供应计划，能够进行实质性开发建设；（5）借款人已取得建设项目所需的《国有土地使用权证》《建设用地规划许可证》《建设工程规划许可证》和《建设工程施工许可证》；（6）建设项目资本金（所有者权益）不低于项目总投资的30%，并在贷款使用前已投入项目建设；（7）建设项目规划设计符合国家相关规定。

二、廉租住房建设融资

为了解决城市低收入家庭的住房困难，国家推行廉租住房保障制度。廉租住房保障制度实行货币补贴和实物配租两种方式相结合。货币补贴是指由申请廉租住房保障的家庭自行承租住房，地方政府向其发放租赁补贴；实物配租是指地方政府按照较低的租金标准向申请廉租住房保障的家庭提供租赁住房。

国家通过多种渠道筹措廉租住房保障资金：政府年度财政预算应当安排专项的廉租住房保障资金；住房公积金增值收益扣除提取的贷款风险准备金和管理费用后，余额应当全部用于廉租房建设；土地出让净收益中安排用于廉租住房保障资金的比例不得低于10%；政府的廉租住房租金收入、社会捐赠或其他方式筹集的资金。地方政府可以新建收购的廉租租房、腾退的公有住房、社会捐赠的住房、其他渠道筹集的住房向申请廉租住房家庭进行实物配租。对于新建的廉租住房，应当将单套建筑面积控制在50平方米以内，并且免征行政事业性收费和政府基金。

为了促进廉租住房建设，中国人民银行和银监会于2008年12月3日联合颁发了《廉租住房建设贷款管理办法》，办法规定在中国境内依法设立的、经银监会及其派驻机构批准的银行业金融机构可以向依法设立的、具有房地产开发资质的，从事廉租住房建设的房地产开发企业发放廉租住房建设贷款。廉租住房建设贷款期限为5年及5年以下，利率按照央行基准利率下浮10%执行。

房地产开发企业申请廉租住房建设贷款，应当具备的条件包括：（1）廉租住房项目已纳入政府廉租住房建设计划，并按照规定取得政府部门的批准文件；（2）已与政府签订廉租住房回购协议；贷款申请额度不得高于回购协议确定的回购价款；（3）在贷款银行开立专用存款账户；（4）提供贷款人认可的有效担保；（5）新建廉租住房项目已取得所需的《国有土地使用权证》《建设用地规划许可证》《建设工程规划许可证》《建设工程施工许可证》；改建廉租房已取得相关部门颁发的许可文件；（6）新建廉租住房项目资本金不低于项目总投资的 20%；改建廉租房项目资本金不低于项目总投资的 30%；（7）借款人信用状况良好，无不良记录。

三、棚户区改造建设融资

（一）《关于推进城市和国有工矿棚户区改造工作的指导意见》（建保〔2009〕295 号）

为了改造城镇危旧住房、改善困难家庭住房条件，国家推出大规模的棚户区改造工程。

住房和城乡建设部、发改委、财政部、国土资源部、中国人民银行于 2009 年 12 月 24 日联合颁发《关于推进城市和国有工矿棚户区改造工作的指导意见》（建保〔2009〕295 号）。指导意见要求各级政府应当采取适当方式对城市和国有工矿棚户区改造项目予以资金支持；省级政府可以采取以奖代补方式对棚户区改造项目予以资金支持；县、市级政府可以从城市维护建设税、城镇公用事业附加、城市基础设施配套费、土地出让收益中安排资金用于棚户区改造项目；有条件的地方可以对棚户区改造项目给予贷款贴息支持；棚户区改造项目资本金按照廉租房建设项目资本金的 20% 执行。

对于棚户区改造项目应当免征城市基础设施配套费等各种行政事业性收费和政府基金；棚户区改造安置住房建设和通过收购筹集房源的，执行经济适用房的税收优惠政策；电力、通信、市政公用事业等企业及市政公用设施等要对棚户区改造项目给予支持。

鼓励金融机构创新金融产品、改善金融服务，向符合条件的城市和国有工矿棚户区改造项目提供融资支持，对符合条件的项目要在信贷规模上予以保障。积极建立贷款担保机制，引导信贷资金投入城市和国有工矿棚户区改造项目。

（二）《关于做好城市和国有工矿棚户区改造金融服务工作的通知》（银发〔2010〕37号）

中国人民银行与银监会于2010年2月3日联合颁发了《关于做好城市和国有工矿棚户区改造金融服务工作的通知》（银发〔2010〕37号），通知要求银行业金融机构应根据城市和国有工矿棚户区改造具有的综合性特点，依据商业性开发、经济适用房和廉租房建设贷款管理规定，创新金融服务措施，为符合贷款条件的城市和国有工矿棚户区改造项目提供贷款支持。银行业金融机构应积极主动地掌握当地城市和国有工矿棚户区改造工作的进展，参与项目设计与论证，全面细致介绍信贷条件，为相关部门科学制订项目方案提供金融咨询服务。

（三）《国务院关于加快棚户区改造工作的意见》（国发〔2013〕25号）

国务院于2013年7月4日印发《国务院关于加快棚户区改造工作的意见》（国发〔2013〕25号），要求2013年至2017年改造各类棚户区1000万户，其中城市棚户区改造800万户，国有工矿棚户区改造90万户，国有林区棚户区改造30万户，国有垦区危房改造80万户。意见要求从资金筹措、建设用地供应、税费减免、安置补偿四个方面加大政策支持力度。

意见要求多渠道筹措建设资金：①加大各级政府资金支持；②加大信贷支持；③鼓励民间资本参与改造；④规范利用企业债券融资；⑤加大企业改造资金投入。各银行金融机构要按照风险可控、商业可持续原则，创新金融产品，改善金融服务，积极支持棚户区改造，增加棚户区改造信贷资金安排，向符合条件的棚户区改造项目提供贷款。各地区要建立健全棚户区改造贷款还款安排保障机制，积极吸引信贷资金支持。

（四）《国务院办公厅关于进一步加强棚户区改造工作的通知》（国办法〔2014〕36号）

国务院办公厅于2014年7月21日印发《国务院办公厅关于进一步加强棚户区改造工作的通知》（国办法〔2014〕36号），就国发〔2013〕25号印发一年以来棚户区改造工作进行总结，并要求从如下七个方面进一步加强棚户区改造工作：①进一步完善棚户区改造规划；②优化规划布局；③加快项目前期工作；④加强质量安全管理；⑤加快配套建设；⑥落实好各项支持政策；⑦加强组织领导。

通知从如下几个方面加大对棚户区改造工作的金融支持力度：①国家开发银行成立住宅金融事业部，重点支持棚户区改造及城市基础设施等相关工程建设；纳入国家计划的棚户区改造项目，国家开发银行贷款与项目资本金可以在年度内同比例到位。②鼓励商业银行等金融机构按照风险可控、商业可持续的原则，积极支持符合信贷条件的棚户区改造项目；经过清理整顿符合条件的省级政府及地级以上城市政府融资平台的棚户区改造项目，银行业金融机构可以比照公共租赁住房融资的政策予以信贷支持。③支持承担棚户区改造项目的企业发行企业债券，并适当放宽企业债券发行条件；推进债券创新，优化债券品种方案设计，研究推出棚户区改造项目收益债券。④通过投资补助、贷款贴息等方式吸引社会资金，参与投资和运营棚户区改造项目。

四、公租房建设融资

为了支持公共租赁住房建设，中国人民银行、银监会于 2011 年 8 月 4 日颁发了《关于认真做好公共租赁住房等保障性安居工程金融服务工作的通知》，通知要求对于政府投资建设的公共租赁住房项目，凡是实行公司化运营、商业化运作、项目资本金到位、项目自身现金流能够满足贷款本息偿还要求的，银行业金融机构按照风险管理的要求，予以贷款支持。对于政府以外的其他机构投资建设并持有且纳入政府总体规划的公共租赁住房项目，各银行业金融机构可以按照商业化原则提供贷款支持。

政府投资建设的公共租赁住房项目应当符合国家关于最低资本金比例的政策规定，贷款利率下浮比例不得超过基准利率的 0.9 倍；贷款期限一般不应超过 15 年；项目达产后，贷款应当一年两次还本，利随本清。

对于不符合“实行公司化运营、商业化运作、项目资本金到位，项目自身现金流能够满足贷款本息偿还”等要求的，直辖市、计划单列市、省会城市政府投资建设的公共租赁住房项目，银行业金融机构在符合国发〔2010〕

19 号《国务院关于加强地方政府融资平台公司管理有关问题的通知》规定的前提下，向资本金充足、治理结构完善、运作规范、自身经营性收入能够覆盖贷款本息的政府融资平台公司发放贷款，融资平台公司公共租赁住房贷款偿付能力不足的，由本级政府统筹安排还款，并且同一个城市只能有一家融资平台公司承贷公共租赁住房贷款；地级市政府投资建设的公共租赁住房项目应当符合上述省级项目的条件，经过银行业金融机构总部评估认可、自身能够确保偿还公共租赁住房项目贷款的，银行业金融机构可以向该类融资平台公司发放贷款。其他县市级政府投资建设的公共租赁住房项目，可在省级政府对还款来源做出统筹安排后，由省级政府指定一家省级融资平台公司统一借款。

第二章　融资型房地产信托业务类型及相关问题研究

第一节　基本业务概述

一、融资型信托业务概述

融资型房地产信托是一种房地产债务融资工具，主要业务模式包括房地产信托贷款、股权收益权投资附加回购、特定资产收益权投资附加回购、商品房预售回购等。房地产信托贷款是融资型房地产信托的基本业务模式，股权收益权投资附加回购、特定资产收益权投资附加回购、商品房预售回购等统称为权益投资附加回购，属于房地产衍生债务融资工具。

由于监管部门对信托公司房地产信托贷款业务有着较为严格的监管政策，信托公司只能向符合“四三二”的项目发放开发贷款，于是信托公司通过投资附加回购方式向不符合“四三二”条件的项目提供融资，以此规避上述监管政策。监管部门基于审慎监管原则调整了监管口径，将贷款、权益投资附加回购等业务一律归为融资类业务，统一遵守房地产贷款业务的监管政策。

权益投资附加回购业务可以实现如下目的：①突破“向他人提供贷款不得超过其管理的所有信托计划实收余额的30%”的监管规定；②不计入融资长短期借款科目，不录入人民银行企业征信系统，一般会在应付账款或其他应付款科目体现。

商品房预售回购业务是指信托公司通过购买房地产开发企业的期房，并由房地产开发企业到期按照约定价款予以回购的方式，向房地产开发企业提供融资支持。在房地产市场处于下行趋势，商品房预售去化率较慢，房地产开发企业库存压力较大的情况下，该种业务模式较受房地产开发企业的欢迎。由于诸如限购政策、税收政策等房地产调控政策的影响，该类业务模式基本退出了房地产信托融资市场，本文对该种业务模式不再予以探讨。

二、房地产信托贷款

（一）交易结构

房地产信托贷款是指信托公司以信托资金向房地产开发企业发放开发贷款，房地产开发企业于信托到期时以用款项目的现金流归还信托贷款本息。该类业务基本交易结构如下：

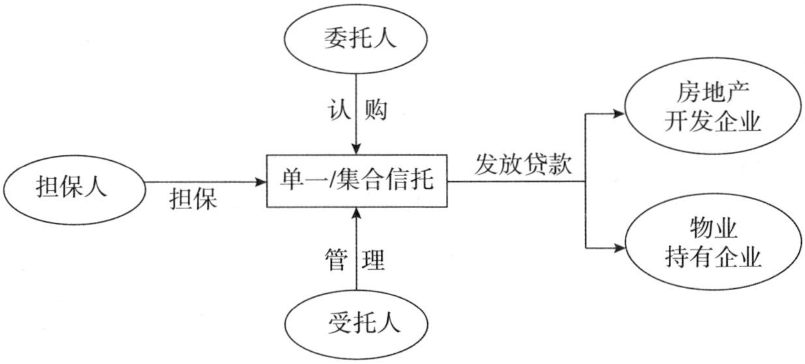

（二）业务模式分析

房地产信托贷款业务是信托公司房地产业务的基本模式，也是交易结构和操作流程最简单的业务模式；相对于其他业务模式而言，房地产信托贷款业务是风险最低的一种业务模式。

房地产信托贷款业务可以分为开发贷款业务和经营性物业贷款业务。开发贷款业务主要是向房地产开发企业正在开发的房地产项目发放贷款，主要用于该项目的开发建设，一般以该项目的销售收入作为还款来源；经营性物业贷款主要是向经营性物业持有企业发放贷款，主要用于该物业日常经营维护等所需流动资金，一般以该经营性物业的经营收益作为还款来源。经营性物业贷款业务将另外单章予以分析。

三、权益投资附加回购

（一）股权收益权投资附加回购业务

1. 交易结构

股权收益权投资附加回购业务是指信托公司以信托资金受让项目公司股东所持有的项目公司股权收益权，项目公司股东在约定时间内按照约定价格回购该股权收益权。股权收益权投资附加回购的基本交易结构如图：

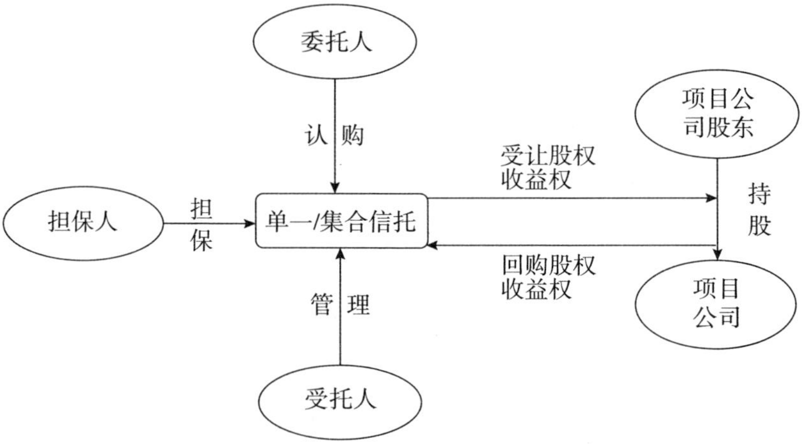

2. 股权收益权辨析

根据《公司法》第四条的规定："公司股东依法享有资产收益、参与重大决策和选择管理者等权利。"因此我们可以将股权的权能归纳为收益权和表决权（重大决策权和选择管理者权）两种类型，也可以认为股权包含法人财产权和法人组织权两个方面。股权的收益权和表决权能否分割并进行单独转让，我国现行的法律法规和监管政策并无明确的规定。相关的监管文件承认了股票收益权作为一种创新性金融产品的存在①，但是并没有相关法律法规和监管政策对“股票收益权”进行明确定义。笔者认为股权收益权至少应当包括如下内容：

（1）标的股权在任何情形下的卖出收入；

（2）标的股权因配股、送股、公积金转增、拆分标的股权而形成的派生股权在任何情形下的卖出收入；

（3）标的股权和派生股权的股息红利收入；

（4）标的股权和派生股权产生的其他收入。

股权收益权作为信托资金所投资的标的资产，本身并不能作为一种独立的财产权利类型，仅仅是金融机构创新出来的一种债务融资工具。从风险控制的角度分析，为了确保对股权收益权之基础资产（股权）的控制，债权人一般需要将基础资产之股权设定质押。

（二）特定资产收益权投资附加回购

1. 交易结构

特定资产收益权投资附加回购业务是指信托公司以信托资金受让项目公司所持有的特定资产之收益权，项目公司在约定时间内按照约定价格回购该特定资产收益权。特定资产收益权投资附加回购的基本交易结构如图：

① 《关于印发信托公司净资本计算标准有关事项的通知》（银监发〔2011〕11号）规定：“除TOT和股票受益权投资信托业务外，其他受益权投资信托业务原则上应按照融资类业务计算风险资本。”

《关于做好信托公司净资本监管、银信合作业务转表及信托产品营销等有关事项的通知》规定：“对各类形式的受（收）益权信托业务，除TOT和上市公司股票收益权业务外，原则上均应视为融资类业务，并应按照融资类业务计算风险资本。”

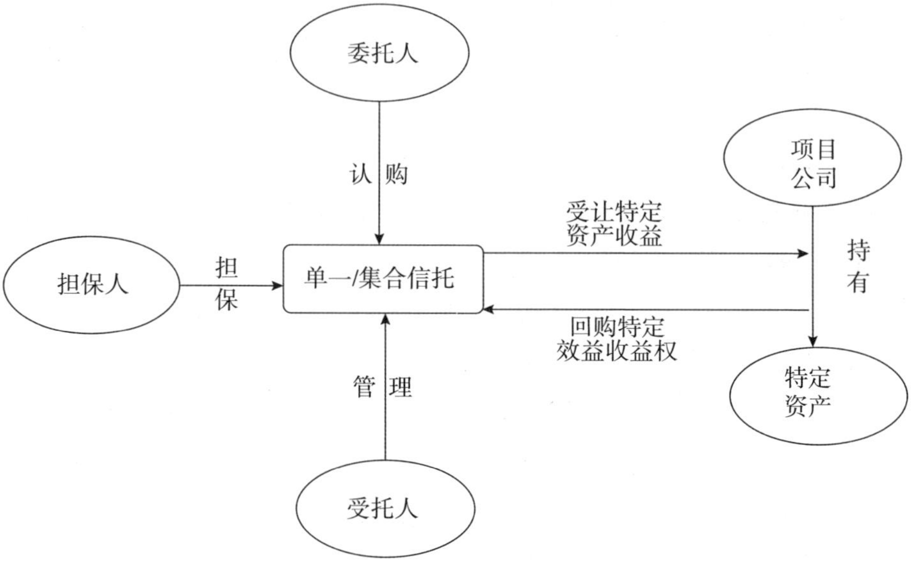

2. 特定资产收益权辨析

在房地产投融资业务中，特定资产收益权的基础资产一般为项目公司的在建工程、土地使用权或者其上的建筑物。特定资产收益权和股权收益权一样，仅仅是一种创新性债务融资工具，其本身并非一种独立的财产权类型。根据物权法原理，物权之所有权具有占有、使用、收益和处分四种全能，诸如房屋等建筑物作为基础资产的特定资产收益权应是从房屋等建筑物之所有权分离的收益权全能。一般认为特定资产收益权可以包含如下内容：（1）基础资产在任何情形下的出售收入；（2）基础资产的运营租赁收入；（3）基础资产灭失、毁损所取得的赔偿收入；（4）以基础资产投资、入股、合资、联营经营所取得的投资经营收入。

第二节　融资型房地产信托业务操作规范

一、房地产信托贷款条件[①]

根据目前的监管要求，信托公司发放房地产信托贷款必须符合如下条件：即信托资金拟投入的房地产开发项目必须符合“四三二”要求，信托公司采用权益投资附加回购等债务融资工具为房地产开发项目提供融资的，房地产开发项目亦应符合“四三二”要求。具体而言，“四三二”要求包含如下具体内容：

1. 四证：“四证”具体是指国有土地使用权证、建设用地规划许可证、建设工程规划许可证和建筑工程施工许可证。在审查开发项目是否具备“四证”时，应当注意国有土地使用权证和建设用地规划许可证上之证载用地面积（土地使用权面积）是否一致，以及建设工程规划许可证和建筑工程施工许可证上之证载建筑面积是否一致。

国有土地使用权证和建设用地规划许可证上之证载用地面积应当依据土地成交确认书和土地出让合同中的用地面积确定，证载用地面积有时包括实际用地面积和代征面积。建设工程规划许可证和建筑工程施工许可证上之证载建筑面积应当依据开发项目的规划技术指标之总建筑面积来确定（总建筑面积包括地上建筑面积和地下建筑面积），地上建筑面积是根据总建设用地面

---

① 为了应对国际金融危机对国内经济的冲击，银监会于2009年颁发的《关于支持信托公司创新发展有关问题的通知》（银监发〔2009〕25号）规定：对于最近一年的监管评级为2C级及以上，且经营稳健、风险管理水平良好的信托公司可以向已经取得国有土地使用权、建设用地规划许可证、建设工程规划许可证的房地产开发企业发放项目开发贷款；对于最近一年的监管评级为2C级及以上，且经营稳健、风险管理水平良好的信托公司也可以向不具备二级资质的房地产开发企业发放项目开发贷款。银监会于2010年颁发的《关于加强信托公司房地产信托业务监管有关问题的通知》（银监发〔2010〕54号）规定：停止执行上述对于监管评级2C级及以上，且经营稳健、风险管理水平良好的信托公司关于“三证”和二级资质的例外规定。

积和建筑容积率计算得出的，即地上建筑面积 = 容积率 × 总用地面积。

对于分期滚动开发的项目来说，开发商会将通过招拍挂等方式取得的国有土地使用权分成 N 期开发。开发商如果将大土地使用权证分割为几本小土地使用权证，几本小土地使用权证的合计用地面积应当与建设用地规划许可证保持一致（一般情况下建设用地规划许可证不会分割为几张小证）。分期滚动开发更常见的情形是同一个开发项目会办理 N 张建筑工程规划许可证，即使不是分期滚动的开发项目也可能会办理 N 张建筑工程规划许可证。在业务实际中，建筑工程施工许可证是依据建设工程规划许可证办理的，所以只会出现建筑工程施工许可证面积小于建筑工程规划许可证面积的情况，即开发项目仅办理了部分建筑工程施工许可证。

判断开发项目是否符合“四证”要求时，主要依据建筑工程施工许可证。如果开发项目仅取得了部分建筑工程施工许可证，信托贷款资金只能用于已取得建筑工程施工许可证的项目部分。在具体实务操作中，对于一个整体开发项目来说，很难区分信托贷款资金是否确实用于已取得施工证的项目部分。

2. 30% 的资本金[①]：开发项目资本金比例不低于国家最低要求。加强对项目资本金来源及到位真实性的审查认定。我国对于固定资产投资实行资本金制度，投资人自有资本金投入需要达到固定资产总投资概算的一定比例，其他资金缺口可以通过金融机构贷款等方式进行融资。

房地产开发项目的资本金是否到位的认定是个值得研究的问题。如果项目公司仅仅是开发某个单体项目，则该开发项目的资本金认定较为简单；如果项目公司不仅仅是为了开发某个单体项目而成立的，则资本金投入比例的认定较为复杂。资本金投入比例计算应当注意如下事项：

（1）项目公司仅仅是开发某个单体项目，即该项目公司的净资产金额减去相应的扣除项后的净值只要符合资本金投入比例所要求的金额即可，即净资产 - 相应扣除项目 ≥ 单体项目总投资概算 × 应当投入的资本金比例。

（2）项目公司在同时开发建设 N 个项目，资本金投入比例按如下公式计

---

① 根据《国务院关于调整固定资产投资项目资本金比例的通知》（国发〔2009〕27 号）规定，保障性住房和普通商品住房项目的最低资本金比例为 20%，其他房地产开发项目的最低资本金比例为 30%。业务实践中，普通商品住房项目的最低资本金比例按照 30% 的标准执行。

算：净资产－相应扣除项后的净值只要符合在开发项目总投资概算和资本金投入比例合计计算所要求的金额即可；即净资产－相应扣除项目≥在开发项目合计总投资概算×应当投入的资本金比例。

（3）项目公司开发其他项目的销售收入所形成的净资产可以计作资本金；项目公司开发项目的销售收入不得计作该项目本身的资本金。开发商为了减少某个大体量的开发项目的资本金投入，会将该项目进行分期滚动开发，以前期项目的销售收入计作后期项目的资本金（如 1 期项目的销售收入能否计作 2 期及以后各期的资本金）。

（4）在审查项目公司净资产是否达到资本金投入比例所要求的金额时，还需要注意项目公司的资产是否被股东抽逃的情形，主要结合应收账款及其他应收账款、验资报告、银行流水单、资本金投入凭证等进行验证。

3. 二级资质："二级资质"具体是指房地产开发企业资质不低于国家建设行政主管部门核发的房地产二级开发资质。房地产开发企业的控股股东具备二级资质，以及房地产开发企业具备暂定二级资质或房地产开发企业控股股东具备暂定二级资质，也可以认定为房地产开发项目符合"二级资质"的要求。房地产开发企业非控股股东具备二级资质或暂定二级资质，则不能认定房地产开发项目符合"二级资质"的要求。如果房地产开发企业的控股股东的股东，或者其最终实际控制人具备二级资质或暂定二级资质的，一般也会认定为房地产开发项目符合"二级资质"的要求。

在房地产信托贷款业务监管较为严格的情况下，有时有的地方银监局会严格按照字面意思去执行监管规定，不予认可房地产开发企业或其控股股东的暂定二级资质，以及房地产开发企业的控股股东之控股股东或最终实际控制人的二级资质或暂定二级资质符合"二级资质"的要求。

二、房地产信托贷款禁止性条件

信托公司在向符合房地产融资业务合规性条件的项目发放信托贷款时，还应当注意如下事项：

1. 流贷禁止条款

严禁向房地产开发企业发放流动资金贷款，严禁以购买房地产开发企业资产附加回购承诺等方式变相发放流动资金贷款。如果交易对手是综合化的企业集团，房地产开发业务是其整个集团的一个业务板块，则笔者认为可以向该交易对手发放流动资金贷款，并对资金用途进行严格监管，防止集团公司的流动资金贷款用于房地产开发。

要严格防范建筑施工企业的流动资金贷款等用于房地产开发。建筑施工企业垫资是房地产开发融资的一项重要手段，建筑施工企业一般是自己垫资建设，再由开发商按照约定支付工程价款。监管部门关于严格防范对建筑施工企业的流动资金贷款用于房地产开发的规定在实务中很难予以界定和执行；如果僵化执行监管部门的该条规定，则只有对房屋建筑施工企业不予发放流动资金贷款。笔者认为信托公司对建筑施工企业发放流动资金贷款时，需要对贷款资金用途进行严格监管，建筑施工企业可以将流贷资金用于其施工过程中必要合理的支出。

2. 资本金范围界定

对股东借款、银行贷款等债务性资金和银行个人理财资金不得充作项目资本金，但是股东承诺在项目公司偿还银行或信托公司贷款前放弃对该股东借款受偿权的情况下，股东借款可以充作项目资本金，商业银行私人银行业务中的个人理财资金可以充作项目资本金。

信托公司不得将债务性集合信托计划资金（包括股权投资附加回购承诺、投资附加关联方受让或投资附加其他第三方受让的情形）用于补充项目资本金，以达到国家规定的最低资本金要求。

3. 其他规定

（1）对不符合房地产贷款条件的房地产项目，严禁以投资附加回购承诺、商品房预售回购等方式间接发放房地产贷款；信托公司采用权益投资附加回购承诺、商品房预售回购等债务融资工具向开发商提供融资时，应当按照房地产信托贷款的监管要求审查房地产项目。

（2）严禁向房地产开发企业发放用于缴交土地出让价款的贷款。很多房地产开发企业投入的资本金大部分都是首先用于缴纳土地出让价款，也有部分房地产开发企业直接用信托等金融机构资金缴纳土地出让价款。监管部门明令禁止信托公司将信托贷款等债务性资金用于开发商缴纳土地出让价款。

（3）信托公司以结构化方式设计房地产集合资金信托计划的，其优先和劣后受益权配比比例不得高于3∶1；融资型信托产品基本上可以归类为固定收益产品，结构化产品中的次级受益权人为优先级受益权人提供信用支持时，并不能获得应有的风险溢价。在实际业务操作中，次级受益权份额通常由交易对手（融资方）或其关联方认购，交易对手或关联方为投资人（优先级受益权人）提供信用支持。

（4）商业银行个人理财资金投资于房地产信托产品，理财客户应符合《信托公司集合资金信托计划管理办法》中有关合格投资者的规定。具体合格投资者是指符合下列条件之一，能够识别、判断和承担信托计划相应风险的人：①投资一个信托计划的最低金额不少于100万元人民币的自然人、法人或者依法成立的其他组织；②个人或家庭金融资产总计在其认购时超过100万元人民币，且能提供相关财产证明的自然人；③个人收入在最近三年内每年收入超过20万元人民币或者夫妻双方合计收入在最近三年内每年收入超过30万元人民币，且能提供相关收入证明的自然人。

本章附录

【实务案例一】RJ集团武汉项目集合资金信托计划

（一）交易结构

RJ公司的控股子公司RF公司在武汉市硚口区所开发的融侨锦江项目已经取得四证（国有土地使用权证、建设用地规划许可证、建筑工程规划许可证、建筑施工许可证），资本金投入比例近50%，RF公司具备房地产开发二级资质。RJ公司控股子公司RZ公司取得武汉市武昌区林头村K3地块，土地出让金及相关税费已付清，正在办理相关证照进行后续项目开发建设。WM信托公司发起设立集合资金信托计划募集3亿元信托资金用于受让RF公司持有的RZ公司3亿元债权，RF公司将所获转让价款用于融侨锦江项目开发建设，并由RZ公司履行归还借款本息义务。

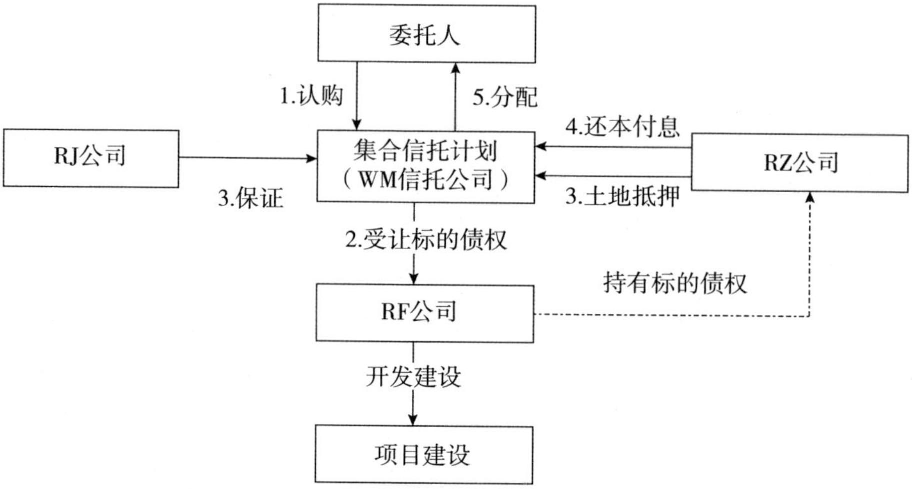

评析：房地产开发企业将贷款资金用于项目开发建设，通常会以该项目的租售收入作为还款来源。本信托计划项下信托资金用于受让RF公司持有的对RZ公司的债权，RF公司将其所获得的转让价款（信托资金）用于其名下项目的开发建设，RZ公司将承担向信托公司还本付息的义务，该信托计划项下信托资金的退出并非依赖于用款项目的租售收入。

本信托计划项下信托资金退出应主要关注RZ公司还款来源情况，而非RF公司及用款项目的还款来源情况。笔者认为本信托计划项下资金的管理运用方式可以设计为债权买入返售模式，即信托计划项下信托资金用于受让RF公司所持有的对RZ公司的债权，RF公司应当在约定的期限内回购其所出让的标的债权。该种交易结构可以将RF公司和RZ公司都作为还款义务人，如果RF公司不愿或不能于约定的期限内履行回购标的债权的义务，信托公司可以以直接债权人的身份要求RZ公司履行还本付息义务。

（二）风险缓释措施

1. 标的债权专项审计

关联企业间的资金往来（资金拆借）款项，资金拆出方（贷方）在资产负债表中体现为其他应收款科目，资金拆入方（借方）在资产负债表中体现为其他应付款科目。从风险控制角度来讲，信托资金所受让的标的债权应当符合真实性原则，信托公司应当取得第三方中介机构关于标的债权的专项审计报告。

2. 土地使用权抵押

出让人和债务人的关联企业以其持有的土地使用权提供抵押担保，该土地使用权面积为71496.2平方米，土地规划用途为住宅和商业，规划建筑面积为222000平方米，土地使用权评估价值总额为23037万元，抵押率为130%。

3. 连带责任保证担保

RJ公司为债务人按期履行还本付息义务提供连带责任保证担保

评析：实际业务中，融资人通过向信托计划出让其所持有的应收债权进行融资的业务模式更多出现于政府融资平台；通常情况下，在信托计划成立之前，该应收债权并不存在，该应收债权只是为了获取融资而临时形成的，因此应收债权的真实性和有效性就是审查的重点。应收债权真实有效性的审查主要从如下方面入手：首先是聘请第三方中介机构对应收债权进行审计；其次要审查应收债权形成的法律文件、银行凭证、发票等；最后要取得应收债权之债务人的书面还款承诺。

本信托计划项下融资人的融资规模为3亿元，抵押物的评估价值为2.3亿元，本金抵押率约为130%；另外，出让人RF公司和债务人RZ公司的控股股东RJ公司提供连带责任保证担保。从担保措施分析，金融机构向企业融资时，通常会要求融资人的控股股东或实际控制人提供连带责任保证担保，这样可以在一定程度上防止融资人或其实际控制人通过转移财产等方式逃费债务；本信托计划项下抵押物的抵押率为130%，抵押率显然过高，通常情况下的抵押率在30%－60%。

4. 资金提前归集

债务人在信托到期前4个月分别按照10%、20%、30%、40%的比例归集还款本金。

评析：提前分期归集还款本金主要是防止融资人集中还款可能产生的流动性风险。如果提前归集还款本金，且所归集的还款本金不能冲减融资本金，则会抬高融资人实际融资成本。

（三）合规性分析

RF公司具备房地产开发二级资质，其控股股东RJ公司具备房地产开发一级资质；用款项目融侨锦江项目已经取得四证（国有土地使用权证、建设用地规划许可证、建筑工程规划许可证、建筑施工许可证）；用款项目预计总投资规模约20亿元，其中项目资本金投入近10亿元，项目资本金投资占总投资的比例近50%。综上所述，本项目符合房地产信托融资的监管条件。

评析：本信托计划项下信托资金用于受让融资人所持有的债权，并由标的债权债务人履行还本付息义务，本信托计划是典型的融资类信托，因此用款项目应当具备房地产信托贷款的“四三二”要求。

【实务案例二】新街坊棚户区改造特定资产收益权投资集合资金信托计划

（一）交易要素

1. 基本要素

（1）发行规模：不超过23000万元，不低于10000万元。

（2）信托期限：18－24个月。

（3）结构化安排：优先级受益权份额为10000万－16000万份，次级受益权份额不超过7000万份，优先级与次级受益权份额比例不超过3∶1。优先级份额根据期限进行分层设计，其中18个月优先级受益权份额不超过6000万份，剩余优先级份额期限为24个月；次级受益权份额的期限为自信托成立之日起至全部优先级受益权偿付时止。

（4）信托预期收益率：优先级受益权份额的预期年化收益率为9%－10.5%，次级受益权份额不设预期收益率。

【评析】本信托计划为结构化分级产品，优先级和次级份额的比例不超过3∶1。结构化分级产品主要分为两种情况：第一种情况是由融资人认购次级份额，为优先级份额提供信用增级；第二种情况是为了满足不同风险偏好和风险承受能力投资者的需求，次级份额受益权在信托利益分配顺序上劣后于优先级份额受益权，但是次级份额受益权的信托收益也高于优先级份额受益权，这就使得次级份额投资者在承受较高风险的同时，能够获得较高收益的风险溢价。

根据《关于加强信托公司房地产信托业务监管有关问题的通知》（银监发〔2010〕54号）规定，信托公司以结构化方式设计房地产集合资金信托计划的，其优先和劣后受益权配比比例不得高于3∶1。

（5）信托资金用途：信托资金用于新街坊项目的棚户区改造。

评析：本信托计划资金主要用于棚户区改造项目，属于国家政策鼓励类项目。国务院以及相关部门分别先后发布了《关于推进城市和国有工矿棚户区改造工作的指导意见》（建保〔2009〕295 号）、《关于做好城市和国有工矿棚户区改造金融服务工作的通知》（银发〔2010〕37 号）、《国务院关于加快棚户区改造工作的意见》（国发〔2013〕25 号）、《国务院办公厅关于进一步加强棚户区改造工作的通知》（国办法〔2014〕36 号），就进一步加强棚户区改造及金融支持棚户区改造相关工作进行部署和推进。

2. 交易结构

DY 信托公司拟设立“新街坊棚户区改造特定资产收益权投资集合资金信托计划”，募集信托 20000 万元用于受让内蒙古 JMR 房地产公司所持有的评估价值为 50000 万元的特定资产收益权，并由内蒙古 JMR 房地产公司按照约定回购上述特定资产收益权。上述特定资产收益权的基础资产为内蒙古 JMR 房地产公司所开发建设的新街坊项目在建工程，信托资金即用于新街坊项目的棚户区改造。基本交易结构图如下：

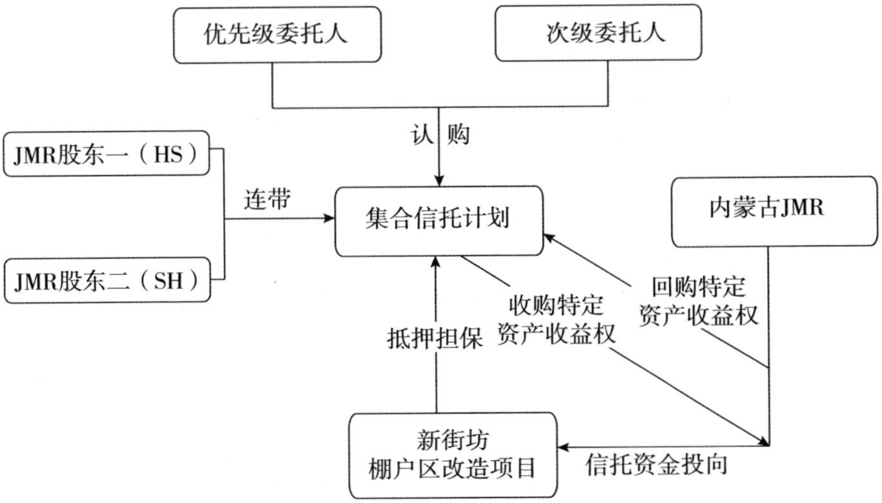

（二）风险缓释措施

1. 在建工程抵押

内蒙古 JMR 房地产公司以其所开发的新街坊棚户区改造项目在建工程为其履行回购特定资产收益权义务提供抵押担保。抵押物评估价值为 50000 万元，抵押率为40%。在信托存续期间，抵押人经抵押权人同意后可以置换抵押物，置换抵押物后的抵押率不得超过40%。抵押人应当按照抵押物评估价值的50%缴纳保证金后，方可解押所对应部分的抵押物。

2. 连带责任保证担保

内蒙古JMR房地产公司股东SH和HS分别为内蒙古JMR房地产公司履行回购特定资产收益权义务提供连带责任保证担保。

3. 资金监管与归集

受托人在商业银行设置监管账户，并委托商业银行对信托资金的用途和项目销售款项进行监管。融资人应当于信托期满17个月、18个月、22个月、23个月分别向信托专户缴纳1000万元履行回购义务保证金。

（三）项目概况

1. 项目“四三二”条件

新街坊棚户区改造项目已取得超过90000平方米的国有土地使用权证、建设用地规划许可证、建设工程规划许可证、建设工程施工许可证和商品房销售许可证。其中国有土地使用权证用地面积约95000平方米；建设用地规划许可证用地面积约95000平方米，代征面积5500平方米；建设工程规划许可建设规模为156000平方米；建设工程施工许可证建设规模分别为99000平方米和57000平方米（两本证）；商品房预售许可证预售建筑面积94000平方米。

融资人内蒙古JMR房地产公司注册资本和实收资本35000万元，总资产和净资产分别为170000万元和67000万元，具有房地产开发二级资质。

2. 项目基本指标

（1）规划指标

新街坊棚户区改造项目总用地面积为95000平方米，总建筑面积156000平方米，其中地上建筑面积为14.3万平方米，地下建筑面积为1.3万平方米。项目规划住宅面积为13.1万平方米，商业面积为6600平方米，办公用房面积5400平方米，地下车库及人防工程1.3万平方米。项目规划容积率为1.498%，绿化率为35.5%，建筑密度24.99%。

（2）投资概算

项目总投资概算如下表：

费用科目	建筑工程费用	设备购置费用	安装工程费用	其他	合计
一、工程费用	27734	500	1030		29264
1. 主体工程	26479	193	17		26689
2. 基础设施工程		307	71		378
3. 室外配套工程	1255		942		2197
二、工程建设其他费用				12943	12943
1. 土地出让金				10218	10218
2. 建设管理费				823	823
3. 勘察设计费				1045	1045
三、预备费用				3377	3377
1. 基本预备费用				3377	3377
2. 涨价预备费用					
四、融资成本				5520	5520
合计					51104

（3）经济效益分析

项目名称	小高层住宅	多层住宅	商业用房	办公用房	地下车库
可售面积（m^2）	27830	103823	6563	5367	383
销售均价（元）	6200	6200	14000	9000	140000
销售收入（万元）	17255	64370	9188	4830	5362
销售收入合计（万元）	101005				
投资概算成本（万元）	51104				
营业税及附加	1030	3555	589	267	317
土地增值税（万元）	723	2495	413	187	223
利润总额（万元）	1508	5207	863	391	465
利润总额合计（万元）	33725				
所得税（万元）	1508	5207	863	391	465
净利润合计（万元）	25292				

【评析】土地成本以及建安成本在房地产项目开发总成本中占比最高，因此信托公司对房地产项目开发总成本进行估算时，应当重点关注土地成本和建安成本。信托公司可以根据土地出让合同、相关征地拆迁补偿协议、土地费用交纳凭证等了解土地成本情况，根据建筑施工合同、装修装饰合同等了解建安成本情况；房地产开发企业可能通过与施工企业、装修装饰企业签订虚假合同以抬高建安成本，因此信托公司在估算建安成本时应当注意核实建筑施工等合同的真实性。

信托公司在测算用款项目的经济效益时，需要在合理估算房地产开发成本的基础上，对房地产销售收入进行预测。信托公司预测信托存续期限内房地产销售现金流时，需要对用款项目的去化速度、销售价格进行预测；用款项目的区划速度和销售价格可以根据周边可供参考的同类项目进行估算。

【实务案例三】JXXJ股权收益权投资集合资金信托计划

（一）交易要素

1. 基本要素

（1）发行规模：不超过20000万元，不低于10000万元。投资者认购起点为100万元。

（2）信托期限：18个月，信托期满12个月时，信托计划可提前终止。

（3）信托预期收益率：认购金额在100万－300万元的，预期年化收益率为9%；认购金额在300万－1000万元的，预期年化收益率为10%；认购金额在1000万元以上的，预期年化收益率为11%。

（4）信托资金用途：用于ZD置业公司名下E1/E2地块的开发建设。

2. 交易结构

XA信托公司拟设立“JXXJ股权收益权投资集合资金信托计划”，募集信托20000万元用于受让XJ控股公司所持有的ZD置业公司和LYG置业公司的股权收益权，并由XJ控股公司按照约定回购上述股权收益权。XJ控股公司将上述股权收益权出让价款用于ZD置业E1/E2地块项目建设。基本交易结构图如下：

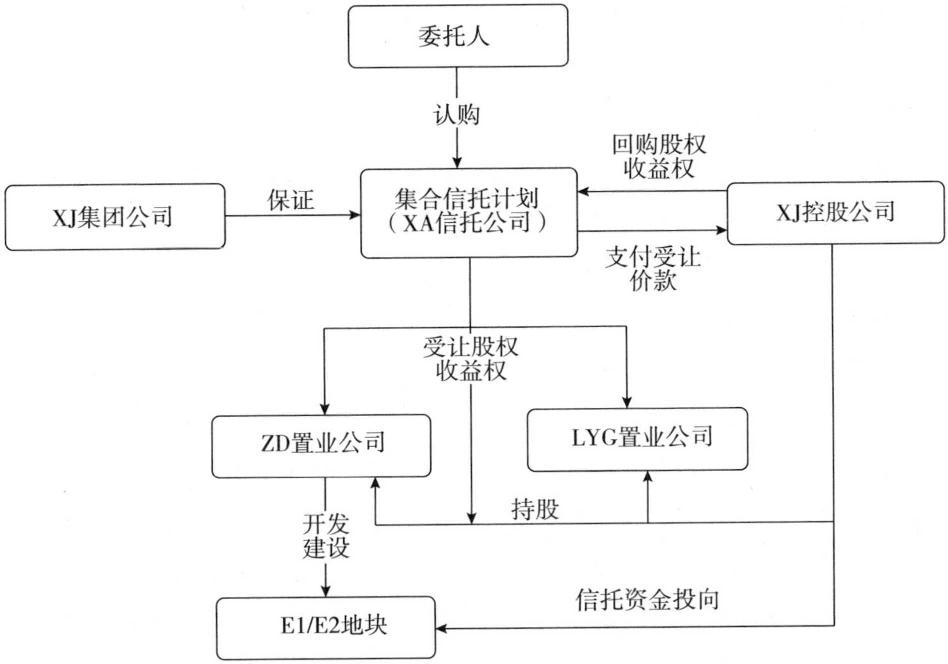

（二）风险缓释措施

1. XJ 控股公司将其所持有的 ZD 置业公司和 LYG 置业公司股权为其履行回购股权收益权义务提供质押担保；抵押物评估价值约 8 亿元，抵押率为 25%。

2. XJ 集团公司为 XJ 控股公司履行回购股权收益权义务提供连带责任保证担保。

【评析】如果房地产开发企业已将其名下的资产全部设置抵押（土地使用权、在建工程、已完工房屋等），则该房地产开发企业基本上就是一个空壳；如果仅以房地产开发企业股权提供质押担保，当该房地产开发企业的其他债权人主张对其资产的抵押权时，信托公司所接受股权质押担保的债权将面临得不到有效保障的风险。

通常情况下，信托公司要求融资人以其名下的不动产等资产提供抵押担保时，会同时要求融资人股东将融资人的股权一并质押给信托公司；如果信托公司因为融资人违约需要处置抵质押物时，信托公司可以选择直接处置不动产等资产，也可以选择整体处置融资人的股权（整体处置融资人股权时，不需要单独处置融资人名下的不动产等资产。)。

（三）项目概况

1. 项目“四三二”条件

融资人具有房地产开发二级资质，融资项目已经取得国有土地使用权证、建设用地规划许可证、建设工程规划许可证、建设工程施工许可证，项目资本金投入符合30%的要求。

【评析】股权收益权买入返售信托业务属于融资型信托业务，因此用款项目应当具备房地产信托贷款的“四三二”要求。

2. 项目基本指标

项目位于郑州市郑东新区，主要为新建规模540亩的城乡商贸流通中心，流通中心园区建设A、B、C、D、E五个区域的建材家居流通市场，总建筑面积近40万平方米。项目A、B、C、D四个区域均已全部建设完工，并已形成较为成熟的家居建材市场。用款项目E1地块总建筑面积为4.7万平方米，其中地上三层建筑面积为3.6万平方米，地下一层为1.11万平方米；用款项目E2地块建设地上三层建筑面积约1.2万平方米。

股权收益权回购方XJ控股公司2010年年末总资产73亿元，净资产13.7亿元，资产负债率为81%；2013年度实现主营业务收入19亿元，实现净利润为2.4亿元，营业净利率为12.6%。XJ控股公司2010年实现房地产销售面积25.7万平方米，销售金额约为21亿元。

【评析】本信托计划项下资金用于家居建材市场建设，这需要了解家居建材市场是主要用于出售，还是主要用于出租，以此分析融资人的主要还款来源。该家居建材市场A、B、C、D四个区域已全部建设完工，因此信托公司应当重点关注已经建设完工部分的租售情况，以此测算用款项目未来租售的现金流。

股权收益权回购义务人XJ控股公司2010年的资产负债率为81%，资产负债率偏高。信托公司在分析融资人的债务情况时，应当注意分析其负债结构，尤其需要关注金融机构融资情况、应付及其他应付账款的构成情况。信托公司应当关注融资人金融机构融资的期限和到期日、担保情况，重点关注信托存续期内融资人需要偿还的债务情况。

第三章　投资型房地产信托业务类型及问题研究

第一节　基本业务概述

一、投资型信托业务概述

目前融资类房地产信托的监管政策非常严格，一般均要求房地产开发企业或其控股股东必须具备房地产开发二级资质，建设项目必须取得“四证”，项目资本金符合国家相关规定。在业务实践中，房地产信托融资往往属于夹层融资，开发商通过信托融入资金以办理相关开发手续，待开发项目符合银行贷款条件后再向银行申请开发贷款。

符合融资类房地产信托监管政策的房地产开发项目，开发商往往会首先选择银行贷款。对于信托公司而言，符合融资类房地产信托条件的房地产开发项目，信托公司会优先选择融资类房地产信托；不符合融资类房地产信托条件的房地产开发项目，信托公司可以采取股权投资等投资类房地产信托。

投资类房地产信托主要包括房地产股权投资信托以及其他房地产资产（资产收益权）投资信托等业务模式。房地产股权投资信托（含股+债模式）是投资型房地产信托的主要业务模式，本章对此予以重点阐述；投资型房地产信托以及资产（资产收益权）投资等业务模式[①]，由于业务实践中并不多见，故此本章就不予详细阐述；另外还需要注意的是，诸如永续债等权益性资本工具投资等创新业务类型在业务实践中的运用。

二、股权投资信托业务

（一）交易结构

房地产股权投资信托业务具体是指信托公司直接以信托资金入股房地产开发企业，信托公司成为房地产开发企业的股东，信托公司通过对开发企业的控制以保障信托资金的安全，信托计划到期时，通过减资分红、对外转让股权、对外转让信托受益权以及其他方式实现信托资金的退出。房地产股权投资信托有两种运作模式：

1. 业务模式一

业务模式说明：委托人通过认购信托份额，委托受托人（信托公司）设立单一/集合信托，受托人以委托人交付的信托资金对项目公司进行增资扩股。项目公司增资扩股后，信托公司持有项目公司 X% 股权，项目公司原股东持有项目公司 Y% 股权，用于增资的信托资金应当全部用于项目公司名下指定项目的开发建设。交易结构图如下：

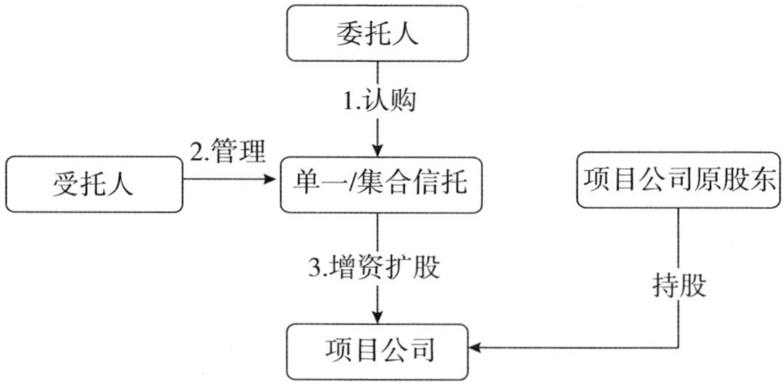

① 比如，信托公司发起设立资金信托，募集信托资金投资经营性物业收益权，通过经营性物业的租金等经营现金流实现信托投资收益；或者由融资人以经营性物业设立财产权信托，由信托公司以经营性物业经营现金流为支撑向投资者发售信托收益凭证，信托公司以经营性物业的经营现金流向投资者分配投资收益。该类业务一般要求信托期限内经营性物业的经营现金流能够覆盖投资者的本金和收益，因此信托期限相对较长。

2. 业务模式二

业务模式说明：委托人通过认购信托份额，委托受托人（信托公司）设立单一/集合信托，受托人以委托人交付的信托资金受让项目公司原股东所持有的项目公司部分股权。项目公司股权转让后，信托公司持有项目公司 X% 股权，项目公司原股东持有项目公司 Y% 股权，项目公司原股东应当将股权转让价款（信托资金）通过股东借款或者其他方式全部用于项目公司名下指定项目的开发建设。交易结构图如下：

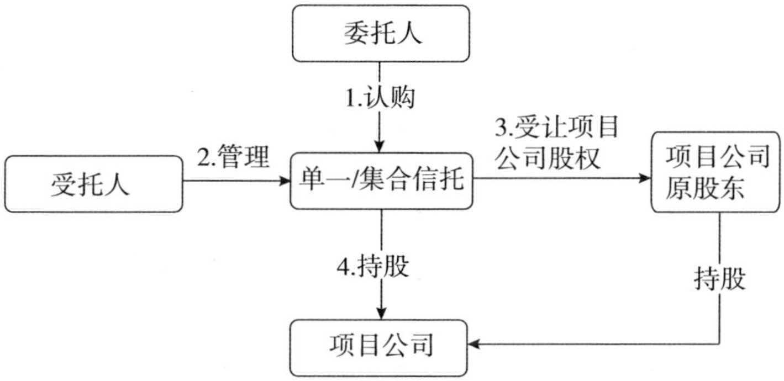

3. 业务模式三

业务模式说明：信托公司发起设立单一/集合信托，募集信托资金认购有限合伙企业的有限合伙份额，信托公司同时设立股权投资企业认购有限合伙企业的普通合伙份额。信托公司通过有限合伙企业参与上市房地产公司的定向增发，从事间接实现对房地产公司的股权投资。信托公司通过定向增发入股上市房地产公司，信托公司只是作为财务投资者，信托期满时通过二级市场交易或大宗交易等方式实现信托资金的退出。

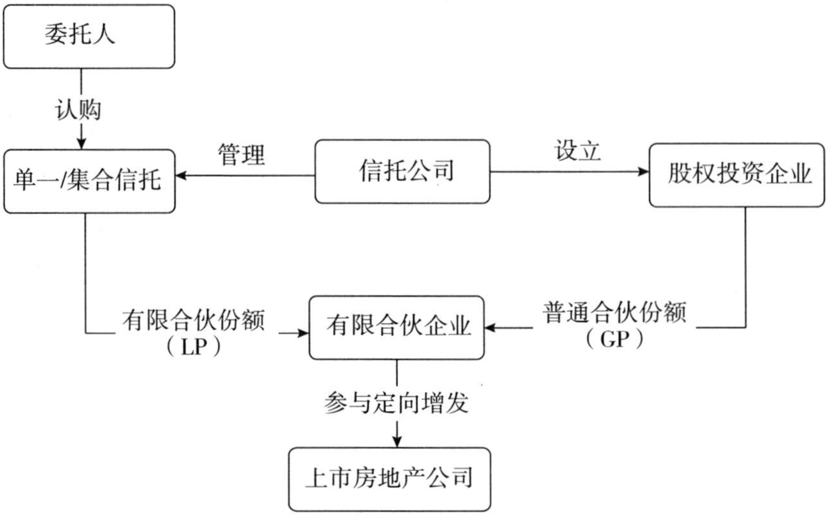

（二）股权投资信托业务相关问题辨析

信托公司投资入股房地产开发企业，房地产开发企业需要到工商行政部门办理企业股东变更登记，信托公司成为房地产开发企业的股东。根据《信托公司管理办法》的规定，信托公司不能以自有资金进行实业投资，因此信托公司只能以信托（计划）向房地产开发企业进行投资，信托公司为信托（计划）代持房地产开发企业的股权，从而成为房地产开发企业名义上的股东。目前我国信托行业缺乏有效的信托登记机构去实现信托登记制度，股权投资信托业务存在无法在制度层面确认信托公司的股权代持关系的问题。

信托公司以信托资金受让项目公司原股东所持有的项目公司股权后，项目公司原股东取得的股权转让款（信托资金）以何种方式用于房地产项目的开发建设是一个值得注意的法律问题。实际业务的一般做法是项目公司原股东以股东借款方式将股权转让款用于房地产项目的开发建设。我国监管法规关于非金融企业之间不能进行资金拆借的规定，使得股东借款存在是否合法的问题。根据我国会计记账规则，项目公司股东向项目公司提供的股东借款，作为关联企业之间的往来款计入项目公司的其他应付款科目。

根据现行上市公司证券发行规则，信托公司只能以自有资金参与上市公司定向增发，单一/集合信托均不能参与定向增发，故信托公司通过有限合伙企业间接参与上市公司的定向增发。根据《上市公司证券发行管理办法》规定：上市公司非公开发行股票的特定对象应当符合股东大会决议规定的条件，并且发行对象不得超过10名，发行对象为境外战略投资者的，应当经国务院相关部门事先批准。上市公司非公开发行股票应当符合的规定包括：（1）发行价格不低于定价基准日前20个交易日公司股票均价的90%；（2）本次发行的股份自发行结束之日起，12个月内不得转让；控股股东、实际控制人及其控制的企业认购的股份，36个月内不得转让；（3）募集资金使用符合《上市公司证券发行管理办法》第十条的规定[①]；（4）本次发行将导致上市公司控制权发生变化的，应当符合中国证监会的其他规定。

三、股＋债房地产信托业务模式

（一）交易结构

信托公司设立单一/集合资金信托，以部分信托资金向房地产项目公司进行股权投资，剩余信托资金自己向项目公司发放股东借款，项目公司将信托资金用于房地产项目的开发建设。下图为结构化股＋债业务模式：

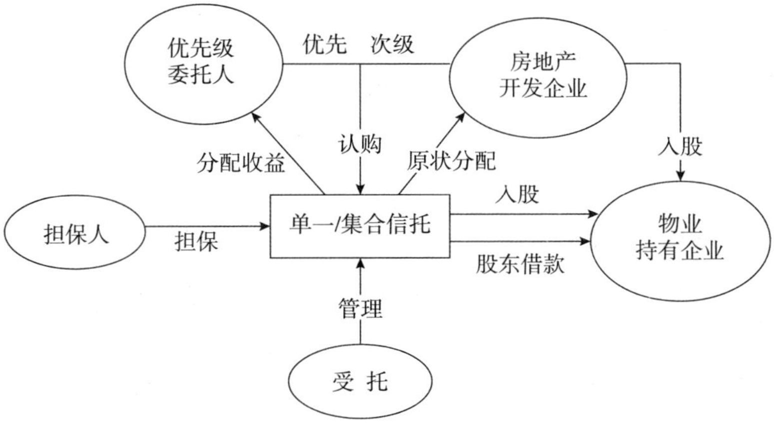

① 《上市公司证券发行管理办法》第十条规定：上市公司募集资金的数额和使用应当符合下列规定：（1）募集资金数额不超过项目需要量；（2）募集资金用途符合国家产业政策和有关环境保护、土地管理等法律和行政法规的规定；（3）除金融类企业外，本次募集资金使用项目不得为持有交易性金融资产和可供出售的金融资产、借予他人、委托理财等财务性投资，不得直接或间接投资于以买卖有价证券为主要业务的公司；（4）投资项目实施后，不会与控股股东或实际控制人产生同业竞争或影响公司生产经营的独立性；（5）建立募集资金专项存储制度，募集资金必须存放于公司董事会决定的专项账户。

（二）股+债房地产信托业务相关问题辨析

信托公司可以通过与房地产开发企业合作，通过投资入股方式与房地产开发企业成立项目公司，通过项目公司开发建设房地产项目；信托公司与房地产开发企业共同承担房地产开发建设的风险，并按股权比例分享房地产开发建设的收益。信托公司在该类业务中仅扮演财务投资者的角色，房地产开发企业负责开发项目的具体运营事项，信托公司仅派驻董事、财务负责人等以实现对项目公司的管理。投资类业务不受监管部门关于融资类业务的监管限制，因此信托公司可以介入房地产开发的任何环节。

单纯的股权投资类业务大多为实力比较强的信托公司和开发商之间合作开展的业务，且实务案例不是很多，目前开展较多的业务类型为“股+债”业务模式。“股+债”基本的业务模式为：信托公司通过与开发商共同出资成立项目公司，再通过股东借款的方式向项目公司注资。“股+债”业务是否能被认定为股权投资类业务，还取决于各地银监局的监管尺度。投资类业务还包括直接投资经营性物业，并通过该物业产生的现金流向信托受益权人分配投资收益。

四、TOT/TOS/TOF

（一）交易结构

该种业务模式具体是指信托公司设立单一/集合资金信托，募集信托资金用于认购本公司或者其他公司发行的信托产品（TOT：Trust on Trust），或者认购证券公司资产管理计划（TOS：Trust on Securities），或者认购基金公司子公司的资产管理计划（TOF：Trust on Fund），具体交易结构图如下：

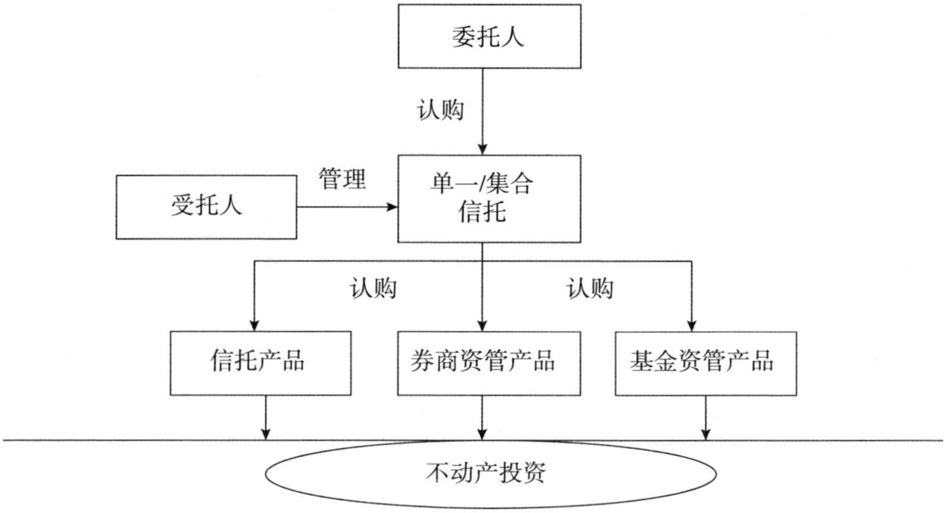

（二）TOT/TOS/TOF 解析

1. 业务特点

信托公司通过设立信托募集信托资金用于投资不动产金融产品具有如下特点：

（1）信托公司无须亲自拓展房地产投融资项目，只需要在市场选择各大金融机构发行的房地产金融产品。国内各大金融机构发行的房地产金融产品类型丰富多样，比如商业银行的房地产开发贷款，保险公司的不动产投资计划、证券公司的资产管理计划、基金公司的资产管理计划等，还有很多私募房地产基金产品。

（2）投资者认购信托公司 TOT/TOS/TOF 产品，再由信托公司将募集的信托资金用于配置房地产金融产品，这样可以避免直接投资单一房地产项目的集中度风险，从一定程度上可以分散投资者的投资风险。

2. 业务风控措施

由于信托公司不能直接接触到最终投资的房地产项目，也就不能亲自对房地产项目进行尽职调查，笔者认为信托公司可以从如下方面设置对 TOT/TOS/TOF 产品的风控措施：

（1）设置拟认购房地产金融产品管理人/受托人的准入标准。具体标准可以包括监管评级情况、监管指标达标情况、资本实力情况、经营风格稳健情况、过往产品的兑付情况等。

（2）设置拟认购房地产金融产品的准入标准。信托公司应当取得拟认购房地产金融产品关于房地产项目的尽职报告和基础资料，了解拟认购房地产金融产品的交易结构、风控措施、退出方式和还款来源等关键要素，拟认购房地产金融产品的风控措施及房地产项目是否符合信托公司自身关于该类房地产项目的准入标准。

（3）设置资产配置比例以分散投资风险。比如认购单一房地产金融产品金额不得超过信托财产总金额的20%；持有同一管理人/受托人发行的房地产金融产品余额不得超过该管理人/受托人净资产的20%，且不得超过10亿元。

（4）设置禁止准入条款：比如不得认购属于“接盘”[①] 性质的房地产金融产品；不得认购结构化房地产金融产品中次级/劣后级份额；不得认购频繁爆发兑付风险的管理人/受托人发行的房地产金融产品。

3. 监管规避

信托公司也可以利用TOS/TOF作为监管政策的工具。比如根据目前证监会规定，基金公司子公司可以通过专项资产管理计划投资非上市公司股权、债权以及证监会认可的其他产品，基金公司子公司可以通过专项资产管理计划向房地产开发企业发放委托贷款；由于目前证监会对基金公司子公司专项资产管理计划投资房地产项目没有任何政策限制，专项资产管理计划可以向房地产开发企业发放流动资金委托贷款，对房地产开发项目的委托贷款也没有“四证”和资本金等任何限制。信托公司对于因为监管限制而不能直接提供信托融资的房地产项目，可以通过基金公司子公司的专项资产管理计划向该房地产开发项目发放委托贷款，在信托层面，信托资金仅是投资了基金子公司发行的金融产品。

---

① 所谓“接盘”类房地产金融产品，是指该房地产金融产品的投资标的是已经出现兑付危机的房地产项目或房地产金融产品。比如投资于某房地产项目的A信托计划，由于开发商的资金链问题而不能按时向投资者兑付，于是将其所持有的对该开发商的债权转让给B信托计划，则B信托计划即为“接盘”类房地产金融产品。

五、永久资本工具——永续债

（一）概念与特征

永续债是指没有期限或者期限很长的债券（债务），永续债在财务报表上的权益类科目上体现为永久资本工具。永续债具有如下特征：（1）没有明确的到期时间或者期限非常长；（2）利息水平较高或可调整、可浮动；（3）一般情况下不提供担保措施；（4）清偿顺序低于一般债券，优先于普通股与优先股。根据香港等海外市场的会计准则，永续债作为一种“永久资本工具”一般计入资产负债表的权益项科目。根据我国相关法律法规和会计准则规定，银行等金融机构可以发行次级债等作为资本补充工具。① 除银行等金融机构的次级债等资本工具外，我国还未承认永续债作为永久资本工具的合法性。

永续债对于其发行人来说，具有如下几种作用：（1）作为资本补充工具，可以补充资本金；（2）可以提升主体信用评级；（3）可以降低资产负债率，优化报表结构；（4）发行永续债募集的资金可以作为长期资金使用。目前有部分在香港上市的内地房地产公司通过内地银行、信托等金融机构，利用永续债募集资金。

（二）交易模式②

信托公司向融资人发放信托贷款，信托贷款为无固定期限贷款（或者贷款期限很长，如 30 年）。信托贷款到期日有如下两种情形：（1）信托公司向融资人提供的信托贷款仅在融资人宣布清算时到期③，融资人应当归还信托贷

---

① 目前我国商业银行、证券公司和保险公司均可以发行次级债券作为资本补充工具，法规依据有：《商业银行次级债券发行管理办法》《证券公司次级债管理规定》《保险公司次级定期债务管理办法》。上述次级债均是指本金和利息的清偿顺序列于其他负债之后、先于股权资本的债券，均可以在一定条件下作为补充资本工具计入附属资本或净资本。

② 为了说明具体的交易模式，本部分相关具体数据均为假设数据。

③ 融资人宣布清算的情形包括：（1）股东会或股东决定时；（2）信托公司按照协议规定要求融资人清算；（3）法律法规要求融资人清算。其中“信托公司按照协议规定要求融资人进行清算”可以根据具体项目情况进行灵活设计。

款本金余额及所有应付未付的利息；（2）或者融资人有权在信托公司与融资人协商确定其他期限后的任何时候单方面宣布该笔信托贷款全部或部分到期，并清偿其宣布到期的全部或部分信托贷款本金及其对应的应付未付利息，且融资人单方宣布信托贷款到期日应为起息日后每满一个季度或多个季度后的对应日。

在业务实际中，如果信托公司和融资人约定该笔信托贷款实际期限为2年，贷款利率为10%/年，则信托公司一般会设置加速清偿条款：即信托贷款第1-2年的贷款利率为10%/年，第3-4年上浮15%至50%，第5年以后的利率在第3-4年利率基础上再上浮22.5%至50%。

永续债利息无固定支付期限，一般根据融资人分红而定。如果融资人在某年度宣布分红，则必须支付该年的永续债利息及以前年度的递延利息；如果融资人在A年未宣布分红，则永续债当年（A年）应支付的利息递延至A+1年，且A年的利率在该年基准利率基础上上浮50%；如果融资人在A+1年仍未宣布分红，则A年和A+1年应支付的利息递延至A+2年，且A年的利率在该年基准利率基础上上浮50%，且A+1年的利率在该年基准利率基础上上浮50%，以此类推，但是永续债利率最高不得超过22.5%/年。

（三）交易实例分析

下表是在香港上市的境内A房地产开发企业2013年度报告中的财务报表数据。值得注意的是，该房地产开发企业2013年度计入权益资产的永久资本工具金额为250亿元，其2012年度永久资本工具金额为零。

A房地产开发企业2012年和2013年的资产负债率分别为82.5%、77%，2013年的资产负债率较2012年有所下降；如果将作为永久资本工具的永续债计入负债，则A房地产开发企业2013年的资产负债率为84%。A房地产开发企业通过永续债计入永久资本工具可以美化财务报表，但是对于债权人而言，A房地产开发企业的还款压力依然很大。

科目＼年度	2013	2012
资产总额	3481	2390
流动资产	2894	2005
非流动资产	588	384
负债总额	2688	1973
流动负债	1882	1504
非流动负债	806	469
权益总额	793	417
本公司股东应占资本及储备	486	383
永久资本工具	250	-
非控股权益	57	34
销售收入	937	653
年度利润	137	92
经营活动净现金流	(389)	(56)
投资活动净现金流	(131)	(78)
融资活动净现金流	744	111

第二节　投资型房地产信托业务操作规范

一、股权投资概述

（一）股权投资方式

信托公司作为财务投资者，通过股权投资信托募集信托资金参与房地产项目的开发建设，让信托受益人可以分享房地产市场的投资收益。信托公司入股房地产项目公司有三种基本方式：发起设立项目公司、对项目公司增资扩股、受让项目公司股权。

1. 发起设立

信托公司与房地产开发企业按照约定的股权比例新设项目公司，通过项目公司进行房地产的开发建设；发起设立项目公司的基本流程如下：

（1）信托公司、房地产开发企业需要签署《房地产项目开发合作协议》，就项目公司设立、房地产项目开发过程中的各方权利义务等作出约定。

（2）信托公司、房地产开发企业根据《房地产项目开发合作协议》关于设立项目公司的约定，签署发起人/股东协议。

（3）发起人/股东根据发起人/股东协议，起草《公司章程》。

（4）开立验资账户，将投资款项转入验资账户，会计师事务所出具验资报告。

（5）到工商行政管理部门办理公司设立登记手续，并领取企业法人营业执照。

（6）根据领取的营业执照刻制公司印章，开设银行基本账户。

（7）将投资款项从验资账户转入公司基本账户，撤销验资账户。

（8）根据营业执照办理组织机构代码证、税务登记证等。

2. 增资扩股

信托公司对已经成立的项目公司进行增资扩股，成为项目公司的股东，以参与房地产项目的开发建设。增资扩股的基本流程如下：

（1）信托公司、项目公司股东、项目公司需要签署《增资扩股协议》，明确各方出资比例、决策权行使、管理人派驻以及其他权利义务。

（2）项目公司原股东就项目公司增资扩股事项出具股东会决议，主要包括增资后的公司注册资本、章程修改、股东出资、各方权利义务安排等内容。

（3）根据《增资扩股协议》的相关约定，修改公司章程。

（4）开立验资账户，将增资款项转入验资账户，会计师事务所出具验资报告。

（5）到工商行政管理部门办理公司变更登记手续，并领取新的营业执照。

（6）将投资款项从验资账户转入公司基本账户，撤销验资账户。

（7）凭新营业执照更换组织机构代码证、税务登记证等。

3. 股权受让

信托公司受让项目公司原股东所持有的项目公司股权，成为项目公司的股东，以参与房地产项目的开发建设。股权转让基本流程如下：

（1）信托公司、项目公司原股东签署《股权转让协议》。

（2）各方股东按照《股权转让协议》的约定，修改公司章程。

（3）到工商行政管理部门办理公司变更登记手续。

（二）公司设立变更登记流程

1. 公司登记机关

有限责任公司和股份有限公司设立、变更、终止的登记机关是工商行政管理机关，具体登记管辖权为：

（1）国家工商行政管理总局：①国务院国有资产监督管理机构履行出资人职责的公司及该公司投资设立并持有50%以上股份的公司；②外商投资的公司；③依照法律法规或者国务院决定的规定，应当由国家工商行政管理总局登记的公司；④国家工商行政管理总局规定应当由其登记的其他公司。

（2）省级工商行政管理局：①省级政府国有资产监督管理机构履行出资人职责的公司及该公司投资设立并持有50%以上股份的公司；②省级工商行政管理局规定由其登记的自然人投资设立的公司；③依照法律行政法规或者国务院决定的规定，应当由省级工商行政管理局登记的公司；④国家工商行政管理总局授权登记的其他公司。

（3）省级以下的工商行政管理局（分局）：①国家工商行政管理总局和省级工商行政管理局管辖范围之外的其他公司；②国家工商行政管理总局和省级工商行政管理局授权登记的公司；③股份有限公司应由设区的市工商行政管理局负责登记。

2. 设立登记流程

（1）设立登记事项

公司的设立登记事项包括公司的名称、住所、法定代表人姓名、注册资本、公司类型、经营范围、营业期限、有限责任公司股东或者股份有限公司发起人的姓名或者名称等。

（2）名称预先核准

设立公司应当申请名称的预先核准，工商行政管理机关作出准予公司名称预先核准决定的，应当出具《企业名称预先核准通知书》，预先核准的公司名称保留期为6个月。

申请名称预先核准的报审材料包括：①全体股东或发起人签署的公司名称预先核准申请书；②全体股东或发起人指定代表或共同委托代理人的证明；国家工商行政管理总局规定要求提交的其他文件。

（3）设立申请

有限责任公司报审文件：①公司法定代表人签署的设立登记申请书；②全体股东指定代表或者共同委托代理人的证明；③公司章程；④股东的主体资格证明或者自然人身份证明；⑤载明公司董事、监事、经理的姓名、住所的文件以及有关委派、选举或者聘用的证明；⑥公司法定代表人任职文件和身份证明；⑦企业名称预先核准通知书；⑧公司住所证明；⑨法律、行政法规或者国务院决定规定设立有限责任公司必须报经批准的，还应当提交有关批准文件。

股份有限公司报审文件：①公司法定代表人签署的设立登记申请书；②董事会指定代表或者共同委托代理人的证明；③公司章程；④发起人的主体资格证明或者自然人身份证明；⑤载明公司董事、监事、经理姓名、住所的文件以及有关委派、选举或者聘用的证明；⑥公司法定代表人任职文件和身份证明；⑦企业名称预先核准通知书；⑧公司住所证明；⑨以募集方式设立股份有限公司的，还应当提交创立大会的会议记录以及依法设立的验资机构出具的验资证明；以募集方式设立股份有限公司公开发行股票的，还应当提交国务院证券监督管理机构的核准文件；⑩法律、行政法规或者国务院决定规定设立股份有限公司必须报经批准的，还应当提交有关批准文件。

工商行政管理机关作出准予设立登记的，应当出具《准予设立登记通知书》，告知申请人自决定之日起10日内领取营业执照。领取《企业法人营业执照》的，设立登记费按照注册资本总额的0.8‰缴纳；注册资本超过1000万元的，超过部分按照0.4‰缴纳；注册资本超过1亿元的，超过部分不再缴纳。

（3）证照办理

经依法成立的公司，由工商行政管理机关核发《企业法人营业执照》，公司营业执照的签发日期即为公司成立日期。公司凭《企业法人营业执照》刻制印章，开立银行账户，申请纳税登记。

3. 变更登记

（1）变更登记材料

公司申请变更登记的报审材料包括：①公司法定代表人签署的变更登记申请书；②按照《公司法》作出的变更决议或者决定；③公司法定代表人签署的修改后的公司章程或者公司章程修正案（如有）；④国家工商行政管理总局规定要求提交的其他文件。

工商行政管理机关作出准予变更登记的，应当出具《准予变更登记通知书》，告知申请人自决定之日起10日内，换发营业执照。

（2）注册资本变更

公司增加注册资本的，应当自变更决议或者决定作出之日起30日内申请变更登记。公司减少注册资本的，应当在公告之日起45日后申请变更登记，并应当提交公司在报纸上登载公司减少注册资本公告的有关证明和公司债务清偿或者债务担保情况的说明。

（3）股东变更

有限责任公司变更股东的，应当自变更之日起30日内申请变更登记，并应当提交新股东的主体资格证明/身份证明。公司董事、监事、经理发生变动的，应当向工商行政管理部门进行备案。

二、风险控制措施

（一）概述

房地产股权投资信托可以运用于土地一级开发、四证取得前的房地产开发、四证取得后的房地产开发，但房地产股权投资信托一般是为四证取得前的开发项目提供资金，相对四证取得后的开发项目来说，四证取得前的开发项目风险更大。融资类房地产信托属于债权投资，不会承担房地产开发企业的经营风险，信托贷款到期时，开发商无论经营业绩如何，均需按约偿还贷款本息。房地产股权投资信托则需要承担开发商的经营风险，如果开发业绩不佳甚至亏损，则信托公司难以保障信托收益。因此信托公司必须加强房地产股权投资信托的风险控制。

（二）监管措施

1. 开发企业监管

信托公司通过向项目公司董事会派驻董事，向项目公司的重要岗位派驻人员，修改开发企业公司章程，实现对开发企业的重大事项的决定权。

2. 资金监管

信托公司通过设立信托监管账户、销售监管账户以实现对信托资金和销售收入进行监管。所有信托资金必须进入信托监管账户，信托公司根据项目公司的用款申请，指令监管银行向开发企业划付资金。项目销售收入必须全部进入销售监管账户，防止开发企业挪用销售价款。

（三）担保措施

在实际业务操作过程中，信托公司要求项目公司及其他股东、关联企业或实力雄厚的第三方提供保证、质押、抵押等担保措施，为信托资金能够安全退出提供担保，以保障信托受益权人利益。《物权法》和《担保法》所设定的担保措施（包括物的担保和人的担保）是为了保障债权的安全，是以主债权的存在为前提的。信托公司作为项目公司的股东，其持有的是项目公司的股权，而非对项目公司的债权，因此项目公司及其他股东、关联企业或实力雄厚的第三方提供的保证、质押、抵押等担保措施缺乏相应的主债权。司法实践中，对于信托公司要求项目公司提供固定收益回报，并要求相关交易对手提供担保措施的股权投资，法院一般会以“名股实债”进行判决。

信托公司可以通过信托受益权的结构化设计来有效控制信托计划的风险，信托收益优先向优先级信托受益人进行分配，在信托财产足额向优先级信托受益人分配信托本金和收益前，劣后级信托受益人不得进行分配。银监会《关于加强信托公司房地产信托业务监管有关问题的通知》规定，信托公司以结构化方式设计房地产集合资金信托计划的，其优先和劣后受益权配比不得高于3∶1。

三、信托资金退出机制

合法有效的信托资金退出机制将会大大增强信托资金的安全性，从而增大信托产品的吸引力，进而保障信托资金的顺利募集。信托资金的退出渠道一般有以下几种：

（一）转让信托受益权

信托受益人可以向项目公司原股东及其关联方、第三人转让信托受益权，实现信托资金的退出。目前信托产品的制约因素就是缺乏流动性，信托受益人在信托计划期间只有通过转让信托受益权的形式方可实现信托资金的退出。在信托计划期限届满时，信托受益权人可以将信托受益权转让给项目公司原股东及其关联方、第三人，受托人再以股权或其他资产的形式向新受益人（受让人）进行分配。《信托公司集合资金信托计划管理办法》对信托受益权转让进行了规范，信托计划存续期间，受益人可以向合格投资者转让其持有的信托单位，受益人转让信托单位应当到受托人处办理转让登记手续。信托受益权进行拆分转让的，受让人不得为自然人。机构所持有的信托受益权，不得向自然人转让或者拆分转让。

（二）转让股权

信托公司可以向项目公司原股东及其关联方、第三人转让其所持有的开发企业的股权实现信托资金的退出。一般情况下该类股权转让应为溢价转让，溢价部分作为投资收益，用于支付信托受益人的信托预期收益、信托报酬及信托其他费用。但是在实际业务中，信托受益人的信托预期收益、信托报酬及信托其他费用是由项目公司以分红或支付费用的方式支付的。需要注意的是，在该种退出方式下，不得设计股权投资附加回购条款，否则将视为债务性集合信托计划，要比照融资类房地产信托业务进行监管。《关于信托公司开展项目融资业务涉及项目资本金有关问题的通知》（银监发〔2009〕84 号）规定，投资附加关联方受让或投资附加其他第三方受让的情形视为股权投资附加回购承诺。

（三）分红、减资

作为项目公司股东的信托公司，可以获取项目公司的分红，并以分红所得向信托受益人进行分配，因此项目公司的盈利情况直接决定了受托人对信托受益人的收益分配。《公司法》第一百六十七条对公司的利润分配进行了规定，项目公司分配红利必须符合该条规定。通过减资方式实现信托资金的退出在法律上是允许的，但是根据资本不变的公司法原理，公司的资本原则上不允许减少。如果公司资本过多，形成资本过剩，或者公司严重亏损致使资本总额与其实有资产差距过于悬殊，我国法律允许公司减少资本。《公司法》规定公司成立后，股东不得抽逃出资。因此在实际业务中，通过减资方式实现信托资金的退出不太现实。项目公司如果减资，必须编制资产负债表和财产清单。项目公司应当自作出减少注册资本决议之日起 10 日内通知债权人，并于 30 日内在报纸上公告。债权人自接到通知书之日起 30 日内，未接到通知书的自公告之日起 45 日内，有权要求公司清偿债务或者提供相应的担保。并且减资后注册资本不得低于法定的最低限额。

本章附录

【实务案例一】鼎新 X 号项目集合资金信托计划

（一）交易结构

HR 信托公司发起设立集合资金信托计划募集信托资金 9.5 亿元，其中 6 亿元用于受让 GG 公司持有的 NG 公司 100% 股权，剩余 3.5 亿元用于向 NG 公司发放股东借款，用于 NG 公司长江路 9 号三期项目的开发建设。NG 公司每半年向 HR 信托公司支付股东借款利息，GG 公司每半年向 T 信托公司支付股权回购溢价款。信托到期时，由 NG 公司归还 HR 信托公司股东借款，GG 公司向 HR 信托公司支付股权回购本金价款。

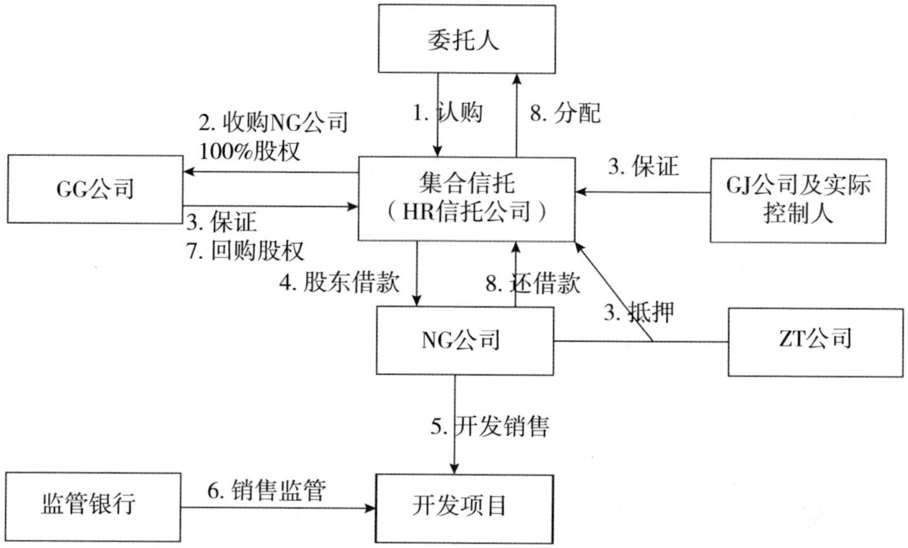

评析：股+债信托业务需要解决的问题在于其属于投资类信托业务，还是属于融资类信托业务，各地银监局对这一问题的认定存在一定的分歧；如果股+债信托业务被认定为融资类信托业务，则用款项目必须具备房地产信托贷款的“四三二”条件。根据笔者了解的情况，目前很多地方的银监会还是认可股+债信托业务为投资类信托业务。

（二）风险缓释措施

1. 物权担保

NG公司将南京长九三期项目地块建设用地使用权及ZT公司杭州天都城项目在建工程抵押给HR信托公司，担保主债权为GG公司股权收购义务及NG公司归还股东借款义务。上述抵押物合计评估价值为21亿元，本金抵押率为45%。

在长九三期项目满足在建工程抵押条件时，NG公司需要配合HR信托公司办理在建工程抵押手续。南京市土地抵押转在建工程抵押时，需要先解除土地抵押；在解除土地抵押之前，由GJ公司将其持有的某子公司股权出质给HR信托公司，在建工程抵押登记手续办理完毕后再行解除该股权质押登记。

对于需要置换抵押物杭州天都城项目在建工程的，新抵押物应由HR信托公司认可，并且评估价值不得低于原抵押物价值。

2. 保证担保

GG公司为NG公司归还股东借款本息义务提供连带责任保证担保，NG公司为GG公司股权回购义务提供连带责任保证担保。GJ公司及其实际控制人、项目公司负责人为GG公司股权收购义务及NG公司归还股东借款义务提供连带责任保证担保。

3. 项目公司管理

HR信托公司完成对NG公司的股权变更登记手续，并对NG公司章程进行修改。NG公司设董事会，由5名董事组成，其中GG公司提名2名董事，HR信托公司提名3名董事，董事会表决事项需要过半数董事表决同意后方可生效。NG公司的董事长及总经理由GG公司提名；HR信托公司指派财务代表，并由财务代表保管NG公司的所有印章、证照及法律文件，所有付款事项必须经财务代表同意后方可划拨；包括董事会在内的管理层的薪酬事项需要经董事会批准后方可进行。

4. 项目监管

（1）信托资金监管：HR信托公司向NG公司发放的股东借款用于长九三期项目建设，由HR信托公司根据工程节点对用款进行监管。

（2）工程进度监管

HR信托公司每月进行现场检查工程进度，如果工程没有达到约定进度，则HR信托公司可以重组董事会及管理层，并对开发项目进行全盘控制。

（3）销售监管

HR信托公司对项目售价进行监控，如果信托资金在项目不降价则无法顺利退出时，则HR信托公司可以重组董事会及管理层，并掌握项目的定价权。

NG公司在监管银行开立监管账户，在建工程每销售一平方米，则NG公司需要提前向监管账户划入3万元保证金，然后由HR信托公司解押对应面积的在建工程；对于每平方米售价超过3万元的资金实施全封闭监管，并在本信托资金退出前不得用于长九三期项目建设之外的其他用途。如果监管账户资金达到9.5亿元时，可以不用再行计提保证金。

5. 其他监管措施

（1）NG公司在监管银行开立还款账户。自本信托成立后的第25个月开始，NG公司需要于每月第3个工作日向还款账户划入一定资金，其中保证金监管账户和还款账户内的资金以孰高原则执行。

（2）HR 信托公司可以对 3.5 亿元的股东借款（建设资金）、每满 1000 万元的销售保证金及提前还款账户资金进行理财，如果 GG 公司和 NG 公司出现违约时，则该理财资金及收益可以直接冲抵还款资金。

（3）在信托资金放款前，GG 公司应当向当地税务部门承诺并取得税务部门盖章确认的承诺函，明确承诺无论 NG 公司股权是否发生变化，长九项目前两期所欠缴的土地增值税均由其自行承担。

评析：综合分析，本信托计划项下的风控措施设计得比较健全，这里需要注意如下两个问题：

首先是土地使用权抵押转在建工程时需要先行解除土地使用权抵押时的风险控制问题，以及在建工程预售时需要解除在建工程抵押时的风险控制问题。信托公司在解除土地使用权抵押之前，应当要求融资人提供保证金或者其他等值的担保措施以置换解押土地使用权；在在建工程抵押登记手续办理完毕后，信托公司可以根据融资人的申请返还保证金或解除其他补充担保措施。如果融资人因为预售需要解除在建工程抵押，信托公司应当根据预售进度逐步解除在建工程抵押；在解除在建工程之前，融资人应当提供相应金额的保证金，且应当将部分或全部预售款项归集入监管账户。

其次是需要了解监管银行与融资人是否存在债权债务关系，尽量避免选择与融资人有债权债务关系的银行作为监管银行。根据实务判例，监管银行为了向融资人追索债权，向法院申请冻结扣划监管账户资金用于归还融资人对监管银行的欠款（详见《浙江省余姚市人民法院执行裁定书》〔2014〕甬余执异字第 23 号）。

【实务案例二】LZZH 房地产股权投资集合资金信托计划

（一）交易要素

1. 基本要素

（1）发行规模：不超过 93000 万元。

（2）信托期限：24 个月。

（3）结构化安排：优先级受益权份额为 50000 万份，次级受益权份额由 LH 置业公司持有的 SHJ 置业公司 97% 的股权认购。

(4) 信托预期收益率：优先级A类（一年期，2亿元）：认购100万（含）-300万（不含）份额的预期收益率为9%/年；认购300万（含）以上份额的预期收益率9.5%/年。优先级B类（二年期，3亿元）：认购100万（含）-300万（不含）份额的预期收益率为9.5%/年；认购300万（含）以上份额的预期收益率10%/年。

(5) 信托资金用途：优先级信托资金用于向项目公司SHJ置业公司进行增资，用于"绿洲雅宾三期、四期"项目开发建设。

评析：本信托计划为结构化分级产品，其中优先级份额根据认购起点金额的不同分为优先A级和优先B级；优先A级和优先B级除预期收益率不同外，在收益分配顺序上并无差异。通常情况下，结构化分级产品的优先级和次级份额均是以资金认购的；本信托计划项下的优先级份额是以50000万元资金认购，次级份额是由融资人持有的项目公司97%的股权认购。本信托计划93000万元总份额中的50000万元份额是资金，另外43000万元是项目公司97%的股权，这里的问题在于项目公司97%的股权估价43000万元的标准和依据是什么？如果本信托计划是以"名股实债"的方式管理运用信托资金，则项目公司股权估价是否科学并不重要，可以简单地以项目公司净资产或者注册资本作为估价依据；如果信托计划是以真实的股权投资方式管理运用信托资金，则项目公司股权估价的科学性就尤为重要。

非上市公司股权的估价可以采用如下三种方法：一是参照同类公司在产权交易市场的挂牌价和成交价，二是参照第三方评估机构的估价，三是直接参照被评估公司的净资产。非上市公司股权还可以参照同类可比上市公司平均市盈率和平均市净率进行估价，估价模型分为市盈率模型（标的公司每股价值=每股收益×平均市盈率）和市净率模型（标的公司每股价值=每股净资产×平均市净率）。通常认为，市净率估价模型更适用于周期性较强、资产规模较大且账面价值较为稳定的公司，比如银行和保险公司；市盈率估价模型更适用于周期性较弱的行业，比如公共服务行业等。

2. 交易结构

ZHR信托公司设立结构化集合资金信托计划，其中优先级信托资金为50000万元，次级信托受益权份额由LH置业公司持有的SHJ置业公司97%的股权认购。优先级信托50000万元用于向SHJ置业公司增资扩股，优先级信托资金最终用于SHJ置业公司名下“上置绿洲中环中心项目”建设。信托期满1年时，SHJ置业公司原股东LH置业公司或者SHZ集团公司指定第三方支付2亿元回购价款回购ZHR信托公司所持有的SHJ置业公司的部分股权；信托期限届满时，SHJ置业公司原股东LH置业公司或者SHZ集团公司指定第三方支付剩余回购价款回购ZHR信托公司所持有的SHJ置业公司的剩余股权。

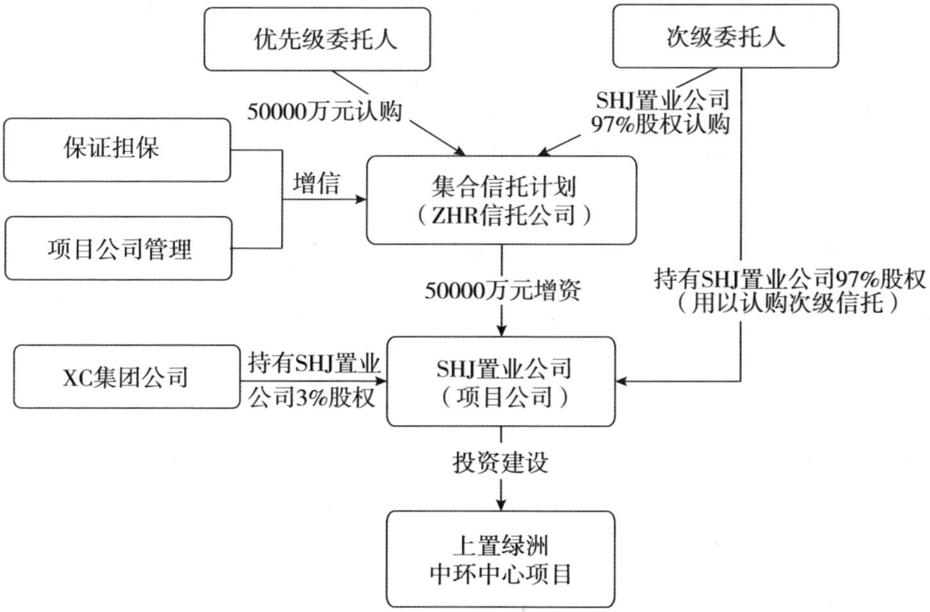

评析： 信托计划项下股权投资分为增资扩股和受让股权两种方式，信托公司均应取得项目公司股东会关于同意信托公司（代信托计划）对项目公司增资扩股或者受让股权的决议。根据《公司法》的规定，有限责任公司其他股东对公司股东转让的股权具有优先购买权，有限责任公司股东对于公司新增资本具有优先认缴权，因此信托公司受让项目公司股东所持有的项目公司股权，或者对项目公司进行增资扩股，应当取得项目公司其他股东放弃优先购买权的承诺或者项目公司股东同意放弃优先认缴权的承诺。

本信托计划采取对项目公司增资扩股的方式管理运营信托计划，项目公司原股东按照约定回购信托公司所持有的项目公司股权，这种带有明显回购条款的股权投资信托业务并非实质意义上的投资型房地产信托业务。根据银行于2014年4月下发的《关于调整信托公司净资本计算标准有关事项的通知》（征求意见稿），设有预期收益率是融资类信托业务的主要特征；本信托计划优先A级和优先B级均设有预期收益率，从预期收益率标准分析，本信托计划亦属于融资型房地产信托业务。①

（二）信用增级措施

1. 连带责任保证担保

SHZ集团公司和XH置业公司为本信托计划退出提供连带责任保证担保。

2. 项目公司管理

ZHR信托公司与交易对手方在项目公司章程中约定项目公司经营管理控制权相关事项。ZHR信托公司向项目公司派驻董事会成员和财务人员，以此实现对开发项目的资金监管和风险控制；项目公司法定代表人以及工程销售团队由交易对手方委派；项目公司所有证照和印鉴由ZHR信托公司和交易对手方共同管理；ZHR信托公司对项目公司对外融资、担保和抵质押等重大事项具有一票否决权。

项目公司应当分期编制成本预算表、经营计划和项目的现金流量预测表，并经过董事会通过后方可正式执行，以此作为资金监管和信托公司财务投资收益测算的基础。项目单项实际成本超过预算部分由项目公司原股东予以补足。

3. 账户监管

ZHR信托公司通过设置监管账户，开发项目所有销售收入必须全部进入该监管账户，以实现对销售款项的控制。

评析：参见本节“鼎新X号项目集合资金信托计划”评析

（三）项目概况

上置绿洲中环中心项目规划总用地面积为77700平方米，规划总建筑面积为312559平方米。上置绿洲中环中心项目共划分为两大功能区域：一个是集办公、商业、休闲娱乐和酒店式公寓为一体的综合商务贸易区；另一个是住宅区。

---

① 房地产开发业务中所设立的项目公司基本上都是有限责任公司。如果项目公司为股份有限公司，由于股份有限公司具有明显的资合性，股份有限公司股东转让股权时，在公司章程或投资协议没有特别规定的前提下，其他股东不具有优先购买权；信托公司受让股份有限公司股份时，也不需要取得股份有限公司股东大会的同意。

上置绿洲中环中心项目住宅部分已经全部竣工交付；商业部分用地面积为47704平方米，总建筑面积为243470平方米，其中已经建成办公楼10.4万平方米、商铺3.3万平方米，在建办公楼4.2万平方米、地下车库及其他6.5万平方米。商业部分具体规划控制指标如下表：

序号	指标项目	指标
1	总用地面积（m^2）	47704
2	建筑容积率	3.62
3	总建筑面积（m^2）	243470
3.1	地上建筑面积（m^2）	172830
3.1.1	办公楼（m^2）	133919
3.1.2	商业（m^2）	37336
3.1.3	其他物业（m^2）	1576
3.2	地下建筑面积（m^2）	70640
3.2.1	车位（m^2）	57046
3.2.2	地下商场（m^2）	2031
3.2.3	办公（m^2）	995
3.2.4	其他（m^2）	10569

评析：本信托计划项下用款项目的住宅部分已经全部竣工，商业部分尚在建设之中，本信托计划并未明确信托资金是否用于商业部分。监管部门不允许信托公司向房地产公司发放流动资金贷款，信托公司只能向特定项目发放开发贷款，融资类信托业务比照信托贷款业务的监管政策执行。如果信托公司向已经竣工的项目发放信托贷款，是否可以归类为房地产开发贷款？这个问题存在一定的争议，笔者认为应当以信托资金的最终用途为标准进行认定。

如果已经竣工的项目尚有部分工程款没有支付，则信托公司可以向房地产公司发放信托贷款，用于支付拖欠的工程款。通常情况下，房地产公司于项目竣工结算时就应当支付完毕全部工程款以及其他开发费用；如果项目竣工结算后，房地产公司仍有大额的工程款没有结算，则信托公司应当注意该房地产公司的资金链是否出现问题。

【实务案例三】HDCL 多个客户特定资产管理计划

（一）交易要素

1. 交易相关方

（1）委托人：委托人为两个机构投资者，分别为 DY 信托公司管理的 X 集合资金信托计划和 Y 集合资金信托计划。

（2）资产管理人：PS 资产管理有限公司。

（3）托管行/代销机构/投资服务机构：PF 银行 G 市分行。

（4）融资人：HDCL 有限公司。

2. 委托资金运用方式

（1）资产管理人将委托资金用于向 HDCL 有限公司发放委托贷款，用于补充 HDCL 有限公司日常营运资金需求。

（2）委托贷款期限：无固定期限。

（3）委托贷款利率：第 1 年为 10%/年，第 2 年为 10%/年，第 3 年为 12%/年，第 4 年为 14%/年，第 5 年及以后为 16%/年。

3. 投资收益与管理费用

（1）相关管理费用：资产管理费 0.3%/年、托管费 0.1%/年、代理业务管理费 1.2%/年、销售费用 0.8%/年。

（2）委托人预期收益率：委托贷款利率 - 资产管理费率 - 托管费率 - 代理业务管理费率 - 销售费用率。

4. 信用增级措施

（1）HD 地产集团有限公司为委托贷款提供连带责任保证担保；

（2）HD 地产集团有限公司的境外上市实体为委托贷款出具《委托贷款代偿承诺函》；

（3）PF 银行 G 市分行担任资产管理计划的投资服务机构，向资产管理人出具投资建议书，协助资产管理人对借款人、担保人进行尽职调查、委托贷款的投后管理，协助资产管理人进行资产处理和资产管理计划的流动性管理。

评析：本案例虽为 TOF 业务模式，但主要介绍的是集合信托计划所投资的基金管理子公司专项资产管理计划的主要内容。这里需要说明几点：（1）专项资产管理计划的委托人 DY 信托公司所管理的两个集合资金信托计划，其中 X

集合资金信托计划为PF银行G市分行代理销售的资金池信托，Y集合资金信托计划为PF银行H市分行代理销售的资金池业务。（2）专项资产管理计划项下委托资金向借款人发放的委托贷款没有固定期限，对于借款人而言属于永续债，可以计入永久资本工具，以此降低借款人的资产负债率（香港会计准则准许将永续债计入永久资本工具，我国商业银行等金融机构发行的次级债可以作为补充资本工具，我国境内的会计准则暂未明确永续债可以作为永久资本工具）。（3）PF银行G市分行通过担任专项资产管理计划的投资服务机构，为专项资产管理计划提供隐性担保，基金管理子公司在该项业务中仅起到通道的作用。值得注意的是，根据《关于进一步加强基金管理公司及其子公司从事特定客户资产管理业务风险管理的通知》规定，基金管理子公司不得通过多个客户资产管理计划开展通道类业务。（4）借款人本身虽然不从事房地产开发，但其全资股东HD地产集团是知名的房地产开发企业，借款人本次融资的25亿元资金最终用于HD地产集团的房地产开发。

（二）交易结构

DY信托公司发起设立X集合资金信托计划和Y集合资金信托计划，募集信托资金用于认购PS资产管理有限公司管理的HDCL多个客户特定资产管理计划；PS资产管理有限公司以资产管理计划项下资金委托银行向借款人发放委托贷款（永续债），委托贷款资金用于借款人日常营运资金需求。PF银行G市分行担任资产管理计划的投资服务机构，HD地产集团有限公司为委托贷款提供连带责任保证担保，HD地产集团有限公司的境外上市实体为委托贷款出具《委托贷款代偿承诺函》。

交易结构图如下：

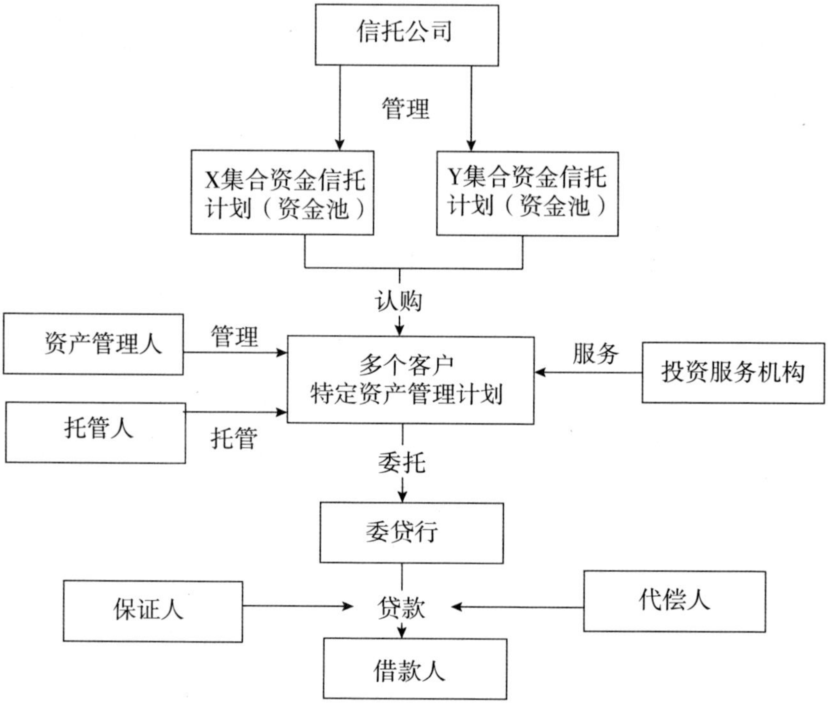

评析：本案例主要是商业银行通过TOF模式借助基金管理子公司的通道，以实现向借款人发放贷款的目的。下文简单介绍一下基金管理子公司的通道业务功能：

根据《基金管理公司特定客户资产管理业务试点办法》规定，基金公司特定客户资产管理计划资产可以投资的范围包括：（1）现金、银行存款、股票、债券、证券投资基金、央行票据、非金融企业债务融资工具、资产支持证券、商品期货及其他金融衍生品；（2）未通过证券交易所转让的股权及其他财产权利；（3）中国证监会认可的其他资产。基金管理子公司通过设立专项资产管理计划投资于未在证券交易所转让的股权、债权及其他财产权利。虽然《基金管理公司特定客户资产管理业务试点办法》明确了基金管理子公司可以投资于未在证券交易所转让的债权，但是并未明确基金管理子公司可以发放贷款，因此基金管理子公司会委托商业银行发放委托贷款。

银监会对信托公司的房地产业务、政府融资平台业务、银信合作业务等都有比较严格的规定，而证监会对于基金管理子公司的投资范围几乎没有限制性规定，因此商业银行或者信托公司会通过基金管理子公司的通道开展房地产、政府融资平台、银行理财等政策限制的业务。银监会办公厅《关于信托公司票据信托业务等有关事项的通知》禁止了信托公司与商业银行开展各种形式的票据资产转受让业务，商业银行于是通过证券公司和基金管理子公司开展了大量的票据资产业务（包括票据收益权投资及投资附加回购业务）。

国务院办公厅《关于加强影子银行监管有关问题的通知》及银监会2014年全国银行业监管工作会议明确禁止了商业银行理财资金池业务以及信托公司非标资金池业务，禁止了商业银行运用理财资金购买本行的信贷资产，银监会办公厅《关于信托公司风险监管的指导意见》规定信托公司不得开展非标准化理财资金池等具有影子银行特征的业务。鉴于上述关于商业银行和信托公司的理财资金池及非标资金池的禁止性规定，商业银行以及信托公司于是通过基金管理子公司变相开展资金池业务，但是证监会随后发布的《关于进一步加强基金管理公司及其子公司从事特定客户资产管理业务风险管理的通知》禁止了基金管理子公司开展资金池业务。鉴于上述关于商业银行不得运用理财资金购买本行信贷资产的规定，商业银行通过基金子公司的多个客户专项资产管理计划受让商业银行的非标资产，商业银行代理销售多个客户专项资产管理计划，商业银行通过担任投资顾问等形式为多个客户专项资产管理计划受让的非标资产提供隐性担保。

（三）借款人简介

借款人HDCL有限公司成立于2007年，实收资本为10000万元，主要负责HD地产集团全国房地产项目材料物资的集中采购供应。

借款人2013年年末资产总额为723494万元，所有者权益为11063万元，资产负债率为98.5%，资产负债率过高。借款人2013年年末负债总额为712431万元，其中短期借款75000万元、长期借款89700万元、应付票据359885万元。借款人2013年年末主营业务收入730768万元，净利润2772万元，营业净利率为0.38%，盈利水平较低。

评析：综合借款人的财务数据，借款人资产负债率过高，偿债能力较弱，主要财务指标较弱；仅就借款人自身的财务状况而言，给借款人发放25亿元的委托贷款显然存在很高的风险；本项目风险主要依赖于HD地产集团的集团信用，还款来源也主要来源于HD地产集团的内部资金调配。

公司具有“有限责任”属性，公司股东仅以其出资额为限对公司承担有限责任，因此从法律上讲，如果借款人没有能力偿还外部债务，借款人的股东不负有代偿责任。本项目的借款人明显不具有偿债能力，其偿债资金主要依赖于HD地产集团内部调配资金；HD地产集团在经营正常的情况下，为了维护其自身的商业信誉，其不会以股东的“有限责任”拒绝向借款人调配资金用于偿还金融机构贷款；如果HD地产集团经营状况严重恶化，则本资产管理计划很可能因为公司的“有限责任”而不能参与HD地产集团的债权申报（分配）。本资产管理计划项下信用增级措施仅为HD地产集团提供连带责任保证担保及其境外上市实体提供代偿承诺函，主要就是为了防范股东的“有限责任”所带来的风险。

第四章　房地产投资信托基金及相关问题研究

第一节　基本业务概述

一、债券型房地产投资信托基金

（一）交易结构

1. 债券型房地产投资信托基金又可以被称为信托受益权凭证型房地产信托基金，具体是指开发商将其持有的能够产生稳定现金流的经营性物业委托给信托公司进行管理和处分，由信托公司以经营性物业产生的现金流为支撑，在银行间债券市场向投资者发行信托受益权凭证，开发商或其指定的第三方可于信托期限届满时回购信托受益权凭证。信托公司可以设计成结构化信托产品，优先级信托受益权凭证向投资者发行，次级信托受益权凭证由物业持有人持有。基本交易结构如下图：

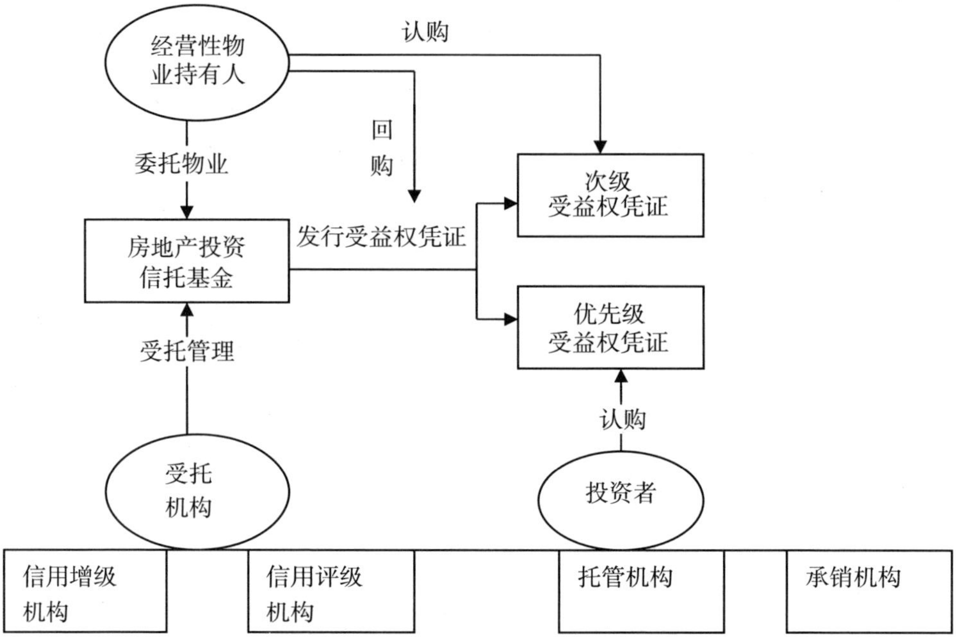

（二）业务模式辨析

中国人民银行于2009年起草了《银行间债券市场房地产信托受益券发行管理办法（征求意见稿）》（以下简称央行版REITs），准备在银行间债券市场以信托受益券的形式试点发行房地产投资信托基金，不过由于房地产宏观调控政策升级，该试点工作被暂停而没有推进。央行版REITs实质为在银行间市场发行的资产支持债券，优先级信托受益权可以以受托人在银行间市场发行受益券的方式进行转让，且受益券为固定收益产品；次级受益权由委托人全部持有，且在受益券存续期间不得转让。委托人或第三方在信托受益券到期时负有按照合同约定收购受益券的义务，且应对受益券的收益水平提供流动性支持。

二、股权型房地产投资信托基金

（一）交易结构

股权型房地产投资信托基金是指由经营性物业持有人与特殊目的载体受托机构合作，由特殊目的载体受托人发起设立房地产投资信托基金，通过证券承销机构向投资者发售房地产投资信托基金份额募集资金，用于收购经营性物业持有人名下经营性物业项目公司股权。信托公司在房地产投资信托基金成立后，可以向证券交易所申请首发上市。基本的交易结构图如下图所示：

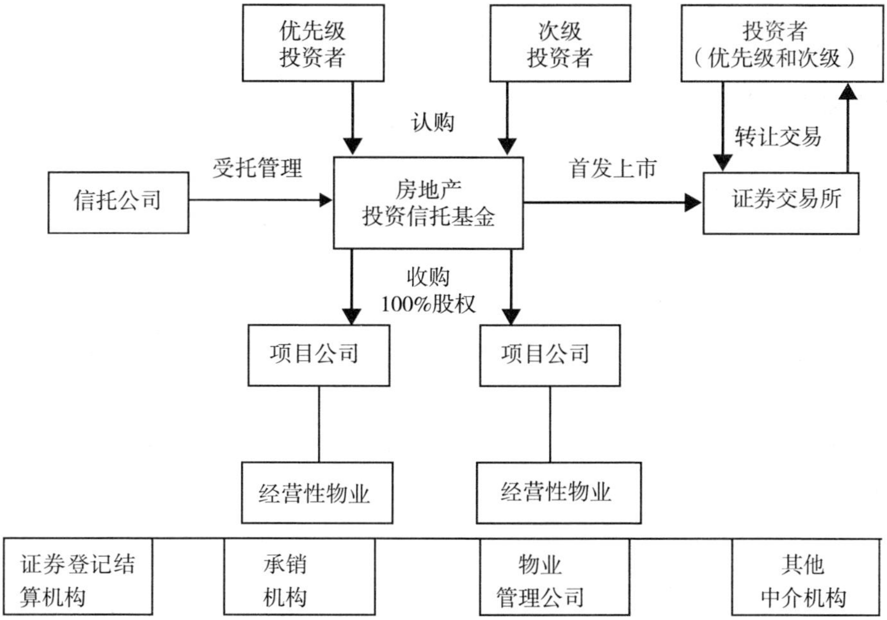

（二）业务模式辨析

股权型房地产投资信托基金是相对于债券型房地产投资信托基金而言的：债券型房地产基金所发行的信托受益权凭证实质是经营物业持有人通过信托公司发行的一种债务融资工具，经营性物业持有人应当按照约定于信托期限届满时回购信托受益权凭证；股权型房地产投资信托基金通过向投资者发售基金份额募集资金，用于收购经营性物业项目公司100%的股权。

现在国内尚未正式推出债券型房地产投资信托基金和股权型房地产投资信托基金，包括监管部门、交易所/银行间市场、受托机构（信托公司、证券公司、基金公司等）、房地产开发企业等都在积极地研究并推动房地产投资信托基金，在等待国家于市场条件成熟时正式推出房地产投资信托基金。

债券型房地产投资信托基金是由中国人民银行、银监会推动的在银行间债券市场发行的房地产投资信托基金品种，特定目的载体的受托机构指定由信托公司以及银行认可的其他机构担任；股权型房地产投资信托基金是由证监会推动的在证券交易所上市交易的房地产投资信托基金品种，特殊目的载体可以为专项资产管理计划，特殊目的载体受托机构可以为证券公司、基金管理公司以及其他机构担任。

三、开放式/封闭式房地产信托基金

（一）交易结构

开放式/封闭式房地产信托基金是指信托公司发起设立房地产信托基金，通过向投资人发售基金份额以募集资金，信托公司以募集的信托资金通过股权、债权、买入返售等方式参与房地产的开发经营，以获取基金投资收益。

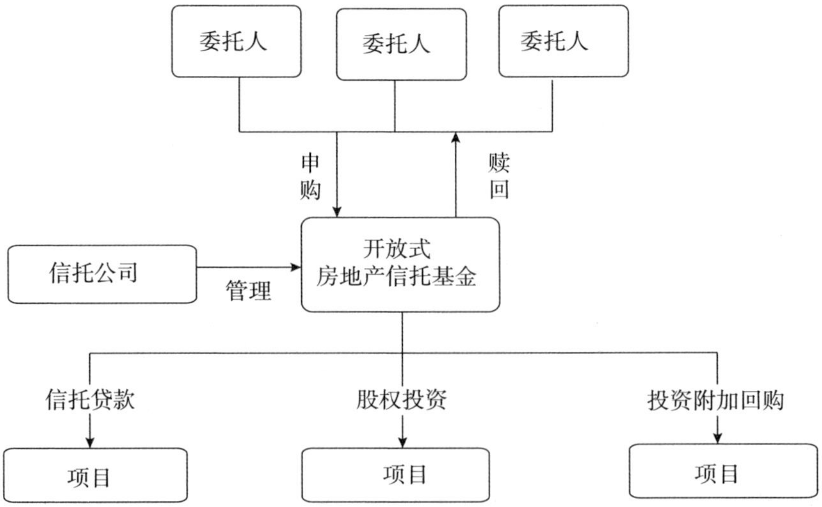

（二）业务模式辨析

该类产品不同于普通房地产信托产品之处在于：（1）基金可以采取封闭式结构，也可以采取开放式结构；（2）信托期限相对较长，一般应当在3年以上（至少应当涵盖一个完整的房地产开发周期），甚至可以长达15－30年；（3）基金募集后，再在市场上选择并参与房地产项目的开发经营；（4）基金可以综合运用股债权、买入返售等多样化投融资方式。

开放式房地产信托基金需要特别关注的是流动性风险，也就是如何应对投资者赎回的风险，可以通过如下结构设计以应对投资者的赎回：（1）长期资产和流动性资产的合理配置。比如基金资产的70%可以用于投资房地产开发项目，基金资产的30%可以配置银行存款、债券等高流动性的资产。（2）设置大额赎回熔断条款。比如可以在信托合同中明确约定，如果投资者赎回金额合计超过基金资产的20%时，受托人有权暂停所有投资者的赎回申请（或者根据申请时先后的原则，申请在先的予以办理赎回手续，超过基金资产20%部分的赎回申请将暂时不予办理）。

四、有限合伙型房地产信托基金

（一）交易结构

有限合伙型房地产信托基金是指信托公司以信托项下信托资金认购有限合伙基金的有限合伙份额，由有限合伙基金管理人认购普通合伙份额，再由有限合伙基金综合运用多样化投融资方式参与房地产项目的开发经营。有限合伙基金的有限合伙份额由单一信托或集合资金信托计划认购，普通合伙份额由有限合伙基金的管理人认购。普通合伙人的主要职责在于经营管理有限合伙基金，因此普通合伙份额比例通常较低（比如1%）；有限合伙人的主要职责在于其对有限合伙基金的出资，其不参与有限合伙基金的日常经营管理。普通合伙人（基金管理人）通常是由信托公司专门成立基金管理人担任，也可以由与信托公司合作的其他第三方担任基金管理人。

基本交易结构如下图：

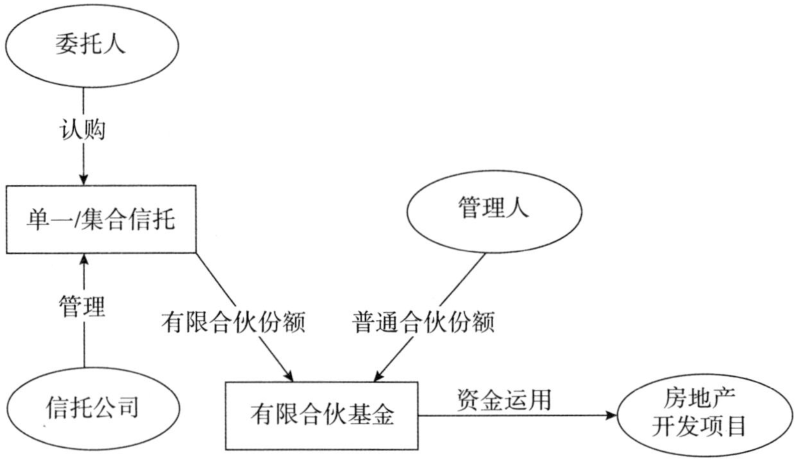

（二）业务模式辨析

有限合伙基金应当由2个以上50个以下的合伙人设立，因此认购有限合伙份额的信托不能超过49个。由于认购有限合伙份额的信托项下资金是向投资者募集的，因此这里需要注意的问题是，50个合伙人上限是否需要在信托端“打通计算”，即是否需要将信托项下投资者作为实质合伙人来合并计算合伙人数。根据目前的法律法规和监管政策规定，股权投资企业需要对最终投资者进行打通计算①，对于有限合伙房地产基金并无相关规定。

有限合伙基金可以通过多样化的投融资方式参与房地产项目的开发经营，多样化的投融资方式包括股权、债权、买入返售等方式。这里需要注意一个问题，由于合伙企业没有贷款业务资格，因此有限合伙基金不能直接向房地产企业发放贷款，业务实际中一般通过委托银行等有贷款业务资格的金融机构向房地产企业发放委托贷款。

① 根据发改委《关于促进股权投资企业规范发展的通知》（发改办财金〔2011〕2864号）规定：股权投资企业的投资者人数应当符合《公司法》和《合伙企业法》的规定。投资者为集合资金信托、合伙企业等非法人机构的，应打通核查最终的自然人和法人机构是否为合格投资者，并打通计算投资者总数，但投资者为股权投资母基金的除外。

【知识拓展】证券期货经营机构私募资产管理计划备案管理规范第4号——私募资产管理计划投资房地产开发企业、项目

证券期货经营机构设立私募资产管理计划投资房地产开发企业、项目，应符合国家相关产业政策要求，严格遵守《证券期货经营机构私募资产管理业务运作管理暂行规定》有关规定，并符合以下规范性要求：

一、证券期货经营机构设立私募资产管理计划，投资于房地产价格上涨过快热点城市①普通住宅地产项目②的，暂不予备案，包括但不限于以下方式：

（一）委托贷款；

（二）嵌套投资信托计划及其他金融产品；

（三）受让信托受益权及其他资产收（受）益权；

（四）以名股实债的方式③受让房地产开发企业股权；

（五）中国证券投资基金业协会根据审慎监管原则认定的其他债权投资方式。

二、资产管理人应当依据勤勉尽责的受托义务要求，履行向下穿透审查义务，即向底层资产进行穿透审查，以确定受托资金的最终投资方向符合本规范要求。

三、私募资产管理计划不得通过银行委托贷款、信托计划、受让资产收（受）益权等方式向房地产开发企业④提供融资，用于支付土地出让价款或补充流动资金；不得直接或间接为各类机构发放首付贷等违法违规行为提供便利。

四、私募资产管理计划投资房地产开发企业、项目且不存在本规范第一

---

① 目前包括北京、上海、广州、深圳、厦门、合肥、南京、苏州、无锡、杭州、天津、福州、武汉、郑州、济南、成都16个城市，将根据住房和城乡建设部相关规定适时调整范围。

② 根据深交所《关于试行房地产行业划分标准操作指引的通知》，房地产划分为普通住宅地产、保障性住宅地产、商业地产、工业地产和其他房地产。项目中同时包含多种类型住房的，计划募集资金不得用于项目中普通住宅地产建设。

③ 本规范所称名股实债，是指投资回报不与被投资企业的经营业绩挂钩，不是根据企业的投资收益或亏损进行分配，而是向投资者提供保本保收益承诺，根据约定定期向投资者支付固定收益，并在满足特定条件后由被投资企业赎回股权或者偿还本息的投资方式，常见形式包括回购、第三方收购、对赌、定期分红等。

④ 上市公司，原则上按照上市公司所属中国证监会行业分类结果作为判断依据。非上市公司，参照《上市公司行业分类》执行，即当公司最近一年经审计的房地产业务收入比重大于或等于50%，则将其划入房地产行业；当公司没有一类业务的营业收入比重大于或等于50%，但房地产业务的收入和利润均在所有业务中最高，而且均占到公司营业收入和利润的30%以上（包含本数），则该公司归属于房地产行业。其中，房地产业务收入包括从事普通住宅地产、商业地产、工业地产、保障性住宅地产和其他房地产所取得的收入。

条、第二条、第三条禁止情形的，资产管理人应当向投资者充分披露融资方、项目情况、担保措施等信息。

五、私募资产管理计划投资房地产开发企业、项目且不存在本规范第一条、第二条、第三条禁止情形的，资产管理人应当完善资金账户管理、支付管理流程，加强资金流向持续监控，防范资金被挪用于支付合同约定资金用途之外的其他款项。

五、房地产并购信托基金

（一）交易结构

房地产并购信托基金是指信托公司通过向投资者募集资金，发起设立房地产并购基金，主要用于收购房地产公司的股权或项目资产。比如信托公司开发的房地产信托产品不能按期向投资者兑付时，信托公司可以将房地产信托项下所持有的房地产项目公司股权或债权出售给房地产并购基金，也可以将房地产信托项下的抵押物通过拍卖、变卖、协议转让等方式出售给房地产并购基金，从而解决信托产品不能按时兑付的流动性风险。房地产开发企业因为资金链断裂从而导致其开发的项目烂尾，此时其可以将烂尾楼出售给房地产并购基金。

基本的交易结构图如下：

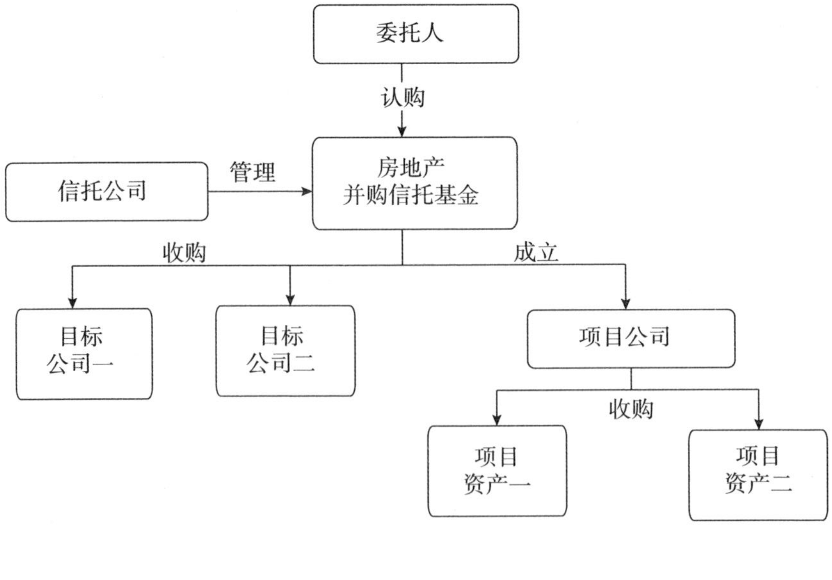

（二）业务模式辨析

房地产并购基金收购的标的可以分为两类：房地产项目公司的股权和房地产开发项目。

1. 收购房地产项目公司的股权：房地产并购基金收购项目公司的股权，一般需要经过如下两个基本程序：首先需要对项目公司的股权价值进行评估，一般来说，房地产项目公司的股权价值主要在于开发建设的房地产项目（包括土地使用权和在建工程）；其次需要在签署完毕股权收购协议后到工商管理部门办理项目公司股权变更登记手续。

进行房地产项目公司股权收购时，首先需要对项目公司的债权债务关系进行梳理，明确项目公司债权债务的承接方式；其次需要调查了解项目公司股权和资产是否已被设定抵押权/质权，是否被司法机关查封冻结，是否存在其他优先权等。

2. 收购房地产开发项目：房地产并购基金收购开发项目，一般需要经过如下两个基本程序：首先需要对开发项目的价值进行评估，主要是评估土地使用权和在建工程。其次需要办理相关证照批文的变更过户手续，如国有土地使用权证、建设用地规划许可证、建设工程规划许可证和建筑施工许可证；如果项目已经取得预售许可证，则还应对预售许可证进行过户更名手续。

进行房地产开发项目收购，首先需要调查了解拟收购资产是否已被设定抵押权/质权，是否已被司法机关查封冻结，是否存在其他优先权；其次需要调查了解开发项目相关批文证件的办理是否存在严重违规行为，是否存在欠交土地出让金、拆迁补偿款以及其他相关税费等行为；最后需要成立项目公司，将收购的资产装入项目公司，项目公司还需要办理房地产开发资质证书。

第二节 房地产投资信托基金理论与实务

一、房地产投资信托基金概念与特征

房地产投资信托基金在国外被称为 REITs，也被称为不动产投资信托，主要是指由受托人通过发行受益凭证的方式向投资者募集资金，并以所募集的资金进行经营性物业的投资。投资者通过认购受益凭证的方式分享经营性物业的投资收益。房地产投资信托基金与目前国内一般的房地产信托相比较，主要有如下特征：

（1）房地产投资信托基金一般属于长期投资的金融产品，追求的是长期投资回报。房地产信托的期限相对较短，期限一般在 1－3 年。

（2）房地产投资信托基金可以进行上市交易。国外的 REITs 在性质上属于基金，可以通过向不特定投资者进行公开募集（公募），并在证券交易所进行交易流通；也可以通过向特定投资者进行定向募集（私募），且不在证券交易所进行交易流通。国内房地产信托属于私募性质，不能通过向不特定投资者进行公开募集，也不能在证券交易所进行交易流通。

（3）房地产投资信托基金主要投资经营性物业，投资收益来源于经营性物业的租金收入和经营性物业的增值收入。国内房地产信托以融资性信托业务居多，主要通过向房地产开发项目提供融资，大多数追求的是固定收益回报。

二、国外房地产投资信托基金[①]

房地产投资信托基金（REITs）作为一种金融创新产品，是美国于 1960

---

① 参见《美国房地产投资信托基金（REITs）发展与启示》，提示注意：非第一手资料来源，仅供读者参考使用，载 http：//wenku du. com/view/f43645cd0508763231121281. html？ re = view。

年根据《房地产投资信托法案》的规定，按照一定的组织形式而创设的一种进行不动产投融资的金融工具。从1960年第一支不动产投资信托基金创设至今，美国的REITs发展已有超过50年的历史。目前美国大约有超过300只REITs，合计管理资产总规模超过3000亿美元，其中有超过2/3的REITs是在证券交易所上市交易的公募性不动产投资信托基金。美国不动产投资信托基金的设立一般来说需要符合如下条件：

1. 组织形式：不动产投资信托基金的组织形式必须是公司、信托或者按照公司征税的各类协会等机构，并且这些机构必须由董事会或托管人进行管理。

2. 投资组合：不动产投资信托基金的投资组合中至少有75%的资产价值属于投资房地产、抵押贷款、其他REITs、现金或政府债券，持有某一个发行人的证券不得超过REITs持有资产价值的5%，不得持有超过某一发行人流通在外具有投票权的证券的10%，所持有的子公司应征税资产不得超过总资产的10%。

3. 收益来源：不动产投资信托基金至少应有75%的收益来源于房地产的物业租金收入、房地产贷款的利息、出售房地产收入、投资其他REITs的分红收入、房地产节税收入及贷款承诺费等，不得有超过30%的收益来源于出售持有不足6个月的股票或证券，或持有不足4年的房地产（司法拍卖等非主动出售除外）。

4. 投资者人数：不动产投资信托基金至少应当有100个股东，股权结构应当分散化，并且股份能够完全转让；在税收年度的下半年，少于5人的股东不可拥有50%以上的股份，单个股东持股比例不得超过9.8%（退休金除外）。

5. 收益分配：将不低于不动产投资信托基金应纳税收入90%的利润作为红利分配给股东。

6. 资金来源：通过发行股票由机构投资者和社会公众投资者认购，通过银行贷款、发行债券或票据等金融市场融资。

三、我国房地产投资信托基金的发展

（一）概述

1. 国内房地产信托产品类型

目前国内房地产投融资工具主要分为银行贷款（包括房地产开发贷款及经营性物业贷款）、资本市场融资（包括发行股票和债券）、信托等非银行金融机构投融资、私募房地产基金等。国外房地产投资信托基金与我国的房地产信托具有本质的不同，我国境内并无典型意义上的房地产投资信托基金。

目前我国房地产信托主要分为房地产信托贷款、房地产权益投资附加回购信托（包括股权收益权及特定资产收益权投资附加回购）、房地产股权投资信托、房地产信托基金等类型。因为房地产信托不能进行上市交易，所以房地产信托产品的流动性较差，使得期限较长的房地产信托产品很难吸引投资者。业务实践中较为常见的房地产信托产品的期限在1－3年，其中1年期房地产信托产品对投资者具有较强的吸引力。真正意义上的房地产投资信托基金应该是一种长期投资工具，其追求的是为投资者谋求长期投资回报；并且房地产投资信托基金应当向公募证券投资基金一样能够公开发售并在证券交易所上市交易。

2. 国内发行的房地产信托基金的本质

基于如下原因：首先，这些房地产信托基金期限较短，并非真正意义上的长期投资工具；该类房地产信托基金对于投资者来说就是中短期的理财产品，对于房地产开发企业来说就是普通中短期融资工具的一种。其次，这些房地产信托基金没有公开的转让交易平台，投资者只有在开放期通过赎回的方式退出基金，或者在封闭期自行寻找基金份额（信托受益权）的受让人。所以可以说，目前国内市场所发行的房地产信托基金本质上就是普通的集合资金信托计划，无非就是增加了定期开放赎回机制，其特点可以概括为“资金池”和“资产池”的结合。

房地产信托基金在“资产端”的特点是其投向的资产基本上都是不易变现的长期资产，在“资金端”的特点是其在开放期需要应对投资者的赎回申请。受托人用于支付投资者份额赎回的资金来源无非有两种：一种是基金项下的现金资产及高流动性资产变现所得资金，受托人在实际业务中为了追求高额投资回报，很少配置现金资产或高流动性资产或者配置比例很低的现金资产或高流动性资产；另一种是其他投资者的申购资金，受托人在实际业务中基本都是以其他投资者的申购资金来支付投资者的份额赎回申请。该类房地产信托基金有两大风险：一种风险是应对投资者赎回的流动性风险，另一种是投资资产不能变现或不能及时变现的流动性风险或者债务人的违约风险。

（二）房地产投资信托基金的发展

1. 国内房地产投资信托基金的特点

房地产投资信托基金作为一种成熟的房地产投融资工具，也获得了监管部门、金融机构、房地产开发企业的肯定和支持。国内 REITs 发展主要有如下特征：（1）REITs 试点版本有“央行债券版”REITs 与“交易所股权版”REITs 两类，未来如果正式推出房地产投资信托基金，也基本明确会在银行间市场和交易所市场进行试点。（2）信托公司、证券公司、基金公司等金融机构、地方政府及房地产开发商、监管部门都对 REITs 试点具有较高的市场热情。（3）在国内暂时尚未正式推出 REITs 试点工作的情况下，很多房地产开发企业通过到香港等境外市场发行 REITs。

2. “央行债券版”与“交易所股权版”房地产投资信托基金

中国人民银行于 2009 年起草了《银行间债券市场房地产信托受益券发行管理办法（征求意见稿）》（以下简称“央行版 REITs”），对银行间市场信托受益券的发行进行了详细的结构设计；由于信托受益券需要委托人或第三方进行回购，且信托受益券被明确为固定收益产品，因此信托受益券被市场称为“央行版 REITs”。证监会也于 2009 年起草了《房地产投资基金试点管理办法（建议稿）》，明确证监会拟推出的 REITs 可以类似于股票发行过程在证券交易所发行上市，REITs 募集资金必须明确特定的投向，用于收购具有稳定收入来源的房地产物业，通过房地产物业的租金收入及物业增值收益向投资者分配投资收益，因此被市场称为“交易所股权版 REITs”。

“央行债券版”REITs 与“交易所股权版”REITs 具有的共同特征是通过

物业原持有人认购次级受益权或部分基金份额的方式与投资者的利益进行捆绑，以此防范其通过REITs进行欺诈套现："央行债券版"REITs要求委托人必须持有次级受益权，且委托人必须为优先级受益券的投资收益提供流动性支持；"交易所股权版"REITs要求原始权益人必须在基金设立时持有一定比例的基金份额，并且其持有的基金份额需要有三年的锁定期。

上述"央行债券版"REITs与"交易所股权版"REITs试点的推出应当考虑如下因素：（1）市场运行：在房地产市场低迷时推出REITs试点，可以引导社会预期，增强市场信心；（2）宏观政策：REITs作为一种直接融资工具，对银行的信贷具有替代作用；在货币政策收紧时推出REITs，可能引发与货币政策意图相左的争论；（3）市场发行：要考虑市场的发行环境，由于银行间债券市场投资人对新产品投资比较谨慎，试点推出时应充分考虑资金和价格等因素。

由于2010年境内房地产市场出现过快上涨的势头，国务院于2010年4月发布《关于坚决遏制部分城市房价过快上涨的通知》，开启新一轮房地产市场的宏观调控，上述REITs试点均告搁浅。从国外房地产REITs本源来说，REITs并不是专门用于房地产企业开发项目的融资工具，其主要投资的是成熟的经营性物业，因此并不会对住宅价格产生多大的推动作用；相反的是，REITs作为一种有效的投资工具，能够让投资者分享房地产的投资收益，增加投资者的投资渠道，能够从一定程度上缓释投资者"炒房"的热情，有助于房价的合理回归。

本章附录

【实务案例一】ZXQH专项资产管理计划

（一）产品要素

1. 总规模：52.1亿元

2. 结构化分级：优先级份额比例为70.1%，次级份额为29.9%

3. 产品期限：优先级份额预期3年，不超过5年；次级份额预期4年，不超过5年。本产品有权提前结束

4. 信用评级：优先级受益凭证为AAA级，次级受益凭证无评级

5. 预期收益率：

（1）优先级份额在存续期间获得基础收益，5.5%－7%/年，具体根据询

价结果确定；退出时获得资本增值的10%作为浮动收益，包含资产增值预期的整体收益率为7% –9%/年。

（2）次级份额在存续期间获得扣除优先级份额基础收益后的剩余收益；退出时获得资本增值的90%作为浮动收益，包含资产增值预期的整体收益率为12% –42%/年。

（3）收益分配方式：每年最后一个工作日为分配日，分配额度为一个完整年度的基础收益。

评析：本产品是由证券公司发起设立的专项资产管理计划，主要通过非公募基金受让项目公司的股权，从而间接持有优质经营性业务；本产品并非房地产投资信托基金，而是普通的用于不动产物业投资的资产管理计划。在市场和政策条件均成熟时，ZXJS基金管理有限公司将会适时首发并在证券交易所上市不动产投资信托基金（REITs的IPO），专项资产管理计划通过向REITs出售经营性物业的方式实现专项计划委托资金的退出，专项计划管理人将以经营性物业出售价款向专项计划委托人进行分配（亦即专项计划委托人通过REITs的IPO实现退出）。

本专项资产管理计划为结构化分级产品，结构化分级比例为3∶1；次级投资人通过为优先级投资人提供内部信用增级的方式，追求较高的投资收益（优先级预期整体收益率为7% –9%，而次级预期整体收益率为12% –42%）。

本专项资产管理计划基础预期收益主要来源于经营性业务的租赁收入，资本增值收益主要来源于经营性物业升值所带来的收益。

（二）交易结构

ZX证券股份有限公司通过设立结构化专项资产管理计划，募集资金用于设立非公募基金，非公募基金通过收购项目公司股权从而持有项目公司名下的经营性物业；ZX证券股份有限公司全资设立ZXJS基金管理有限公司，主要负责管理运营非公募基金。非公募基金通过经营性物业的经营收入和资产增值收入向专项资产管理计划委托人分配投资收益。

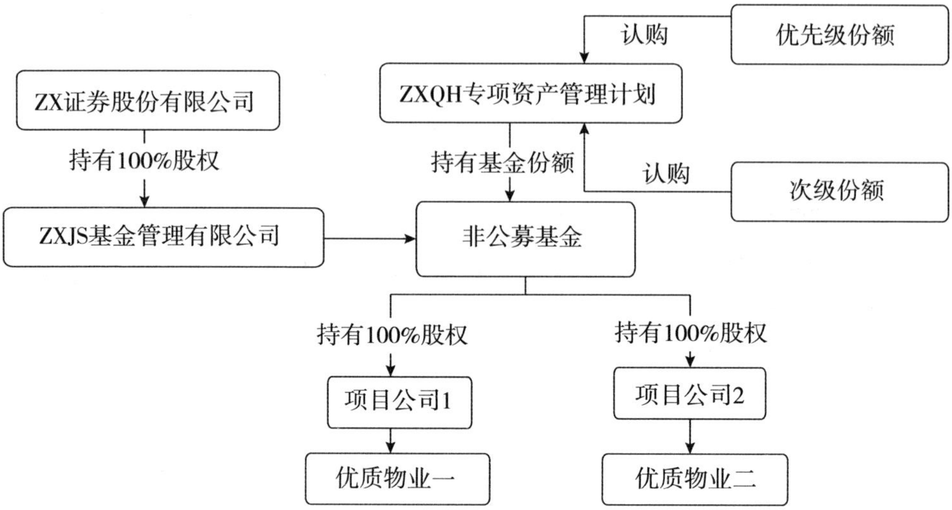

（三）交易参与方

1. 优质物业原持有人/专项资产管理计划管理人：ZX 证券股份有限公司
2. 非公募基金管理人：ZXJS 基金管理有限公司
3. 专项资产管理计划托管人/监管银行：ZX 银行股份有限公司天津分行
4. 法律顾问：BJHW 律师事务所
5. 信用评级机构：ZCX 证券评估有限公司
6. 会计师事务所/税务咨询机构：PHYD 会计师事务所
7. 评估机构/市场调研机构：DDLH 房地产评估有限公司
8. 登记托管机构/支付代理机构：中国证券登记结算有限公司深圳分公司

（四）现金流分配与流动性安排

1. 现金流分配

（1）产品存续期间

专项计划委托人的收益来源于非公募基金所持有的经营性物业的租金收入。经营性物业的租金收入需要扣除如下各项税费后形成可分配现金流：①经营性物业的各项税费；②非公募基金层面各项税费。

可分配现金流按照如下顺序进行分配：①专项资产管理计划应纳的各种税负；②资产管理费、托管费以及其他费用；③优先级受益凭证的预期收益；④剩余收益向次级收益凭证进行分配。

（2）产品退出时

产品退出时的现金流分配来源于经营性物业的资本增值。经营性物业出售取得的资本增值收益扣除如下费用后形成可分配的现金流：①退出处理费；②非公募基金层面各项税费；③基金管理人的业绩报酬。

可分配现金流按照如下顺序进行分配：①专项资产管理计划应纳的各种税负；②资产管理费、托管费以及其他费用；③优先级受益凭证本金及资本增值收益（现金）；④次级本金及资本增值收益（现金＋股票）。

2. 流动性安排

专项计划优先级份额和次级份额可以在深圳证券交易所综合协议交易平台进行转让流通，受益凭证的登记、托管、结算和代为兑付由中国证券登记结算有限公司深圳分公司办理。优先级受益凭证转让交易时的每手为50000份（100元/份，下同），每次转让不得低于10手且需要为1手的整数倍；次级受益凭证转让交易时的每手为300000万份，每次转让时不得低于1手且需要为1手的整数倍。①

（五）退出安排

1. REITs方式退出

ZXJS基金管理有限公司发起并在深圳证券交易所上市的REITs通过受让非公募基金所持有的两个项目公司100%的股权，进而间接持有项目公司名下的两块经营性物业。REITs受让非公募基金所持经营性物业对价的支付方式如下：（1）受让价款的75%以现金方式支付；（2）受让价款的25%以REITs份额方式支付，该部分REITs份额由非公募基金持有并锁定1年。专项计划优先级投资者在REITs首发上市时（IPO）以现金方式全部退出，次级投资者获得部分现金分配及REITs份额。

---

① 转让份额的限制主要是为了将交易前后投资者人数限制在200人以内。根据《证券公司客户资产管理业务管理办法》规定：证券公司可以通过设立综合性的集合资产管理计划办理专项资产管理业务。证券公司在设立集合资产管理计划时，合格投资者人数累计不得超过200人。合格投资者是指具有相应风险承担能力和风险识别能力且符合如下条件之一的单位和个人：（1）个人或者家庭金融资产合计不低于100万元人民币；（2）公司、企业等机构净资产不低于1000万元人民币。

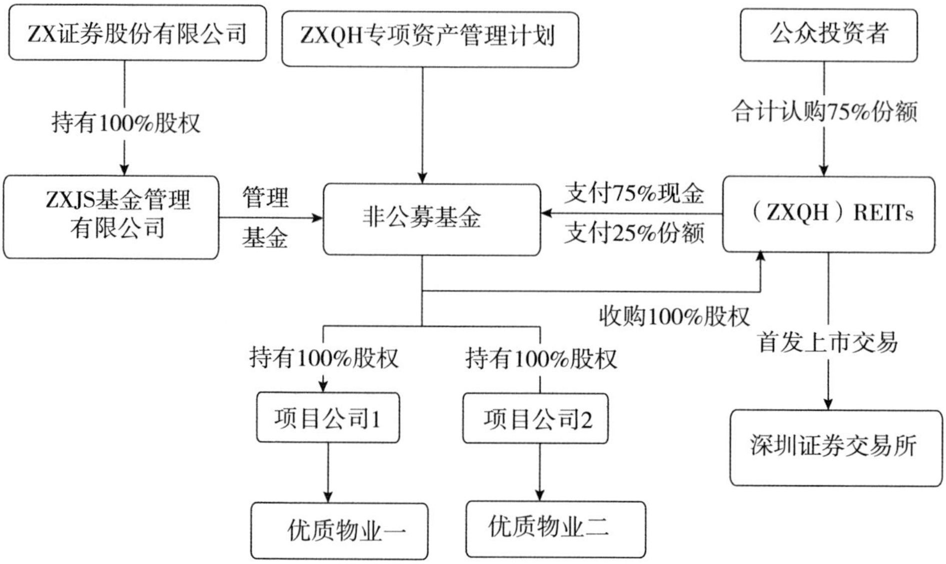

2. 第三方转让

除上述通过 REITs 方式实现退出外，非公募基金还可以以向其他第三方市场价格出售所持有的两块经营性物业的方式实现退出，该种退出方式可以作为 REITs 退出方式的重要补充。

（六）投资标的

1. 投资标的估值

非公募基金收购的物业分别为 ZX 证券股份有限公司所持有的北京 ZXZQ 大厦和深圳 ZXZQ 大厦，根据 DDLH 房地产评估有限公司评估的价值分别为 35.11 亿元和 15.27 亿元，合计总价值为 50.38 亿元。

物业	北京 ZXZQ 大厦	深圳 ZXZQ 大厦
资产估值	35.11 亿元	15.27 亿元
未来五年租金预计增长率	4% -6%/年	3% -5%/年
未来五年售价预计增长率	8% -11%/年	5% -8%/年
主力租约租金增长率	6%/2 年	6%/2 年

2. 收益测算

票据利率与 IRR：

优先级票面利率 5.5% 时，保守估计优先级 IRR 为 6.75%，次级 IRR

为 25. 07%；

优先级票面利率 6. 2% 时，保守估计优先级 IRR 为 7. 44%，次级 IRR 为 23. 96%；

优先级票面利率 7. 0% 时，保守估计优先级 IRR 为 8. 23%，次级 IRR 为 22. 83%；

敏感性测算：

优先级 IRR 敏感性测算

		优先级票面利率		
		6. 2%	7. 0%	5. 5%
派息收益率	2. 0%	11. 39%	12. 05%	12. 81%
	2. 5%	9. 58%	10. 26%	11. 03%
	3. 0%	8. 34%	9. 02%	9. 80%
	3. 5%	7. 44%	8. 13%	8. 91%
	4. 0%	6. 75%	7. 44%	8. 23%
	4. 5%	6. 21%	6. 90%	7. 69%
	5. 0%	5. 99%	6. 68%	7. 48%

次级 IRR 敏感性测算

		优先级票面利率		
		6. 2%	7. 0%	5. 5%
派息收益率	2. 0%	70. 32%	69. 49%	68. 83%
	2. 5%	55. 17%	54. 27%	53. 49%
	3. 0%	43. 26%	42. 30%	41. 41%
	3. 5%	33. 42%	32. 39%	31. 39%
	4. 0%	25. 07%	23. 96%	22. 83%
	4. 5%	17. 56%	16. 39%	15. 17%
	5. 0%	14. 32%	13. 17%	11. 93%

评析：北京 ZXZQ 大厦位于北京燕莎商圈核心地带，燕莎商圈的写字楼 2012 年度平均空置率约为 2. 5%，2013 年第四季度平均租金为 284 元/月/平方米。北京 ZXZQ 大厦总建筑面积近 70000 平方米，出租率为 100%，主要租户为 ZX 证券及其全资子公司；北京 ZXZQ 大厦的租金水平为 388 元/月/平方米，北京燕莎商圈的顶级写字楼租金水平为 319 –480 元/月/平方米。

深圳 ZXZQ 大厦位于福田 CBD 核心地段，福田区 2013 年第三季度甲级写字楼空置率为 5.6%、平均租金约为 189.7 元/月/平方米。深圳 ZXZQ 大厦总建筑面积超过 30000 平方米，出租率为 100%，主要租户为 ZX 证券及其全资子公司；深圳 ZXZQ 大厦的租金水平为 170－230 元/月/平方米，福田 CBD 写字楼的租金水平为 165－250 元/月/平方米。

综上所述，投资标的资产所处位置均十分优越，出租率均为 100%；主力租户为 ZX 证券及其子公司、ZX 银行，ZX 证券和 ZX 银行均为上市公司，公开市场长期主体评级为 AAA 级。由此可知投资标的能够产生非常稳定可观的现金流，是非常优质的经营性物业；ZCX 证券评估有限公司给予 ZXQH 专项资产管理计划优先级受益凭证 AAA 级评级，即资产管理人向优先级委托人按时全额兑付委托本金及收益的可能性极高，违约风险的可能性极低。

【实务案例二】YX 房地产投资信托基金[①]

（一）交易结构

1. 交易结构图

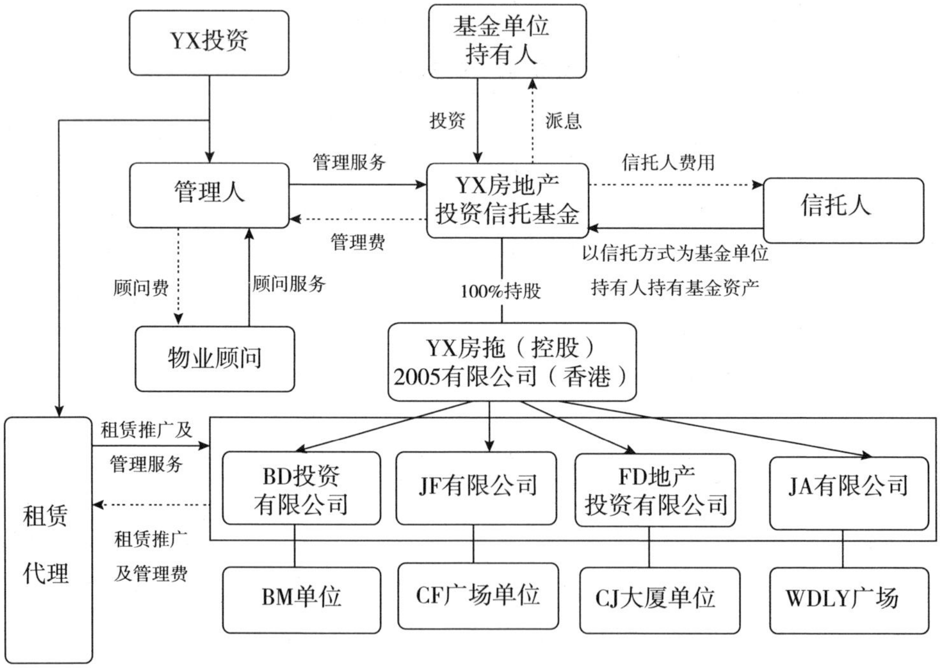

① 参见《YX 房地产投资信托基金招股说明书》。

2. 发售情况

（1）全球发售基金单位数目：583000000

（2）香港公开发售基金单位数目：60000000

（3）国际发售基金单位数目：523000000

（4）最高发售价：3.075 港元/基金单位，须于申请时缴足。另外需要加记 1.0% 经纪佣金，0.005% 香港联交所交易费及 0.005% 证监会交易征费，可予以退还。

（5）YX 房地产投资信托基金应当：①主要投资于房地产，旨在利用来自该等房地产的租金收入，为基金单位持有人带来回报；②将各财政年度经审核除税后收入净额最少 90% 用作分配；③维持审慎的资本架构，总借款与总资产的比率不得超过 45%；④不得积极参与房地产买卖；⑤不得投资于空置地皮或从事物业发展。

股份代号：405

（6）投资目标及政策：①首先投资于位于广东省的房地产，唯基金单位持有人在管理人召开的大会上以特别决议案另行批准者除外；②物业作为长期投资；③投资各种可持续提供收入而主要作为办公楼、零售及其他商业用途的物业组合。

（7）集资款项用途：

资金来源：根据全球发售发行的 583000000 个基金单位，按照最高发售价合计发售价款 179270 万港元，连同贷款所得款项 128700 万港元，集合总集资款项为 307970 万港元。

资金用途：支付承兑票据款项 295210 万港元，因 YX 投资根据承兑票据就 BM 单位建设进行翻新工程的保留资金 2670 万港元，因 YX 投资根据承兑票据就支付全球发售的成本和开支及债项相关成本的保留资金 9880 万港元，由上市日期至 2005 年 12 月 31 日 BD 应占租金收入的保留资金 210 万港元。

（二）相关各方的权利和职责

1. 基金单位持有人：主要为机构投资者、香港公众，YX 投资通过其关联公司认购部分基金份额。

2. 信托人：由汇丰机构信托服务（亚洲）有限公司担任，主要以信托方式为基金单位持有人持有 YX 房地产投资信托基金的基金资产。信托人的权利及职责：

（1）受到管理人指示时，按照信托契约所载的投资权力，代表 YX 房地产投资信托基金收购房地产；

（2）以信托形式为基金单位持有人的利益持有存置资产，及监察管理人的活动以遵守信托契约的规定；

（3）确保管理人进行的所有投资活动均符合 YX 房地产投资信托基金的投资目标及投资政策，并且符合基金单位持有人的权益。

3. 管理人：由 YX 房拖资产管理有限公司担任，主要为 YX 房地产投资信托基金投资管理服务。管理人的权力和职责为：信托契约订明，管理人须负责且有权管理 YX 房地产投资信托基金，包括管理及投资存置资产。管理人可委派其认为合适的任何人士管理及执行 YX 房地产投资信托基金投资的特定而非全部范畴，以及根据信托契约授予管理人的任何权力、信托及酌情权。

4. 物业顾问：由仲量联行有限公司担任。

5. 租赁代理：由广州 BM 物业管理有限公司级广州怡城物业管理有限公司负责 BM 单位、财务广场、CJ 大厦、WDLY 广场的租赁、市场推广及租赁管理服务。

（三）投资物业概况

1. BM 单位

BM 单位 2005 年 9 月 30 日可出租总面积为 49007.2 平方米，其中批发零售 45157.6 平方米、办公楼仓库 3849.6 平方米，出租率均为 100%。2004 年财政年度营业总额 10470 万港元，截至 2005 年 6 月 30 日 6 个月营业总额为 6590 万港元；物业评估价值为 254150 万港元。

2. CF 广场：

CF 广场 2005 年 9 月 30 日可出租总面积为 40356.2 平方米，其中零售 3853.1 平方米，办公楼 36503.1 平方米，出租率截至 2005 年 9 月 30 日止 9 个月平均数零售为 90.5%、办公楼为 63.3%；2004 年财政年度营业总额 900 万港元，截至 2005 年 6 月 30 日 6 个月营业总额为 1330 万港元；物业评估价值为 54500 万港元。

3. CJ 大厦

CJ 大厦2005 年 9 月 30 日可出租总面积为 42397. 4 平方米，其中零售11757. 6 平方米，办公楼30639. 8 平方米，出租率截至2005 年9 月30 日止9 个月平均数零售为85. 5%、办公楼为91. 6%；2004 年财政年度营业总额3390 万港元，截至2005 年6 月30 日6 个月营业总额为1750 万港元；物业评估价值为38550 万港元。

4. WDLY 广场

WDLY 广场2005 年9 月30 日可出租总面积为27262. 3 平方米，出租率截至2005 年9 月30 日止9 个月平均数全部零售为85. 2%；2004 年财政年度营业总额2440 万港元，截至2005 年6 月30 日6 个月营业总额为1280 万港元；物业评估价值为53300 万港元。

【实务案例三】HH1 号房地产投资基金集合资金信托计划

（一）项目要素

1. 信托期限：6 年

2. 优先级和次级比例不高于2∶1

3. 信托规模不少于90000 万元

4. 信托单位赎回和流动性支持

（1）如果现金类信托财产不足以支付当期全部赎回资金的，优先级受益人优先于次级受益人获得信托单位赎回资金；如果某类受益人无法全部获得赎回资金的，以每一申请赎回的受益人所持信托单位份额占该类申请赎回信托单位总份额的比例获得赎回资金支付。

（2）HH 置业承诺为本信托提供流动性支持。如果届时现金类信托财产不足以支付当期全部赎回资金的，对于依照本条款第一项约定未获赎回的剩余信托单位，HH 置业应当受让本信托单位。

（3）强制赎回条款

本信托存续满2 年后，受托人可以根据信托计划的运营情况，强制要求优先级受益人赎回全部或部分优先级信托单位。

5. 投资顾问 – 北京 STBJ 投资管理有限公司

注册资本及实收资本1000 万元，主要从事房地产投资咨询和开发管理，投资顾问与融资人北京HH置业有限公司无关联关系。

6. 劣后受益权人－北京HH房地产投资中心（有限合伙）

有限合伙人：北京HH置业有限公司，认缴出资29700万元，出资比例为99%。

普通合伙人：北京STBJ投资管理有限公司，认缴出资300万元，出资比例为1%。

评析：本信托计划为结构化分级基金式产品，优先级和次级受益权份额的比例不高于2∶1。本信托计划的次级受益权份额由有限合伙企业认购，合伙企业的有限合伙份额由实际融资人北京HH置业有限公司认购，普通合伙份额由本信托计划的投资顾问北京STBJ投资管理有限公司认购。

本信托计划期限为6年，为了增加本信托产品的流动性，本信托计划设置了开放申购和赎回条款。申购期限为每自然季度月末的第30日（如3月30日、6月30日、9月30日、12月30日）前30个工作日，赎回期为每年6月30日、12月30日。委托人认购的信托单位的封闭期为一年（信托计划成立日/申购确认日起12个月），委托人于封闭期内不得申请赎回信托单位。

实际融资人北京HH置业有限公司为本信托计划提供流动性支持，如果信托计划于开放期内的现金类资产不足以支付当期全部赎回款时，北京HH置业有限公司无条件受让拟赎回而未获赎回信托单位的信托受益权。

（二）交易结构图

委托人基于对受托人的信任，将自己合法拥有的资金委托给受托人，由受托人按照委托人的意愿，以自己的名义，为受益人的利益，将信托资金以股权、债权、可转股债权、特定资产收益权等方式用于房地产开发建设、经营性不动产物业，以获取房地产的投资收益。本信托计划的基本交易结构图如下：

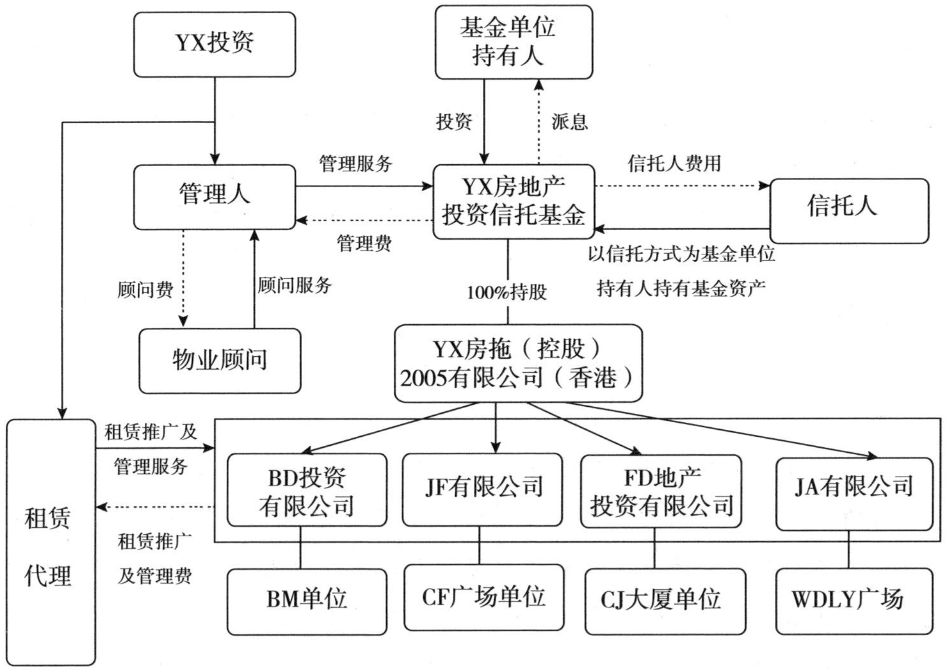

（三）投资决策机构

1. 投资委员会

委员会人员组成：投资顾问委派 2 人、受托人委派 2 人，劣后受益权人委派 1 人。

投资委员会对房地产基金的投资目标、投资策略、资产配置比例、投资项目资金预算等事项进行决策，其中受托人对决议事项具有一票否决权。

2. 管理委员会

委员会人员组成：投资顾问委派 3 人、受托人委派 3 人。管理委员会主要负责执行投资委员会的决策，对投资项目进行跟踪、监控等后续管理。

评析：投资决策机构主要负责具体投资资产的选择。实际业务中，投资顾问主要起到提供投资建设的作用；信托公司对投资委员会的决议事项具有一票否决权，因此其对具体投资项目具有决定权。管理委员会为投资委员会的执行机构，具体负责执行投资委员会的投资决策，对投资项目进行后续的跟踪和监控等。

（四）信托财产的管理运用和处分

1. 基金资产的投资方向

（1）以股权、债权、可转股债权、特定资产收益权等方式投资于房地产项目；

（2）购买、持有、经营以及处置经营性物业或与经营性物业有关的权益；

（3）闲置资金可以投资于银行存款、国债、金融债、货币市场基金以及中国银监会允许的房地产基金投资的其他金融工具。

2. 投资限制

（1）主要投资于保障性住房、旧城改造、棚户区改造、新农村建设等国家政策鼓励的房地产开发项目；

（2）对单个房地产项目的投资额度不得超过基金总规模的50%。

评析：从投资范围看，本信托计划主要投资于保障性住房、旧城改造、棚户区改造、新农村建设等房地产开发项目，其中明确属于国家政策鼓励的范围包括保障性住房和棚户区改造；笔者认为旧城改造项目（棚户区改造项目除外）并非国家政策鼓励的范围，新农村建设根本不涉及城市房地产开发，所以将旧城改造和新农村建设归入国家政策鼓励的房地产开发项目实属不当。

从组合投资理论分析，组合投资的主要作用在于分散风险，因此本信托计划设置了对单个房地产项目的投资额度不得超过基金总规模50%的比例限制。

本信托计划设置了开放赎回条款，因此受托人应当将一定比例的信托资金用于配置高流动性的资产，以便应对投资人的赎回。本信托计划主要投资于周期较长的房地产项目，闲置资金可以用于投资银行存款、国债、金融债、货币市场基金等高流动性资产，受托人并没有设置高流动性资产的配置比例要求，因此本信托计划的主要风险之一就是应对投资者赎回的流动性风险。

（五）拟投资项目池

本房地产基金拟投资的项目均为HH系列房地产项目：

1. 北京－CH家园

项目总占地面积为170000平方米（其中总建设用地面积为120000平方米，代征道路和绿化用地面积为50000平方米），总建筑面积为400000平方米，可售建筑面积为360000平方米。项目总投资19亿元，自有资金4亿元，预计外部融资6亿元，其余项目建设资金来源为销售回款，预计总销售收入为21亿元。

2. 北京－HH·四季家园

项目总占地面积为60000平方米，总建筑面积为220000平方米（其中地上住宅、商业建筑面积为16000平方米，地下车库及人防建筑面积为60000平方米），可售建筑面积为160000平方米（可售住宅面积为140000平方米，可售商业面积为20000平方米）。项目总投资15亿元，自有资金2亿元，预计外部融资4亿元，其余项目建设资金来源为销售回款，预计总销售收入为26亿元。

3. 北京－GMD地块项目

项目总占地面积为90亩（其中总建设用地面积为86亩，道路绿地4亩），总建筑面积为270000平方米，（其中地上建筑面积为220000平方米、地下建筑面积为50000平方米）。项目总投资11亿元，自有资金1.5亿元，预计外部融资2亿元，其余项目建设资金来源为销售回款，预计总销售收入为13亿元。

4. 唐山－HH阳光城

项目总占地面积为170000平方米（其中总建设用地面积为120000平方米，代征道路和绿化用地面积为50000平方米），总建筑面积为400000平方米，可售建筑面积为360000平方米。项目总投资19亿元，自有资金4亿元，预计外部融资6亿元，其余项目建设资金来源为销售回款，预计总销售收入为21亿元。

5. 唐山－HH城

项目总占地面积为210000平方米（其中商业住宅建设用地面积为190000平方米，代征道路和绿化用地面积为20000平方米），总建筑面积不超过1100000平方米（其中住宅建筑面积为690000平方米、商业70000平方米，其他不超过340000平方米）。项目总投资45亿元，自有资金2亿元，预计外部融资4亿元，其余项目建设资金来源为销售回款，预计总销售收入为56亿元。

6. 延安－EZK旧城改造项目

项目总占地面积为1000亩（其中经济适用房为130亩、两限房为500亩、商品房200亩、酒店30亩、其他140亩），总建筑面积为1220000平方米（经济适用房140000平方米、两限房600000平方米、商品房300000平方米、酒店30000平方米、其他公用建筑面积150000平方米）。项目总投资34亿元，分四期开发，其中自有资金投入2亿元，预计外部融资5亿元，其余项目建设资金来源为销售回款，预计总销售收入为40亿元。

评析：根据理论与实务对于资金池特征的主流看法，资金池信托业务具备以下特征：一是资金来源与资金运用期限错配，通过滚动发行，以短期资金进行长期运用；二是设置有申购、赎回机制，申购资金与赎回资金无法独立核算，无法保证到期清算资金全部来源于该期资金投资运作收益。

本信托计划设置有申购、赎回机制，认购/申购的资金并没有特定的项目与之相对应。实际业务中赎回资金的来源主要依赖于申购资金，而不是来源于该期资金的投资运作收益，申购资金与赎回资金无法独立核算。因此笔者认为该类房地产基金符合监管部门认定的资金池的主要特征，实质上为资金池业务。

监管部门曾经鼓励信托公司开发基金式产品，比如在“2010年中国信托业峰会”上，银监会领导就明确表示鼓励信托公司研究创设中长期私募基金型信托计划。如果设立主要投资于非标准化债权资产的私募基金型信托计划，该信托计划就必然符合资金池的主要特征。根据《国务院办公厅关于加强影子银行监管有关问题的通知》，信托公司不得开展非标准化理财资金池等具有影子银行特征的业务。因此信托公司不得新设投资于非标准化债权资产的私募基金型信托计划（笔者观点，仅供参考；实际业务中，主要取决于监管部门的监管尺度）。

（六）信托资金退出

1. 项目开发完成后，通过项目公司清算退出；

2. 债权到期后，通过融资人还本付息退出；

3. 将信托所持项目公司股权转让给第三方；

4. 以信托所持项目公司股权或资产购买出售给上市公司，上市公司发行股票作为对价；

5. 将信托持有的能够产生稳定现金流的项目资产拆分为持有型信托。

评析：如果采用信托贷款等债权方式的，信托资金的退出方式主要为借款人按期还本付息；如果采用投资附加回购等方式，信托资金的退出方式主要为资产/收益权出让人或其指定第三方回购资产/收益权。

如果采用股权投资等方式的，理论上可以采取项目公司清算、股权转让、上市公司通过发行股票对项目公司进行并购等方式，但是实际业务中信托资金真实的退出方式主要为项目公司原股东或其关联方的回购/收购。至于将信托持有的能够产生稳定现金流的项目资产拆分为持有型信托的方式，本信托计划并未设计具体的操作方式，所以实际业务中根本不会采用，仅是为了表面上丰富信托资金退出渠道而已。

【实务案例四】XY 皖新阅嘉一期房地产投资信托基金（REIT）

一、交易结构①

（一）交易结构

WX 传媒将其持有的私募基金份额作为基础资产，以信托方式交付 XY 信托，由 XY 信托在全国银行间债券市场发行资产支持证券，以信托财产所产生的现金流支付资产支持证券的本金和收益。具体交易结构如下图。

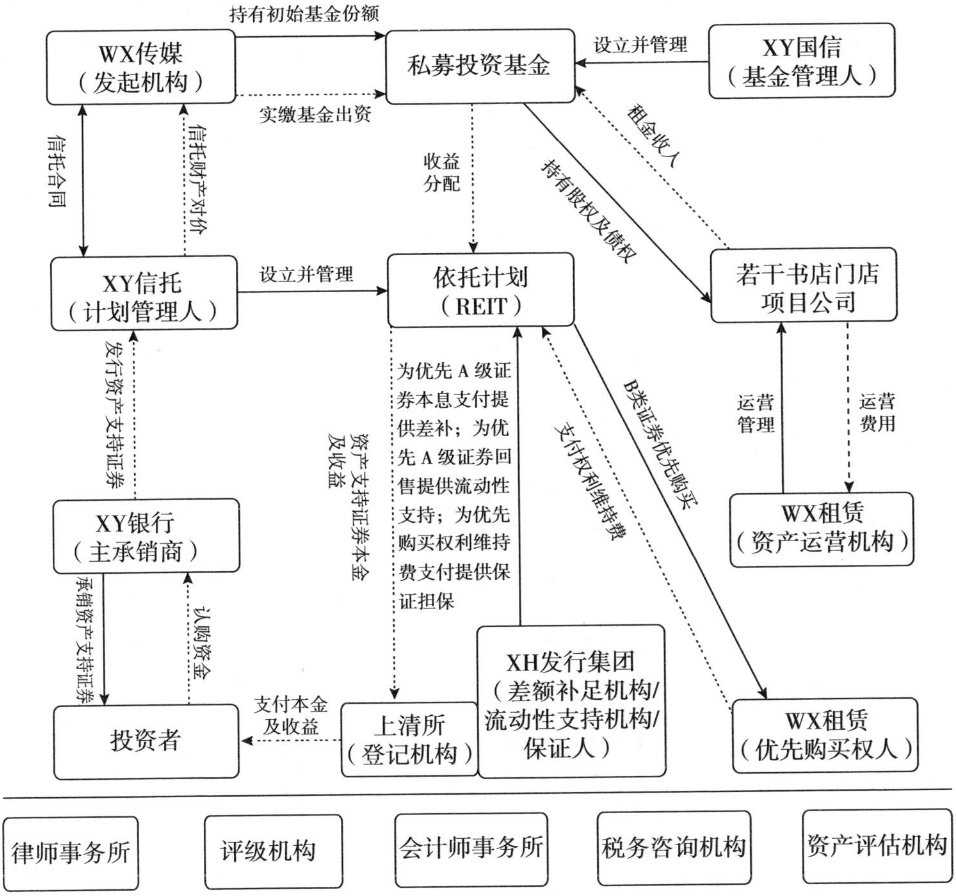

① 具体案例详情，请参见《XY 皖新阅嘉一期房地产投资信托基金（REIT）资产支持证券募集说明书》。

根据风险收益的不同特征，本资产支持证券分为优先A级和优先B级：

（1）优先A级资产支持证券发行规模为3.3亿元，占发行总规模的59.7%，证券评级为AAA级，期限18年（3+3+3+3+3+3），按年等额偿还本息；每3年末设置利率调整机制和投资者回售权，回售价格与本级证券面值相同。

优先收购权人行权并取得优先B级证券后，决定于当期计算截止日终止该级证券且截至当期计算截止日尚未实现公开发行，优先A级证券持有人应当同意受托人有权要求将其届时持有的全部优先A级证券出售给受托人指定的第三人。

（2）优先B级资产支持证券发行规模为2.2亿元，占发行总规模的40.3%，证券评级AA+级，期限18年（3+3+3+3+3+3）；每3年末，优先收购权人WX租赁有权按面值收购非由其持有的优先B级证券全部份额，并为此权利按期支付权利维持费。

优先收购权人行使优先收购权收购该级证券后，优先收购权人有权选择①提前：持有该级证券直至当期计算截止日终止全部该级资产支持证券；或者②继续持有：在当期计算截止日延长该级证券存续期限至下一个当期计算截止日，并在下一个优先收购计算期间内继续持有或转让该级证券。在优先A级证券未得到全部清偿前，优先收购权人不得终止优先B级证券。

（二）交易流程

1. 物业资产风险隔离

①原物业持有人作为股东，通过以标的物业作为资产出资的方式设立项目公司，使得项目公司成为标的物业的持有方。

②WX传媒作为股东，投资设立SPV，作为收购项目公司主体。SPV和原物业持有人签订股权转让协议，向原物业持有人收购其持有的项目公司100%股权。

2. 私募投资基金

根据《基金合同》，WX传媒认购私募基金份额，设立私募基金：①收购其持有的SPV100%股权，办理工商变更登记；②向SPV公司发放3.6亿元委托贷款。

3. 资产证券化信托

根据《信托合同》约定，WX传媒作为发起机构将相关私募基金份额委托给受托人，由受托人设立信托。受托人将发行以信托财产为支持的资产支持证券，并将募集资金净额支付给发起机构。

4. 物业资产运营

由各项目公司与WX传媒签订《租赁合同》，以约定租金水平整租全部标的物业。由私募基金与WX租赁签署《运营管理协议》，WX租赁担任项目公司运营服务商，承担物业运营和维护，租金归集等职责。

二、信用增级措施

1. 物业资产抵押

基金管理人、SPV公司和XY银行三方签署《委托贷款借款合同》，SPV公司将其所有的物业资产（AH省五个地市核心城区8处新华书店物业资产）抵押给委贷银行，抵押物业资产估价为5.5亿元，是优先A级资产支持证券发行规模的1.67倍。

2. 物业资产租金收入超额覆盖

资产证券化信托项下底层基础资产－物业资产每年的租金净收入对优先A级资产支持证券每年本息兑付覆盖倍数为1.23倍。通过在预计租金收入分别下降5%、10%、15%及18%情境下的压力测试，该覆盖倍数分别为1.16、1.10、1.04、1.01，租金收入仍然能够覆盖优先A级资产支持证券本息的兑付。

3. 证券的结构化分层

本资产证券化信托采用分层结构化设计，其中优先A级资产支持证券发行规模为3.3亿元，优先B级资产支持证券发行规模为2.2亿元。在预期收益、本金以及信托终止清算时的分配顺位上，优先A级资产支持证券优先于优先B级资产支持证券受偿。

4. XH发行集团流动性支持、差额补足及连带责任保证担保

截至某一回售行权日，已确认完成回售的优先A级资产支持证券份额与该回售行权日对应的回售登记期内确认回售的优先A级资产支持证券份额存在的差额,，流动性支持机构（XH发行集团）应于回售行权日买入差额部分的全部份额。XH发行集团提供的流动性支持为优先A级资产支持证券回售提供有效增信。

XH发行集团对优先A级证券本息支付提供差额补足义务。XH发行集团为WX租赁支付优先收购权的权利维持费的支付义务、支付优先B级证券收购价款的义务提供连带责任保证担保。

三、基础资产

WX 传媒向本资产支持证券底层基础资产 – 物业资产持有方项目公司签署 20 年期不可撤销租约对租金及增长率、租赁面积、租赁年限和起租期等要素作出明确约定。下表为项目公司基于 WX 传媒 2017 – 2034 年因回租底层基础资产 – 物业资产所需支付租金规模、经营成本及税费、租金净收入、权利维持费等而测算的现金流情况。

根据对下表的现金流分析，可以测算出基于优先 A 级证券 5.5% 发行利率和优先 B 级证券 8% 发行利率基准上，且 WX 租赁在信托设立满 3 年之日行使优先收购权情景下，分别对于优先 A 级和 B 级证券本息兑付覆盖倍数为 1.23 和 1.92。

年度	租金总收入	经营成本及税费	租金净收入	权利维持费
2016 年 12 月	3459370.00	492125.99	2967245.00	425928.18
2017 年	41512500.00	5905517.64	35606982.36	5111138.12
2018 年	41512500.00	5905517.64	35606982.36	5111138.12
2019 年	41512500.00	5905517.64	35606982.36	5111138.12
2020 年	41512500.00	5905517.64	35606982.36	5111138.12
2021 年	41512500.00	5905517.64	35606982.36	5111138.12
2022 年	41512500.00	5905517.64	35606982.36	4624922.37
2023 年	42015263.00	9233172.83	32782090.17	3830452.89
2024 年	47545650.00	11900653.32	35644996.68	4963973.53
2025 年	47545650.00	11900653.32	35644996.68	5073249.06
2026 年	47545650.00	11900653.32	35644996.68	5073249.06
2027 年	47545650.00	11900653.32	35644996.68	5073249.06
2028 年	47545650.00	11900653.32	35644996.68	5073249.06
2029 年	47545650.00	11900653.32	35644996.68	5073249.06
2030 年	47545650.00	11900653.32	35644996.68	5073249.06
2031 年	47545650.00	11900653.32	35644996.68	5073249.06
2032 年	47545650.00	11900653.32	35644996.68	5073249.06
2033 年	47545650.00	11900653.32	35644996.68	5073249.06
2034 年	47545650.00	11900653.32	35644996.68	4650478.31
合计	817551784.00	176065591.16	641486192.84	89676962.00

第五章　其他房地产信托业务类型及相关问题研究

第一节　基本业务概述

一、经营性物业融资

（一）业务概述

1. 业务界定

经营性物业亦被称为商业物业，主要是指已经竣工验收、取得产权证并已经投入商业运营、能够产生稳定经营性现金流的商业物业。根据物业的属性，可以将经营性物业分为如下四种类型：（1）大型商铺、购物广场等综合性商业设施（中心）；（2）办公楼、写字楼；（3）宾馆酒店及酒店式公寓；（4）工业厂房、物流仓库。

经营性物业融资信托业务是指信托公司通过信托贷款、资产收益权投资附加回购等方式向经营性物业持有人提供融资，以满足该经营性物业的日常运营周转的资金需求。经营性物业融资的具体用途可以包括如下方面：（1）用于归还或置换该经营性物业建造时的金融机构融资、股东借款或工程垫资款；（2）用于支付经营性物业的购买价款；（3）用于经营性物业的装修改造；（4）用于经营性物业的日常运营周转。

2. 业务特征

经营性物业融资信托业务与房地产开发项目融资相比较，一般具有如下特点：（1）经营性物业融资的资金用于该物业的日常运营周转，如物业的装修改造、物业的运营成本等；房地产开发项目融资的资金用于该房地产项目的开发建设，包括土地费用、建筑安装费用、勘探规划设计费用以及其他开发费用等。（2）经营性物业融资业务一般需要该物业提供抵押担保；房地产开发项目融资可以提供土地使用权抵押担保、在建工程抵押担保等。（3）经营性物业融资业务的还款来源为该经营性物业的租金等经营收入；房地产开发项目融资的还款来源为该项目出售收入。（4）经营性物业融资的期限较长，一般为5年至10年或者更长的期限；房地产开发项目融资期限较短，一般为1年至3年。

经营性物业融资信托业务的业务模式和融资型房地产信托业务基本一致，比如经营性物业融资的基本业务模式包括信托贷款、资产收益权投资附加回购等。鉴于经营性物业融资业务有其自身的业务特点，且商业银行也将房地产开发贷款和经营性物业贷款作为两种不同的业务品种进行管理，所以本章将经营性物业融资信托业务以单独章节进行介绍分析。房地产投资信托基金的投资标的主要为能够产生稳定现金流的经营性物业，房地产投资信托基金已有单独章节的详细分析，本章将不再进行赘述。

（二）经营性物业信托贷款

1. 交易结构

经营性物业信托贷款是指信托公司以单一/集合信托项下信托资金向经营性物业持有人发放信托贷款，经营性物业持有人以该经营性物业提供抵押担保措施，信托资金用于经营性物业日常运营周转的资金需求。

该类业务的基本交易结构图如下：

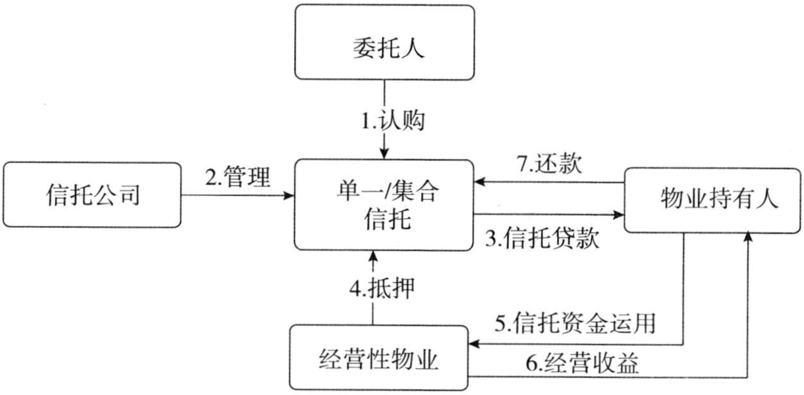

2. 业务模式辨析

商业银行对房地产的信贷业务基本上分为房地产开发贷款、个人按揭贷款、经营性物业贷款以及土地一级开发贷款。经营性物业贷款的期限较长，主要以其每年经营收益作为分期还款的资金来源①，并以经营性物业设定抵押担保。信托公司发放经营性物业贷款的期限一般没有银行的期限长，也就不能依赖经营性物业的租金运营收入作为还款资金来源，业务实践中融资人是以其他经营收入作为信托贷款的还款来源。

（三）经营性物业收益权投资附加回购

1. 交易结构

经营性物业收益权投资附加回购是指信托公司以单一/集合信托项下信托资金收购经营性物业持有人所持有经营性物业之收益权，并由经营性物业持有人或其他第三方于信托期满时回购/收购标的物业收益权，经营性物业持有人以该经营性物业提供抵押担保。

该类业务的基本交易结构图如下：

---

① 比如，A 企业拥有一处大型购物商场，该商场每年能产生 5000 万元的租金运营收入，扣除运营成本后的净收入为 3000 万元。银行向 A 企业发放一笔金额 1 亿元、年利率 7% 的 10 年期经营性物业贷款，用于该大型商场的装修改造及日常运营投入，银行对该商场的租金运营收入进行监管，并每年以商场租金运营收入偿还 1000 万元的贷款本金及贷款利息。

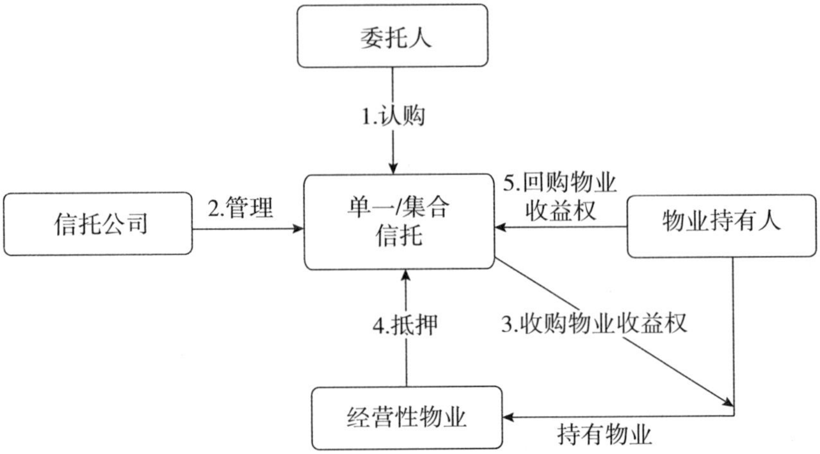

2. 业务模式辨析

经营性物业收益权投资附加回购作为经营性物业融资的一种创新业务模式，具备经营性物业贷款的一般特征。所谓经营性物业收益权，具体是指经营性物业运营管理所产生的诸如租金等经营收益的权利，可以归类于应收账款债权（因出租产生的债权），具体范围可以包括如下收入来源：（1）经营性物业的租金等运营收入；（2）经营性物业出售所获价款收入；（3）经营性物业损坏所获诸如保险赔偿金等赔付价款收入；（4）经营性物业所产生的其他收入。

（四）经营性物业卖出回购

1. 交易结构

经营性物业卖出回购是指信托公司以单一/集合信托项下信托资金受让融资人所持有的经营性物业，融资人或其指定第三方在信托期满时按照约定的溢价率回购/收购标的经营性物业。该类业务的交易结构图如下：

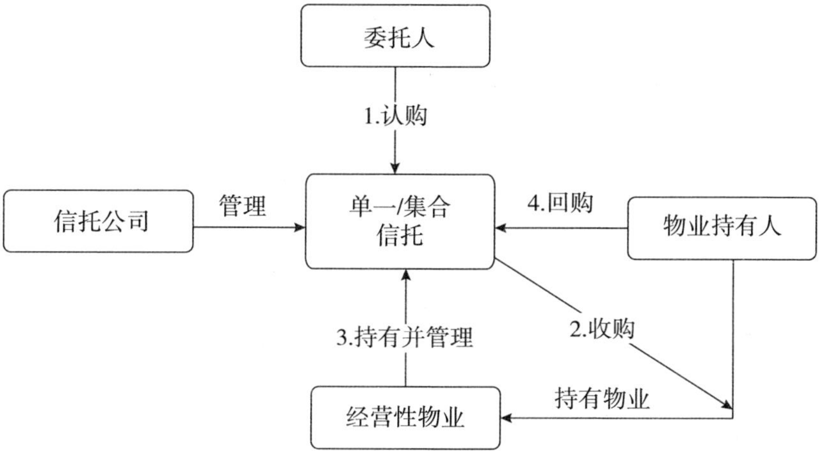

2. 业务模式辨析

经营性物业卖出回购业务需要办理经营性物业的过户登记手续，信托公司受让经营性物业及融资人回购经营性物业两个环节均会涉及资产转让及过户登记相关税费，具体相关税费如下：

第一，转让需要交纳的税费：（1）增值税：转让方转让经营性物业涉及销售不动产，应当按照规定缴纳增值税，并缴纳城市建设税和教育费附加。（2）土地增值税：转让方转让经营性物业所取得的增值额应当按照规定缴纳土地增值税。（3）印花税：产权转移书据由立据人按照所载金额 0.05% 分别贴花，房屋产权证由领受人按件贴花 5 元。（4）企业所得税：转让方需要按照财产转让所得交纳企业所得税。

第二，受让方需要交纳的税费：（1）契税：经营性物业的受让方需要按照经营性物业的受让价格交纳契税，契税税率为 3% 至 5%，具体税率由省、自治区、直辖市人民政府在 3% －5% 的范围内根据实际情况具体制定，并报财政部和国家税务总局备案。（2）印花税：产权转移书据由立据人按照所载金额 0.05% 分别贴花，房屋产权证由领受人按件贴花 5 元。

转受让双方除需要按照上述税种缴纳相应税费外，还需要缴纳产权过户登记相关费用。经营性物业产权转让需要转受让双方缴纳较大数额的税费，大大增加了交易成本，因此经营性物业卖出回购业务在实际业务中很少被采用。经营性物业卖出回购业务的替代模式有两种：第一种是经营性物业收益权投资附加回购，该种业务模式由于不涉及不动产产权变更，因此就无须缴纳不动产转让的相关税费；从风控的角度而言，该种业务模式需要将经营性物业抵押给受让人。第二种是信托公司受让经营性物业持有人的股权，通过经营性物业持有人间接持有该经营性物业；该种业务模式属于股权投资范畴，在本书投资型房地产信托业务章节中已有论述，故此不予赘述。

二、不动产信托

（一）业务概述

信托公司目前所开发的房地产信托产品绝大部分都是资金信托，即信托公司通过向合格投资者募集信托资金设立信托，并以信托资金向房地产开发企业提供融资，受托人按照信托合同约定以房地产投融资收益向信托受益权人分配信托收益。不动产信托属于财产/财产权信托，委托人向受托人交付的信托财产不是货币资金，而是包括土地使用权或者房屋产权在内的不动产。我国境内信托公司尚未真正开展不动产信托业务，因此本章仅对不动产信托的业务模式进行简要介绍。

不动产信托委托人需要将不动产转移至信托公司名下，因此需要办理不动产的产权转移。办理不动产产权转移手续的一个重要问题是税务问题，我国目前尚未出台专门关于信托的税务政策，如果按照普通商业原则对不动产信托的各交易环节进行征税，则存在重复征税的问题，不利于不动产信托的发展。首先，委托人将不动产转移给信托公司设立不动产信托的环节，委托人没有取得任何收入，因此不涉及相关的税务问题，但是问题在于信托公司取得不动产产权的行为如何认定；如果信托公司取得不动产产权的行为按照普通的产权转移行为进行认定的话，则信托公司应当就其取得的不动产财产缴纳相应的税额。其次，信托公司于信托期满时向委托人/受益权人转移不动产或者分配信托利益，就会涉及委托人/受益权人取得不动产财产或者信托利益的应税行为。

（二）管理型不动产信托

1. 交易结构

该种业务模式具体是指：

（1）委托人将其名下的国有土地使用权委托信托公司（受托人）设立不动产信托，由信托公司委托具有房地产开发资质的企业对作为信托财产的土地使用权进行开发建设，信托公司再以开发项目对外租售所产生的收入向信托受益权人分配信托利益。

（2）委托人将其名下经营性物业委托信托公司（受托人）设立不动产信托，由信托公司委托物业管理公司进行运营管理，信托公司再以经营性物业经营租赁或物业增值收入向信托受益权人分配信托利益。该类业务的交易结构图如下：

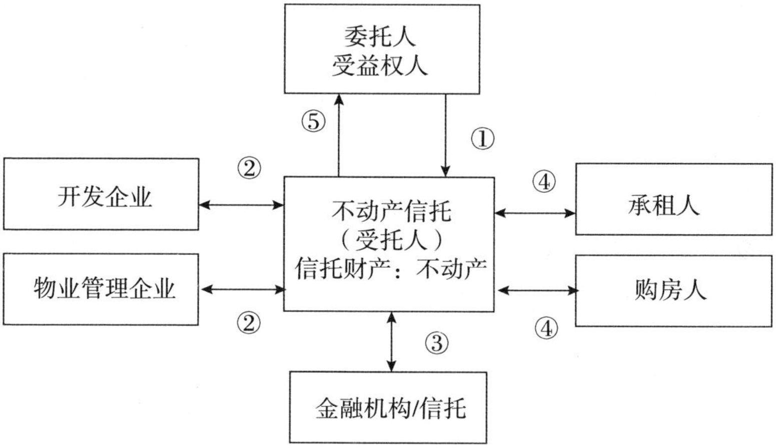

2. 业务流程：

流程①：指委托人以其名下土地或房产委托信托公司（受托人）设立不动产信托，委托人和信托公司签订信托合同，委托人将不动产转移给受托人。

流程②：如果信托财产为经营性物业，受托人需要聘请物业管理企业负责不动产物业的运营管理；如果信托财产为土地使用权，受托人可以聘请具有房地产开发资质的企业负责土地的二级开发，受托人将开发项目以备出售或出租。

流程③：受托人可以通过信托或其他金融机构募集资金，用于经营性物业的运营管理或者不动产项目的开发建设，受托人以信托财产租售等运营收益来偿付信托或其他金融机构融资。

流程④：受托人与购房者或者承租人签署购房合同或者租赁合同，通过出售不动产或者出租不动产以获取信托财产的经营运作收益。

流程⑤：受托人将信托财产扣除信托费用及信托负债后的净值用于向信托受益权人分配信托利益（信托本金和信托收益）。

（三）融资型不动产信托业务

1. 交易结构

该种业务模式具体是指：

（1）委托人将其名下不动产委托信托公司设立不动产信托，信托公司将委托人所持有的信托受益权向投资者发售信托受益权凭证，信托公司将发售信托受益权凭证所得价款扣除信托费用和信托负债后的净值支付给委托人，委托人按照约定的溢价率和期限向投资者回购信托受益权凭证。

（2）委托人将其名下不动产委托信托公司设立不动产信托，信托公司委托物业管理企业负责作为信托财产的不动产的运营管理工作，信托公司以不动产租售等所产生的现金流为支持向投资者发售信托受益权凭证，信托公司将发售信托受益权凭证所得价款扣除信托费用和信托负债后的净值支付给委托人，信托公司以不动产物业的经营收益及增值收益向投资者支付投资收益和投资本金。该类业务的交易结构图如下：

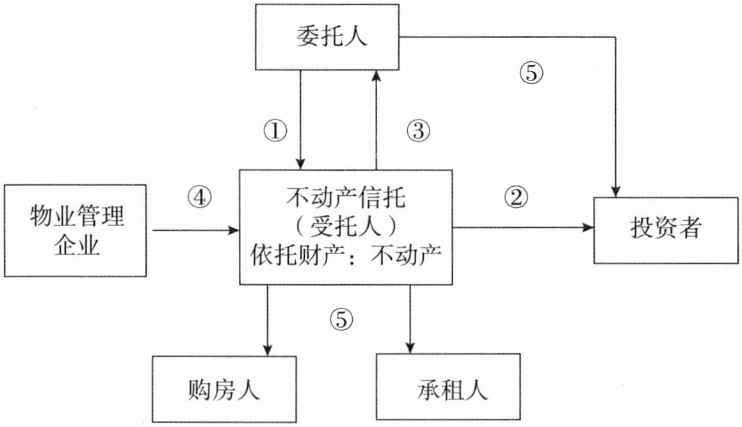

2. 流程说明：

流程①：委托人以其名下土地或房产委托信托公司（受托人）设立不动产信托，委托人和信托公司签订信托合同，委托人将不动产转移给受托人。

流程②：受托人以信托财产的现金流为支撑向投资者发售信托受益权凭证。

流程③：受托人将发售信托受益权凭证所得资金扣除信托费用和信托负债后的净值支付给委托人。

流程④：受托人聘请物业管理企业负责不动产物业的运营管理。

流程⑤：方式一是由委托人按照约定的溢价率和回购期限向投资者回购信托受益权凭证；方式二是由委托人通过租售不动产物业，用以支付投资者的投资收益和投资本金。

三、财产权信托

财产权信托分为管理型财产权信托和融资型财产权信托，管理型财产权信托在业务实际中不多见，大部分财产权信托属于融资型财产权信托。投资者可以通过如下方式实现退出：

（1）通常情况下，投资人可以通过委托人回购信托受益权的方式实现退出，信托公司将信托财产原状返还给委托人，信托终止。

（2）信托公司可处置变现信托财产，将所得价款用于向投资者分配信托利益。比如财产权为应收账款时，信托公司可以将应收账款债务人偿还应付账款所得款项用于向投资者分配信托利益。

融资型财产权信托交易结构如下：

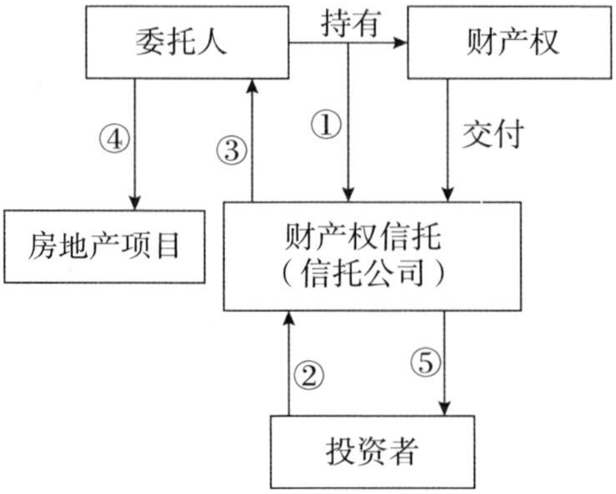

融资型财产权信托基本运作环节为：

流程①：委托人将其所持有的财产权委托给信托公司设立财产权信托；

流程②：信托公司向投资者发售财产权信托项下信托受益权；

流程③：信托公司将发售信托受益权所得款项支付给委托人；

流程④：委托人将该款项用于房地产开发建设或者经营性物业的运营管理；

流程⑤：信托公司以财产权项下信托财产变现处置收入向投资者（信托受益权人）分配信托利益。

四、购房尾款 ABS

（一）交易结构

原始权益人将其基础资产——购房尾款转让给受托机构，受托机构基础资产的现金流为基础，在证券交易所发行资产支持证券，投资人向受托机构支付价款认购该资产支持证券，受托机构将认购价款扣除相关费用后作为基础资产转让对价支付给原始权益人。原始权益人作为基础资产服务方及基础资产现金流差额补足方，为基础资产现金流回款提供服务，并且为现金流不足部分提供差额补足义务。

通常情况下，原始权益人并非房地产开发企业为了特定项目开发而设立的项目公司；房地产开发企业或其指定的某个项目公司作为原始权益人与其他项目公司签署《应收账款转让合同》，受让其他项目公司开发项目购房尾款形成的应收款。提示注意，该应收账款的债务人是购房客户，而非按揭贷款银行。

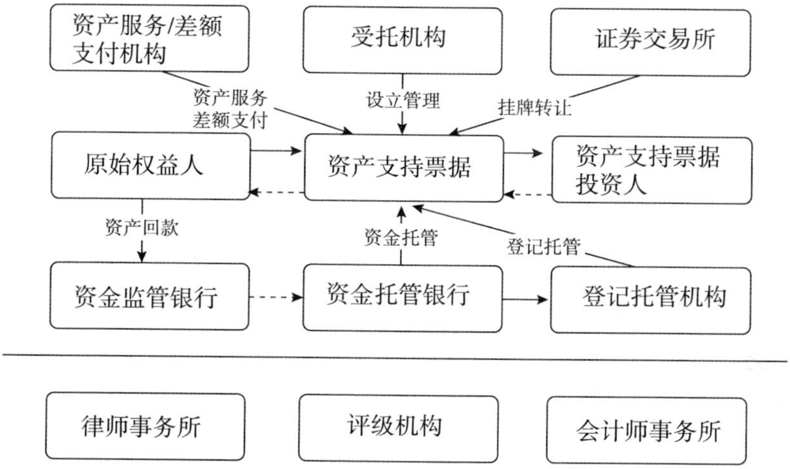

（二）基础资产

1. 购房尾款 ABS 的基础资产购房尾款的形成过程如下：

①认购书：购房者与开发商签订《商品房认购书》或者《商品房认购协议》，购房者向开发商交付购房定金，该定金在正式签订商品房购买合同后转为购房者的购房首付款；

②购房合同：购房者在签订《商品房认购书》7－15 天后，与开发商签署正式的商品房购买合同，并向开发商支付购房首付款，购房定金转为购房首付款；

③网签及备案：商品房购买合同签署后，开发商需要在住房和城乡建设部门网上办公系统完成购房合同网签，并在网签完成后的一定时间内完成购房合同的备案；

④按揭贷款：购房者向银行和住房公积金中心申请住房按揭贷款；银行对购房者的购房按揭贷款申请进行审核后将住房按揭贷款直接支付至开发商。按揭贷款从申请到放款，通常需要 3－6 个月时间。住房公积金贷款通过委托贷款形式，由银行根据住房公积金中心的委托将住房公积金贷款直接支付给

开发商。

2. 风险控制

（1）基础资产的置换与赎回

为了防范因基础资产不合适、灭失以及涉诉而产生的影响未来现金的风险，受托机构发现基础资产出现该等情形时，原始权益人应当用其持有的其他合格基础资产进行置换；或者以现金回赎该等不合格基础资产。

（2）基础资产的循环购买

购房尾款回收期较短，一般为银行按揭贷款审批时间，通常为3－6个月；而资产支持证券的期限通常为2－3年，其与基础资产产生了期限错配的问题。

以三年期的ABS为例，ABS存续前2.5年为循环期，受托机构可以根据基础资产回款期限，设计循环购买的频次；ABS最后半年未摊还期，停止基础资产的循环购买，并对ABS本金进行过手摊还。

（3）信用增级措施

结构化：ABS通过优先/次级证券份额的结构化设计，来实现内部信用升级，由次级份额证券为优先级份额证券提供信用增级。

（4）超额现金流覆盖

受托人购买基础资产并以该基础资产现金流为基础发行资产支持证券，受托人以资产支持证券/优先级资产支持证券本金为基准，按照一定的折扣价格向原始权益人购买基础资产。

（5）差额补足承诺

原始权益人为基础资产提供回款服务时，还需要对基础资产现金流及/或信托账户资金不足以支付该次应当分配给投资者及其他各方的差额部分提供差额补足义务。

（6）信用触发机制

ABS通常会设置加速清偿事件、权利完善事件、违约事件等信用触发机制。比如当某一收款期结束时，基础资产累计违约率超过10%，则自动打破原有现金流分配循序。

第二节　经营性物业融资信托业务操作规范

一、融资人准入标准

（一）融资人主体资质

融资人应当具有企业法人营业执照、组织机构代码证、税务登记证等主体资格证照，该等主体资格证照应有完整的年检记录，且尚在有效期内；如果融资人为外商投资企业的，还应取得《外商投资企业批准证书》。如果商业物业为融资人自行开发并持有经营的，融资人应取得房地产开发资质等级证书；如果商业物业为融资购买并持有经营的，融资人应当持有完整有效的交易文件及产权证书。

（二）物业产权证与租赁文件

融资人应当拥有该经营性物业合法有效的产权证，且产权有效期应长于信托贷款期限及抵押物处置的合理期限。融资人应当向信托公司提供所有与承租人签署的《租赁合同》以及租金缴交情况的相关材料，该等《租赁合同》应当在房地产管理部门进行登记备案。

（三）物业运营经验

融资人或其控股股东、实际控制人拥有专业经营性物业的招商、运营管理经验，并有专业的物业招商/运营团队。如果融资人或其控股股东、实际控制人不具备经营性物业的招商、运营管理经验和团队，其应当与国内外知名的物业招商运营管理公司签订委托招商或运营管理协议，由专业的物业招商运营管理公司对经营性物业进行招商或者运营管理。

（四）抵押与监管

融资人原则上对经营性物业应当有三年以上连续良好的经营记录，具有稳定的承租客户和租金收入，且接受信托公司对经营性物业的经营收支进行封闭式监管。融资人应当将其持有的经营性物业抵押给信托公司，且应当接受信托公司根据具体情况要求对抵押物办理财产保险；融资人的股东会、董事会或者其他有权决策机构应当出具相应决议同意融资人将经营性物业抵押给信托公司。

（五）信用记录

融资人应当具有良好的信用记录，不在全国失信被执行人名单中，不存在重大的征信不良记录；融资人不存在公开不良信息，没有政府相关部门或监管机关的重大处罚记录。

二、经营性物业准入标准

（一）区域选择

经营性物业的商业价值与其所处的区域和地段具有十分密切的关系。相对来说，经济发达的地区或者所处位置为核心地段的经营性物业商业价值较高。在经营性物业的选择方面，可以首选北京、上海、广州、深圳等一线发达城市，其次可以选择其他直辖市、计划单列市、东部沿海城市、省会城市以及其他经济较发达的城市；商业物业所处位置为城市核心区、成熟商圈、中央商务区等地理位置优越、商业氛围浓厚、交通便捷且人流量大的地方，相对来说具有较高的商业价值。

（二）产权清晰明确

经营性物业持有人应当是该经营性物业的合法所有人或者经授权有管理处分的充分权利，经营性物业的选择应当参考如下标准：

（1）经营性物业都具有合法有效的产权证书或管理处分权的合法文件，

购置物业或自建物业的相关交易税费已经缴清的证明文件；

（2）经营性物业没有其他产权纠纷，没有设定抵押权、优先权以及其他基于标的物业之上的权利限制。

（3）经营性物业之土地使用权的用地性质应当与实际用途保持一致；经营性物业出租，应当按照当地房地产租赁管理规定办理租赁备案登记手续。

（三）经营性物业的成熟度

经营性物业的商业价值主要在于其能够产生稳定可预期的经营性现金流，经营性物业的成熟度可用出租率、空置率和入住率①等指标进行衡量。比如经营性物业的准入标准可以设置如下指标：商铺写字楼的出租率不得低于60%；酒店宾馆的入住率不得低于60%；工业厂房和物流仓库的出租率不得低于80%。

经营性物业的成熟度还需要考虑租金水平和经营性现金流水平。一般来说，经营性物业在信托期内的租金覆盖率应当能够超过100%，或者融资人的综合性经营现金流覆盖率应当能够超过100%。②

三、经营性物业贷款的调查与评估

（一）经营性物业租赁行为的真实性、合法性

信托公司应当调查核实经营性物业租赁行为的真实性、合法性。信托公司分别通过融资人和承租人进行调查核实，以相互印证经营性物业租赁行为的真实性。如果承租人因为不负有向信托公司提供其承租情况相关信息的义务，而拒绝提供相应材料，信托公司可以通过公共渠道、承租人的客户等多种渠道搜集承租人的相关信息。

很多地方规定，租赁双方应当按照相关规定将租赁合同到房地产管理部

---

① 出租率 = 已出租面积 ÷ 楼面总面积；空置率 = 可出租面积 ÷ 楼面总面积或可入住客房数 ÷ 总客房数；入住率 = 实际入住客房数 ÷ 客房总数。

② 租金覆盖率 = 物业租金现金流 − 物业综合运营成本/信托融资本息；综合性经营现金流覆盖率 = 物业现金流 + 融资人其他经营性净现金流 − 物业综合运营成本 ÷ 信托融资本息。

门进行备案登记，因此信托公司应当了解租赁当事人是否对租赁合同进行备案登记，并可以通过房地产管理部门进行核实。要特别注意承租人依法享有的承租权、优先购买权以及其他优先权利对信托公司抵押权的限制和影响。

（二）租赁合同审查

信托公司应当关注租赁合同是否存在损害信托公司利益的条款，经营性物业的出租对信托公司的债权和抵押权是否会产生不利影响。信托公司需要特别关注租赁合同中关于租金交纳方式、租金的调整、租赁期限、退租、行使抵押权时对租赁合同的调整、违约条款对信托贷款合同及担保合同的影响等。

综合分析租赁合同的租期、租金水平与贷款额度、贷款期限是否匹配；调查了解租金支付方式，以防止经营性物业在抵押给信托公司时，承租人已经一次性向融资人支付租赁期限内所有或大部分租金，或者将租金与出租人对于承租人的其他债务进行抵销，从而导致信托公司无法以租金收入作为还款来源以及无法处置抵押物的风险。

（三）物业价值及变现能力

信托公司应当对经营性物业的长期价值、租赁前景及变现能力进行判断，对经营性物业在信托贷款期限内未来经营稳定性进行评估。信托公司应当聘请评估机构对经营性物业的价值进行评估，根据评估价值及合理的抵押率折算对融资人的融资额度/授信额度。

（四）承租人情况调查

信托公司根据经营性物业出租方式的不同，对承租人资信情况、经营状况、租金支付能力等情况分别进行调查了解，审慎介入承租人经营状况或者资信情况欠佳，不能按期足额支付租金或者经常拖欠租金等情况的经营性物业。

具体而言，如果经营性物业是整体出租①的，应当通过实地调查主要承租人已有项目的经营情况等方式，对主要承租人的经营与财务情况、持续经营

① 笔者根据从业经验认为：整体租赁是指经营性物业的全部承租人中的一家至两家租赁面积达到可出租面积的70%以上，其中作为主要承租人的单个承租人租赁面积不低于全部可出租面积的1/3。不符合上述标准的经营性物业为零散租赁。

能力以及租金支付能力进行调查评价；如果物业出租方式为零散出租，则应当对该经营性物业近三年营运管理情况、租金收入水平、租金实收率、空置率、物业管理情况等进行分析，以对经营性物业的经营管理情况及未来运用前景进行评估。

如果承租人为融资人的关联企业，信托公司应当对其关联交易情况进行调查评估，就关联交易对信托贷款的影响作出判断。如果关联交易没有遵循市场公允价格的原则，或者对信托贷款产生不利影响，信托公司应当评估其中的风险，并寻找化解风险的解决方案。

（五）融资人评估

融资人评估应当从如下几个方面进行：（1）融资人组织形式、股权结构、经营与财务状况、信用状况、现金流等；（2）融资人的偿债能力评估包括财务效益预测、现金流量预测及偿债能力预测，并且应当对经营性物业每年经营性现金流入、经营管理成本（包括物业的维护维修成本）进行测算核实；（3）如果经营性物业是由融资人直接经营管理的，应当调查了解融资人及其控股股东、实际控制人是否具备经营性物业的运营管理经验；如果经营性物业是由专业物业管理公司进行运营管理的，应当调查了解该物业管理公司的运营管理历史、业绩口碑、知名度等；（4）调查了解融资人融资前物业租金收入的具体用途，融资人除租金收入外的其他经营收入来源，综合评估融资人在租金收入不足以偿还信托贷款时的其他还款能力。

四、风险控制措施

（一）抵质押担保措施

经营性物业融资业务一般要求以物业提供抵押担保，办理经营性物业所对应的房屋抵押登记手续和土地使用权抵押登记手续。办理经营性物业抵押担保手续还需要注意如下事项：（1）经营性物业的房屋产权证与其所对应的土地使用权证的产权人应当为同一人；（2）注意了解经营性物业是否存在分割抵押的现象，原则上应当要求经营性物业进行整体抵押（整体抵押以一个完整的产权证为标准）。以经营性物业提供抵押担保时，应当注意不接受无出入口的断层①作为抵押物。

在具体的业务实践中，也有以租金收益权提供质押担保的情况。根据中国人民银行颁发的《应收账款质押登记办法》规定，租金收益权应当属于因出租产生的债权——应收账款，租金收益权质押登记手续可以按照应收账款质押登记规则在中国人民银行征信中心的应收账款质押登记系统进行质押登记。② 租金收益权质押需要重点关注应收账款本身的合法有效性和出租人是否存在有效的抗辩权等。

（二）监管与监测

信托公司应当设置监管账户，经营性物业的运营管理所产生的经营性现金流入与流出全部归集到监管账户，以实现对物业收支进行封闭式监管。经营性物业在抵押给信托公司之前已经签订租约的，信托公司、物业持有人和承租人应当通过协议约定，承租人将租金支付至监管账户；经营性物业已抵押给信托公司后签订租约的，物业持有人（出租人）应当将抵押事项事先告知承租人，并且应当取得信托公司的书面同意，信托公司、物业持有人和承租人应当通过协议约定，承租人将租金支付至监管账户。

信托公司应当通过合同约定，经营性物业持有人在信托期限内不得将经营性物业（已设定经营性物业收益权质押担保的情形）或其收益权（已设定经营性物业抵押担保的情形）设定抵押/质押担保、优先权或其他权利限制，也不得通过变卖、赠与以及抵偿债务等方式处置经营性物业或其收益权。

---

① 无出入口的断层是指没有公共通道与外界连通或者没有自有通道与外界连通的物业。

② 根据中国人民银行颁发的《应收账款质押登记办法》规定：本办法所称应收账款是指权利人因提供一定的货物、服务或设施而获得的要求义务人付款的权利以及依法享有的其他付款请求权，包括现有的和未来的金钱债权，但不包括因票据或其他有价证券而产生的付款请求权，以及法律、行政法规禁止转让的付款请求权。

本办法所称的应收账款包括下列权利：

（一）销售、出租产生的债权，包括销售货物，供应水、电、气、暖，知识产权的许可使用，出租动产或不动产等；

（二）提供医疗、教育、旅游等服务或劳务产生的债权；

（三）能源、交通运输、水利、环境保护、市政工程等基础设施和公用事业项目收益权；

（四）提供贷款或其他信用活动产生的债权；

（五）其他以合同为基础的具有金钱给付内容的债权。

（三）还款安排

融资期限在1-2年的信托业务，可以实行信托期满一次性还本付息、利随本清的方式，也可以实行分期付息，信托期满时一次性还本的方式。融资期限在2年以上的信托业务，应当采取分期还本付息的还款方式；分期还本付息的还款方式分为等额本息还款法和等额本金还款法，计算公式如下：

1. 等额本息还款法：每期还款金额 = 信托融资规模 ×（1 + i × N）×（A/F，i，N）

释义：i为期间利率，N为还款总期数，（A/F，i，N）为偿债基金系数。

2. 等额本金还款法：每期还款金额 = 信托融资本金 ÷ 还款总期数 + 信托融资本金余额 × 期间利率，其中信托融资本金余额 = 信托融资初始本金 - 累计已偿还本金。

本章附录

【实务案例一】HSM商业中心经营性物业贷款集合资金信托计划

（一）交易要素

1. 基本要素

（1）信托规模：140000万元。

（2）信托期限：96个月，A类信托单位存续期96个月，每1个信托年度设置开放期；B类信托单位的存续期为96个月，每2个信托年度设置开放期。

评析：鉴于信托没有全国性的公开交易市场[①]，信托产品的流动性较差，如果信托期限过长，则该信托产品对投资者而言没有太大的吸引力。1-2年期的信托产品对投资者具有较强的吸引力，超过2年期的信托产品通常有较大的销售难度。本信托计划的存续期限为8年，如果没有设计开放期，则该信托计划会存在很大的销售难度。

（3）预期信托收益率：预期收益率分为A类信托单位和B类信托单位，

---

① 目前国内信托产品的转让平台包括上海信托登记中心、北京金融资产交易所、天津金融资产交易所等，但是上述平台均为区域性平台，且转让交易并不活跃。2013年信托公司受托管理的资产管理规模已经超过10万亿元，2014年更是达到12万亿元，因此建立全国性的活跃交易市场成为行业发展需要，《国务院办公厅关于加强影子银行监管有关问题的通知》明确指出“建立完善信托产品登记信息系统，探索信托受益权流转”。上海自贸区和浦东新区政府欲借助于自贸区的政策红利，通过上海信托登记中心转制建立全国性信托登记转让平台。

其中A类信托单位分为A1/A2/A3三个档次，B类信托单位分为B1/B2/B3三个档次。

A类信托单位：A1类信托单位9%/年，100万元≤单笔认购/申购资金<300万元；A2类信托单位9.5%/年，300万元≤单笔认购/申购资金<600万元；A3类信托单位10%/年，600万元≤单笔认购/申购资金。

B类信托单位：B1类信托单位9.5%/年，100万元≤单笔认购/申购资金<300万元；B2类信托单位10%/年，300万元≤单笔认购/申购资金<600万元；B3类信托单位10.5%/年，600万元≤单笔认购/申购资金。

评析：本信托计划根据开放期的不同，设置不同的信托单位，A类信托单位的开放期为1年，B类信托单位的开放期为2年。信托预期收益率根据开放期的不同设置不同的收益率，开放期为2年的B类信托单位的预期收益率高于开放期为1年的A类信托单位。根据资产定价的一般原理，风险较高的资产会有相应的风险溢价；通常来说，资产期限的长短和其风险的大小成正比例，因此期限较长的信托产品也应当有较高的预期收益。

信托公司销售信托产品时，会根据认购金额的大小设置不同的预期收益率，单笔认购金额达到较高梯级时，其预期收益率较高。一方面，由于单笔认购300万元以上的投资者不受50个自然人的限制，因此信托公司通常会以300万元为梯级设置不同的收益率；另一方面，通过设置级差收益率，可以鼓励投资者大额认购信托单位，以加快募集进度。

（4）资金用途：6亿元信托资金用于置换×××国际信托单一资金信托项下信托贷款，8亿元信托资金用于融资人所持有的经营性物业装修。

评析：经营性物业贷款业务的资金原则上主要用于该经营性物业的装修改造以及日常运营的资金需求，也可以用于归还银行等金融机构贷款等。本信托计划项下资金主要用于归还其他信托公司的信托贷款及经营物业的装修，信托资金的用途没有违反法律法规和监管政策禁止/限制性规定。

需要注意的问题：ZHR国际信托有限公司应当对融资人以本信托计划信托资金来偿还其他信托公司信托贷款的原因进行深入的分析。如果融资人仅是出现暂行性的流动困难，需要以“借新还旧”的方式偿付已到期的金融机构贷款，则应该没有过大的潜在风险；如果是因为经营或财务状况出现严重恶化等原因导致融资人根本没有偿债能力或者偿债能力严重不足，ZHR国际信托有限公司不应介入本项目，以防止为其他信托公司“接盘”而成为最后的“接棒人”。

2. 交易结构

ZHR 国际信托有限公司发起设立 HSM 商业中心经营性物业贷款集合资金信托计划，募集 14 亿元信托资金用于向融资人发放经营性物业贷款，其中 6 亿元信托资金用于置换×××国际信托单一资金信托项下信托贷款，8 亿元信托资金用于融资人所持有的经营性物业装修。具体的交易结构如下图：

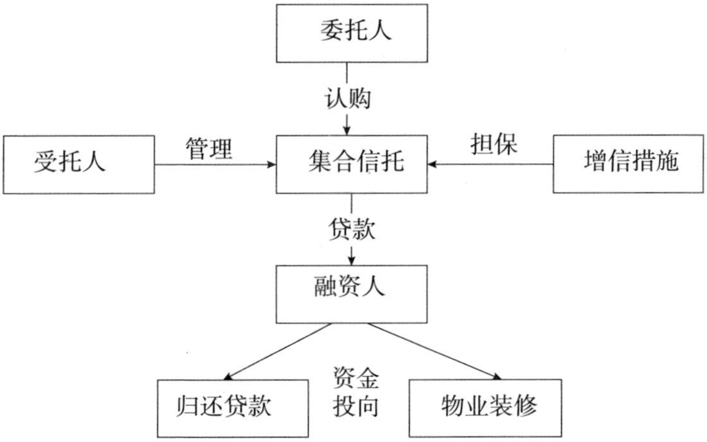

（二）风险控制措施

1. 抵押担保

融资人以其持有的 HSM 商业中心 E、F 座及地下商业和车库提供抵押担保，抵押物合计建筑面积为 13 万平方米（其中 E 座 2 万平方米、F 座 6 万平方米，地下商业 3 万平方米，地下车库 2 万平方米），抵押率不超过 40%；抵押物评估价值 35.8 亿元。

2. 实际控制人保证担保

融资人实际控制人为其按期归还信托贷款本息提供连带责任保证担保。

3. 股权质押担保

融资人股东将其所持有的融资人 100% 股权质押给 ZHR 国际信托有限公司。

4. 租金监管

本信托计划项下设立租金监管专户，抵押物所产生的租金全部统一归集入租金监管专户。租金监管账户中应当至少留存所归集资金收入的40%，其余租金收入款项在经受托人和监管银行的书面确认同意后，融资方可以自由支配。在应当支付信托贷款本金和/或利息前一个月，租金监管账户至少应当留存当期应当需要偿还的信托贷款本金和/或利息。本信托计划项下对融资人所开发的SHJH项目设立销售回款专户，由受托人和监管银行对SHJH项目销售回款进行监管，融资人需要使用销售回款的，应当经过受托人和监管银行的书面同意。

评析：本信托计划项下信用增级措施包括商业物业抵押、融资人股权质押以及融资人实际控制人连带责任保证担保，这些都属于房地产融资业务的基本担保方式，在此不再赘述。这里需要说明的是，经营性物业贷款业务通用的监管方式就是对该经营性物业的租金收入进行监管；经营性物业租金收入归集入监管账户，以方便贷款人对租金收入的控制，并以此作为还款来源之一。

（三）还款来源及方式

1. 还款来源

（1）HSM国际商业中心E、F座及地下商业和车库每年所产生的2.8亿元租金收入；

（2）HSM国际商业中心A、B座剩余物业可产生约2亿元的销售收入；

（3）项目每年可以产生3亿元的租金收入及约60亿元的销售收入；

（4）其他金融机构的经营性物业贷款。

评析：经营性物业贷款的还款来源首先应当是该经营性物业的租金收入等经营现金流，其次可以是融资人的其他还款来源。本项目的贷款规模高达14亿元。以经营性物业的现金流作为还款来源显然是不足的，所以本信托计划还以融资人的物业销售收入作为还款来源之一。

这里需要注意的问题：本信托计划项下6亿元信托资金适用于偿还融资人其他信托贷款，本信托计划居然明确其他金融机构的经营性物业贷款作为还款来源之一，这就需要重点关注融资人的真实偿债能力和资金链问题。如果融资人本身缺乏足够的偿债能力，仅是依靠金融机构贷款来“借新还旧”，则融资人的资金链很可能随时会断裂。

2. 还款方式

信托贷款期满第1年，融资人应当归还信托贷款本金5000万元；信托贷款期满第2年，融资人应当归还信托贷款本金8000万元；信托贷款期满第3至5年，融资人应当每年归还信托贷款本金1亿元；信托贷款期满第6年至第7年，融资人应当每年归还信托贷款本金2亿元；信托贷款期满第8年，融资人应当归还剩余信托贷款本金。

评析：根据中国银监会《关于规范中长期贷款还款方式的通知》（银监发〔2010〕103号）规定，“对包括平台贷款在内的中长期贷款还款方式进行统一规范，不得集中在贷款到期时偿还。各机构要综合考虑项目预期现金流和投资回收期等情况，合理确定还款方式，实行分期偿还，做到半年一次还本付息，鼓励有条件的可按季度进行偿还。对于提前还款部分，各机构应按照实际用款期限，相应折算成同期限的贷款利率计算本息”。

对于中长期贷款原则上实行分期还款的方式，可以防范借款人因为在贷款到期时需要集中还款所产生的流动性风险。对于金融机构而言，分期还款方式还能够起到提前暴露信贷风险的作用。因为贷款期限较长且经营性物业能够产生稳定现金流等特点，所以经营性物业贷款基本上都采用分期还款的方式。

【实务案例二】YLJW财产权集合信托计划

（一）交易要素

1. 基本要素

（1）信托计划募资资金规模为5亿元。

（2）信托期限分为两类：A类信托期限为21个月，满18个月可以提前结束；B类信托期限为27个月，满18个月可以提前结束。

（3）信托预期收益率：A类：单笔认购金≥300万元的，预期收益率9.5%/年。

B类：100万元≤单笔认购金额<300万元，预期收益率9.5%；300万元≤单笔认购金额<600万元，预期收益率9.8%；600万元≤单笔认购金额，预期收益率10%。

（4）信托资金用途：主要用于W市保障房建设及JWLQ公司的营运资金需求。

（5）相关交易对手：受托人为ZR信托公司，保管行为ZX银行股份有限公司H分行营业部，信托委托人/融资人为JWLQ公司。

2. 交易结构

JWLQ 公司将其所持有的对 W 市交通局的应收账款委托给 ZR 信托公司设立财产权信托，ZR 信托公司再向投资者发售财产权信托项下的信托受益权；ZR 信托公司将发售信托受益权所获款项支付给 JWLQ 公司，主要用于 W 市保障房建设及 JWLQ 公司的营运资金需求。

ZR 信托公司以 W 市交通局偿付应收账款资金向投资者（信托受益权人）进行分配，W 市人大和财政局出具将此次应收账款纳入财政预算和安排资金预算的文件。如果 W 市交通局不履行向 ZR 信托公司偿付债务的义务，JWLQ 公司和 YL 集团将承担回购应收账款义务。

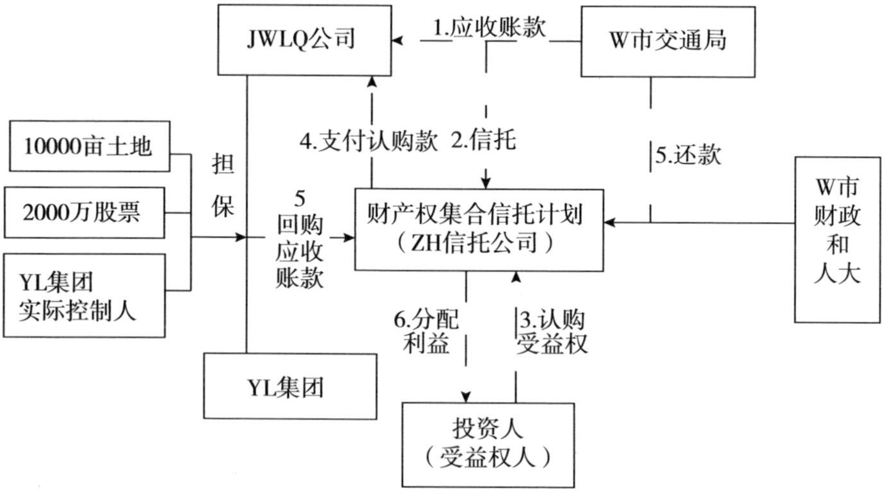

评析：JWLQ 公司将其持有的对 W 市交通局的应收账款委托给 ZR 信托公司设立财产权信托，应收账款即该财产权信托项下的信托财产。ZR 信托公司向投资者发售财产权信托项下的信托受益权，并将发售信托受益权所获款项支付给 JWLQ 公司（JWLQ 公司实质获得的是信托受益权转让价款），投资者成为财产权信托的受益人。财产权信托设立后，ZR 信托公司成为应收账款债权人，W 市交通局为应收账款的债务人，ZR 信托公司以债务人偿付应收账款所得款项用于向投资者（信托受益权人）分配。如果 W 市交通局不履行偿付应收账款，则 JWLQ 公司和 YL 集团将承担回购信托项下应收账款的义务。

上述交易结构明确体现了信托与委托之间的本质差别。如果 JWLQ 公司将应收账款委托给 ZR 信托公司管理，则该应收账款的所有人还是 JWLQ 公司，当然也就不存在JWLQ信托公司回购应收账款的问题；如果JWLQ公司将应收账款委托给ZR信托公司，则该应收账款的所有人不再是JWLQ公司，ZR信托公司成为应收账款的名义所有人，JWLQ公司按照约定再从ZR信托公司处回购应收账款也就不存在法律问题。如果该财产权信托为自益信托，委托人JWLQ公司同时为信托受益权人，委托人JWLQ公司通过ZR信托公司向投资者发售信托受益权，出售信托受益权所得款项作为信托受益权转让价款自然归委托人JWLQ公司；如果该财产权信托为他益信托，则信托受益权为委托人指定的其他方，ZR信托公司向投资者出售信托受益权所得款项就应当支付给委托人JWLQ公司指定作为信托受益人的其他第三方。

本信托计划项下债务人有三方，分别是应收账款债务人W市交通局、应收账款回购义务人JWLQ公司和YL集团。从偿债顺序上，应收账款债务人W市交通局，在W市交通局不履行偿债义务时，JWLQ公司和YL集团才负有回购义务。JWLQ和YL集团承担的应当是连带回购义务，即ZR信托公司既可以要求JWLQ公司履行全部或部分回购义务，也可以要求YL集团履行全部或部分回购义务。

（二）信用增级措施

1. JWLQ公司以其持有的对W市交通局7亿元应收账款质押给ZR信托公司。

2. YL集团以其持有的E市10000亩国有土地使用权抵押给ZR信托公司，为JWLQ公司和YL集团回购应收账款义务提供抵押担保，抵押物评估价值为10亿元。

3. YL集团以其持有的2000万股YL能源的流通股票质押给ZR信托公司，为JWLQ公司和YL集团回购应收账款义务提供质押担保。

4. YL集团实际控制人为JWLQ公司和YL集团回购应收账款义务提供连带责任保证担保。

5. W市人大、财政局出具将此次应收账款纳入财政预算和安排资金预算的文件。

评析：

1. 财政担保问题

财政担保是由财政局出具关于同意提供财政担保的承诺，人大出具关于安排财政担保预算的决议，政府在债务人未能履行还债义务时向债权人进行代偿的担保措施。政府融资平台向银行等金融机构借款时，通常会由当地财政局和人大出具提供财政担保的承诺和决议。根据财政部印发的《关于坚决制止财政违规担保向社会公众集资行为的通知》要求，地方政府要严格遵守《担保法》及其他相关规定，不得违规提供政府担保向社会公众集资。国务院印发的《关于加强地方政府融资平台公司管理有关问题的通知》要求地方各级政府及其所属部门、机构和主要依靠财政经费补助事业单位，均不得以财政性收入、行政事业单位的国有资产，或者其他任何直接和间接形式为融资平台为公司融资行为提供担保。银监会《关于制止地方政府违法违规融资行为的通知》再次重申了坚决制止地方政府违规担保承诺行为。地方政府及所属机关事业单位、社会团体不得出具担保函、承诺函、安慰函等直接或变相担保协议，不得以机关事业单位及社会团体的国有资产为其他单位或企业融资进行抵质押担保，不得为其他单位或企业融资承诺承担偿债责任，不得为其他单位或企业的回购协议提供担保。

2. 应收账款质押问题

JWLQ 公司将其所持有的对 W 市交通局的应收账款委托给 ZR 信托公司设立财产权信托后，应收账款所有权就从 JWLQ 公司名下转移到 ZR 信托公司名下，因此 JWLQ 公司不能也无权将应收账款质押给 ZR 信托公司（通俗地讲，就是 A 不能拿 B 的财产质押给 B)。

（三）交易对手方分析

1. JWLQ 公司——委托人/融资人

JWLQ 公司注册资本为 20000 万元，YL 集团持有其 90% 的股权；JWLQ 公司主要从事路桥建设、土地一级开发、房地产开发建设、商业物业的运营管理，拥有房地产开发一级资质、公路桥梁二级资质、市政工程建设二级资质。JWLQ 公司 2013 年年末总资产为 220 亿元，净资产为 115 亿元，资产负债率为 47%；2013 年实现营业收入 90 亿元，净利润 16 亿元，营业净利率为 18%。

2. YL 集团——担保人

YL 集团是大型民营企业集团，主要从事能源化工、煤炭产运销、医药、房地产、路桥等，拥有丰富的煤矿、芒硝、盐碱等矿产资源储备和房地产开发用地储备。YL 集团 2013 年年末资产总额 700 亿元，净资产为 260 亿元，资产负债率为 63%；2013 年实现营业收入 220 亿元，净利润为 12 亿元，营业净利率为 5.4%。YL 集团在银行间债权市场发行的债务融资工具的主体信用评级为 AA，债项信用评级均为 A-1，评级展望均为稳定。

3. 应收账款债务人——W 市交通局

W 市具有丰富的煤炭、石油、铜、石墨、石灰石、硅藻土等矿产资源；2011-2013 年可支配财政收入分别为 130 亿元、170 亿元和 205 亿元，财政收入中的一般性财政转移支付占比较大，分别为 60 亿元、90 亿元、120 亿元。

第六章　房地产开发企业主体信用风险评价相关问题研究

第一节　信用风险评价要素

一、规模和市场地位

房地产开发企业的营业收入为结转前几年预售项目收入，无法反映当年的实际销售情况，因此房地产企业的市场份额通常以销售额作为衡量指标①，以近三年平均销售增长率反映房地产开发企业成长能力及其市场地位的持续性。

根据万科2018年度报告，整个房地产行业集中度不断上升：2018年中国房地产市场TOP3开发商的市场份额为12.6%，TOP10为26.9%，TOP20为37.5%，TOP30为45.2%，TOP50为55.1%，TOP100为66.7%。

2018年全国商品房销售面积17.17亿平方米，销售金额15万亿元，下表为2016－2018年度万科、恒大、保利和碧桂园四家企业销售额、营业收入的数据，由此也可以计算出这四家企业的市场份额。

---

① 根据保利2018年年报，其房地产销售收入确认原则为：房产完工并验收合格，签订了销售合同，取得了买房付款证明并交付使用时确认销售收入的实现。买方接到书面交房通知，无正当理由拒绝接受的，于书面交房通知确定的交付使用时限结束后即确认收入的实现。

（1）营业收入（亿元）

	2018 年		2017 年		2016 年	
	营业收入	增长率	营业收入	增长率	营业收入	增长率
万科	2976	22%	2429	0.9%	2405	\
恒大	4662	50%	3110	47%	2114	\
保利	1945	33%	1463	-5%	1547	\
碧桂园	3790	67%	2269	48%	1530	\

（2）销售额（亿元）

	2018 年		2017 年		2016 年	
	销售额	增长率	销售额	增长率	销售额	增长率
万科	6069	14%	5298	45%	3647	\
恒大	5513	10%	5009	34%	3733	\
保利	4048	31%	3092	47%	2101	\
碧桂园	5018	-9%	5508	78%	3088	\

注：①万科营业收入包括房地产结算收入、物业服务收入和其他业务收入，以 2018 年度为例，营业收入中房地产结算收入占比为 95.6%。②恒大营业收入包括销售物业收入、租金收入、物业管理服务及其他业务收入，以 2018 年度为例，营业收入中销售物业收入占比为 97.1%。③保利营业收入包括房地产销售收入和其他收入（包括劳务收入、物业出租收入和物业管理收入），以 2018 年度为例，营业收入中房地产销售收入占比为 99.5%。④碧桂园营业收入包括出售物业收入、提供建筑服务收入、租金收入、提供物业管理服务收入、提供酒店服务及其他收入，以 2018 年度为例，其营业收入中出售物业收入占比为 97.4%。

二、库存压力及项目运营能力

加快项目周转可以使房地产开发企业较快增加利润规模并控制在售项目累计风险，可以存货/预收账款指标反映房地产开发企业的库存压力及项目运营能力。存货/预收账款指标主要衡量以本期的预售款规模计算剩余货值的出清周期，该指标越小，说明存货的去化压力越小。

如下表，万科、保利和碧桂园的存货/预收账款指标均在2倍以下，其中碧桂园近三年的指标值在1.3倍以下；恒大的该项指标超过3倍，其中2018年度高达近6倍，因此可知恒大的存货去化压力相较于其他三家企业要大许多。房地产开发企业的存货主要包括已完工开发产品、在建开发产品、拟开发产品，其中拟开发产品为土地使用权，恒大存货/预收账款指标较大的一个原因在于其土地储备规模较大。

关注房地产开发企业的库存压力和项目运营能力的另外一个重要指标是销售去化率，销售去化率是指已销售面积占可售面积的比例，但是这个指标在财务报告中不一定有披露，因此可以通过与房地产开发企业的高管和财务人员访谈去了解。销售去化率的高低直接影响销售回款情况，影响销售回款现金流和还款资金来源。

	2018年	2017年	2016年
万科①	1.48	1.46	1.7
恒大	5.89	3.56	3.37
保利	1.58	1.94	1.95
碧桂园	1.19	1.12	1.28

注1：①万科财务报表中的存货包括已完工开发产品、在建开发产品、拟开发产品和其他。②恒大和碧桂园存货包括开发中物业和持作出售竣工物业。③保利财务报表中存货包括开发成本、开发产品、原材料、库存。

三、项目分布情况

通常而言，房地产开发企业的开发项目区域分布情况是其集中度风险的重要体现，主要可以通过项目分布数量和一二线城市项目待售面积占比两个指标进行衡量；房地产开发企业开发项目分布的城市越多，则越能有效分散风险。区域景气度较好的城市存在实际需求支撑且库存压力相对可控，开发

① a. 预收账款主要包括未结算预收房款和其他预收款项，以2018年为例，预收账款中未结算预收房款（合同负债）占比为99.94%。根据新会计收入准则，自2018年1月1日起，未结算预收房款计入合同负债科目。b. 万科借款利息费用资本化率：2018年为5.30%、2017年为5.04%、2016年为4.91%、2015年为5.79%。

项目在不同类型城市的分布反映了房地产开发企业未来销售回款的风险情况，因此需要关注房地产开发企业一二线城市项目待售面积占比情况。

恒大和碧桂园作为两家民营房地产龙头企业，过去一直不被看好的主要理由之一即在于其是以三四线城市为主的房地产开发企业；三四线城市由于产业进驻及人口净流入相较一二线城市存在较大劣势，所以其房地产市场存在更大的开发风险。恒大和碧桂园近年来加速向一二线城市布局，以实现开发区域布局的快速优化。

	2018 年合约销售地区分布
万科	南方区域：深圳、广州、清远、东莞、惠州、佛山、珠海、中山、厦门、福州、漳州、泉州、三亚、南宁、长沙。上海区域：上海、杭州、嘉兴、苏州、昆山、常熟、无锡、南京、南昌、宁波、合肥、扬州、温州、芜湖、徐州、宿迁、南通、镇江、常州、海宁、盐城、绍兴。北方区域：北京、秦皇岛、天津、沈阳、抚顺、大连、长春、哈尔滨、吉林、青岛、济南、烟台、太原、晋中、唐山、鞍山、石家庄、淄博、威海。中西部区域：成都、南充、武汉、宜昌、西安、郑州、重庆、昆明、玉溪、贵阳、乌鲁木齐、兰州、银川、鄂州。其他：中国香港地区、纽约、旧金山、伦敦。
恒大	广东 9.66%、江苏 6.92. 四川 6.74%、河南 5.94%、山东 5.80%、重庆 5.72%、湖南 4.61%、浙江 4.60%、安徽 4.51%、贵州 4.37%、湖北 4.25%、江西 4.24%、广西 3.42%、辽宁 3.29%、山西 3.02%、河北 2.97%、黑龙江 2.68%、内蒙古 2.65%、海南 2.37%、陕西 2.08%、福建 2.03%、云南 1.66%、上海 1.53%、吉林 1.41%、甘肃 1.24%、北京 0.75%、天津 0.66%、新疆 0.64%、宁夏 0.20%、青海 0.04%。
保利	华南片区 35.89%、华东片区 27.55%、西部片区 12.39%、华北片区 12.11%、中部片区 8.45%、东北片区 2.61%、海外片区 1.00%（广州、上海、张家港、常熟、苏州、南通、北京、张家口、太原、晋中、佛山、阳江、河源、东莞、中山、珠海、南昆山、汕尾、深圳、汕头、梅州、揭阳、惠州、茂名、江门、清远、韶关、湛江、肇庆、福州、厦门、莆田、泉州、漳州、杭州、宁波、湖州、绍兴、台州、温州、金华、南京、无锡、晋江、连云港、常州、盐城、昆山、句容、镇江、徐州、合肥、芜湖、天津、秦皇岛、包头、石家庄、沧州、衡水、邢台、邯郸、青岛、临沂、潍坊、济南、烟台、沈阳、丹东、营口、大连、长春、武汉、宜昌、荆州、襄阳、孝感、长沙、岳阳、常德、益阳、南昌、赣州、九江、郑州、洛阳、开封、许昌、重庆、成都、德阳、遂宁、眉山、西藏、西安、三亚、海口、兰州、天水、乌鲁木齐、昆明、贵阳、墨尔本、悉尼、伦敦、洛杉矶）。

续表

	2018 年合约销售地区分布
碧桂园	广东 24%、江苏 12%、浙江 9%、安徽 7%、湖南 5%、广西 4%、山东 4%、贵州 4%、河南 4%、湖北 4%、其他 23%（江西、海南、陕西、四川、河北、辽宁、甘肃、重庆、云南、上海、马来西亚、山西、天津、青海、宁夏、新疆、内蒙古、北京、澳洲、吉林、泰国、印度尼西亚、西藏、黑龙江、中国香港地区）（全国 31 个省、269 个地级市、1156 个区/镇）。

四、土地储备情况

一线城市及核心热点城市由于经济增长较快、库存压力较小、人口净流入等因素，土地价格高且竞拍压力较大，因此分布于一二线城市的土地储备可为未来提供较好的支撑。

充足的土地储备可为企业未来发展提供充足的可供开发面积，从而维持公司后续持续发展的动力，具体可以土地储备规划建筑面积/当年签约销售面积指标综合评价房地产开发企业的土地储备情况。

（1）土地储备分布区域：规划建筑面积（万平方米）

	2018 年	2017 年	2016 年
万科	南方区域：1068 上海区域：994 北方区域：1830 中西部区域：2042	南方区域：1502 上海区域：1294 北方区域：1695 中西部区域：1829	广深区域：1426 上海区域：954 北京区域：1587 中西部区域：1328
恒大	一二线城市土地储备原值 3285 亿元，占比 66%，平均楼面地价 2040 元/平方米，三线城市土地储备原值 1677 亿元，占比 34%，平均楼面地价 1178 元/平方米。	一二线城市土地储备原值 3675 亿元，占比 69%，平均楼面地价 2210 元/平方米，三线城市土地储备原值 1661 亿元，占比 31%，平均楼面地价 1141 元/平方米。	本年度项目总数量 582 个，一二线城市项目数量占比 56.7%；土地储备平均成本 1570 元/平方米。 本年度新购项目：一线城市 11 个、二线城市 116 个，一二线城市新增项目数量占比 59.6%。

续表

	2018 年	2017 年	2016 年
保利	公司形成了以珠三角、长三角、京津冀、中部、成渝、中部、海西等城市群为重点的布局体系。在待开发面积 9154 万平方米中，一二线城市占比 60%，城市群周边的核心三四线城市占比 30%，其中在珠三角拥有待开发面积 3447 万平方米。	公司形成了以珠三角、长三角、京津冀城市群为核心，以中部、成渝、海峡西岸等区域多点开花的城市布局，在全国 92 个城市待开发土地储备面积 9090 万平方米，其中，一二线城市土地储备面积占比约 63%，三四线城市占比约 37%。	报告期末，公司已覆盖全国 68 个城市，形成以北京、上海为核心，以周边城市协同发展的城市格局，待开发面积 6344 万平方米中，一二线城市开发面积占比为 68%。
碧桂园	广东 24%、江苏 10%、湖南 7%、安徽 6%、河南 6%、山东 5%、广西 5%、湖北 5%、浙江 4%、贵州 4%、其他 24%。	广东 28%、江苏 13%、安徽 8%、湖南、6%、湖北 5%、河南 5%、浙江 4%、广西 4%、贵州 4%、山东 3%、其他 20%。	广东 37%、江苏 12%、安徽 6%、湖北 5%、湖南 5%、河南 4%、广西 3%、福建 3%、贵州 3%、辽宁 3%，其他 19%。

（2）土地储备充足性：土地储备规划建筑面积/当年签约销售面积（万平方米）

	2018 年	2017 年	2016 年
万科	5936/4037	6320/3595	5295/2765
恒大①	30300/5243	31200/5029	22900/4469
保利	9154/2766	9089/2242	6344/1598
碧桂园	10700/5416	15760/6066	10000/3747

五、毛利率

毛利率水平受房地产企业销售策略、投资开发进度等因素影响较大，低廉的土地成本和轻资产扩张模式以及融资成本都可以影响毛利率。

① 恒大 2018 年度尚有未纳入土地储备的旧改等项目，总规划建筑面积为 7777 万平方米，其中，深圳的 45 个项目，规划建筑面积 2903 万平方米。

利息费用的资本化进入存货成本，预售收入结转为营业收入时存货成本结转为营业成本（销售成本）时，利息费用资本化率的高低直接影响毛利率水平。不同房地产开发企业之间的利息费用资本化率存在较大差异，因此分析房地产开发企业的毛利率时应当考虑利息费用资本化率的影响。

	2018 年	2017 年	2016 年
万科	37%	34%	29%
恒大	36%	36%	28%
保利	32%	31%	29%
碧桂园	27%	26%	21%

六、财务杠杆情况

分析房地产开发企业的财务杠杆情况，我们选用经调整后的资产负债率和净负债率。房地产开发企业因预售房屋而产生的预售款是对未来收入的提前锁定，在房屋正常完工结算的前提下，该部分负债并无偿还需求，因此应当以扣除预收账款经调整后的资产负债率来反映企业的财务杠杆水平，经调整后的资产负债率为负债总额 - 预收账款 ÷ 资产总额。

净负债率是房地产开发企业中一个特有的财务杠杆指标，反映的是经债务和权益资本的相对关系，即所有者权益的净债务负担，净债务率指标为有息负债 - 货币资金 ÷ 净资产。

从下表数据可知，恒大的资产负债率和净负债率均明显高于其他三家企业。万科、保利、碧桂园经调整后的资产负债率均处在 40% - 50%，而恒大的该项指标超过 70%。恒大的净负债率均超过 100%，2017 - 2018 年的净负债率明显上升的一个原因在于其 2017 年度偿还了超过 1000 亿元的永续债；万科的净负债率相对较低，2017 年度净负债率指标仅为 8.8%，由此可见万科企业经营的稳健性。

（4）资产负债率（调整后）：负债总额－预收账款÷资产总额

	2018 年	2017 年	2016 年
万科	51.5%	48.9%	47.4%
恒大	73.7%	71%	71.3%
保利	42.5%	44.9%	41.5%
碧桂园	54.8%	55.8%	53.6%

（2）净负债率：有息负债－货币资金÷净资产

	2018 年	2017 年	2016 年
万科	30.9%	8.8%	25.9%
恒大	152%	183%	119%
保利	80.55%	86.45%	55%
碧桂园	49%	56.9%	48.7%

七、偿债能力

1. 短期偿债能力：经营活动现金流入÷流动负债－预收账款

保持较高的资产流动性和对负债的及时偿还是房地产开发企业到期债务偿付和持续经营的关键，可以经营活动现金流入÷（流动负债－预收账款）作为短期债务周转能力的衡量要素。

	2018 年	2017 年	2016 年
万科	0.69	0.93	1.02
恒大	/	/	/
保利	2.14	1.92	2.3
碧桂园	/	/	/

2. 长期偿债能力：（现金类资产＋存货＋投资型房地产－预收账款）÷全部债务

房地产开发企业的资产主要集中于存货，同时，货币资金和持有型物业等亦存在较好的流动性，在极端情况下该等资产可以变现进而对全部债务进行覆盖，因此可以（现金类资产+存货+投资性房地产-预收账款）÷全部债务作为长期偿债能力的衡量指标。

	2018 年	2017 年	2016 年
万科	0. 37	0. 40	0. 45
恒大	0. 77	0. 74	0. 77
保利	0. 46	0. 55	0. 58
碧桂园	0. 25	0. 21	0. 31

第二节　房地产开发企业主体信用的几个关键问题

一、借款利息资本化

借款利息有资本化和费用化两种会计处理方式：房地产开发企业借款利息的资本化是指将借款利息作为开发项目的成本计入存货，而费用化是指将借款利息作为财务费用在当期的税前利润中扣除。房地产开发企业将借款利息资本化会对当期财务报表产生如下影响：①资本化利息作为开发项目成本计入存货，会增加当期资产负债表存货资产金额，从而增加当期资产总额，降低资产负债率；②费用化利息是要作为财务费用在当期税前利润中扣除，而资本化利息则不需要在当期税前利润中扣除，由此利息资本化可以起到增加当期利润的效果。

由于房地产开发企业当期营业收入并非当期的销售收入，而是由前几年的预售收入结算而来；如果借款利息全部费用化，就存在收入和成本不匹配的问题。因此借款利息资本化为存货，待销售收入结转为营业收入时，存货成本就结转为销售成本，这样就不存在用于当年在建项目借款的利息成本作为财务费用承担以前年度开发项目的开发成本。

由上可知，利息资本化是房地产开发企业的惯例，也符合企业会计准则且具有其相应的合理性。分析问题的关键在于各家房地产开发企业利息资本化的比例，这也反映出该企业财务会计处理的激进程度。从下表可知，万科的利息资本化率在50%，在这四家企业中最谨慎保守；恒大和碧桂园的利息资本化率比较高，其中恒大的资本化率超过80%，而碧桂园的借款利息全部予以资本化。

单位：亿元

	2018年			2017年			2016年		
万科	2612	141	42%	1906	82	50%	1288	55	58%
恒大	6731	579	86%	7326	527	85%	5350	316	83%
保利	2636	139	67%	2046	138	74%	1122	67	67%
碧桂园	3284	191	100%	2147	110	100%	1432	68	98%

①上述表格数据自左向右分别为当年度有息负债总额、本年度支付利息和借款利息资本化率。

二、投资性房地产

1. 投资性房地产概述

投资性房地产是指为赚取租金或者资本增值，或者两者兼有而持有的房地产，主要包括已出租的土地使用权、持有并准备增值后转让的土地使用权、已出租的建筑物。投资性房地产有成本模式和公允价值模式两种计量模式。根据我国的会计准则，投资性房地产的初始计量应当采用成本模式，后续计量原则上应当采用公允价值模式计量；但是有确凿证据表明投资性房地产的公允价值能够持续可靠取得的，可以对投资性房地产采用公允价值模式进行计量。采用公允价值模式计量的，不对投资性房地产计提折旧或进行摊销，应当以投资性房地产的公允价值为基础调整其账面价值，公允价值与原账面价值之间的差额计入当期损益。

在对房地产开发企业的投资价值进行分析时，投资性房地产是一个值得关注的科目。如果房地产开发企业对投资性房地产的后续计量采用公允价值模式进行计量，可以达到如下两种效果：①每年对投资性房地产进行评估，通过评估增值增大投资性房地产的账面价值，以增加资产而降低资产负债率；②通过公允价值评估，公允价值与原账面价值的差额计入当期损益，这样可以产生公允价值变动收益，以此增加当期利润。如果房地产开发企业在投资性房地产的后续计量，将成本模式变更为公允价值模式计量，我们应当对此加以格外关注，极有可能是该企业通过该种方式来粉饰其经营业绩。

2. 主要企业分析

从下表分析，恒大的投资物业无论是账面价值总额，还是投资物业占总资产的比例，与其他三家开发企业相比较都非常突出；恒大每年都会产生大额投资物业公允价值变动收益，其中 2006 年更是近 600 亿元，这对当期业绩的影响十分巨大。万科的投资性房地产采用成本模式计量，2018 年更有近 10 亿元的资产减值损失；保利和碧桂园的投资性房地产的如下三个指标也相对比较谨慎。另外恒大的投资物业不仅包括其所开发的住宅配套商业裙楼、写字楼，还包括大量车库；万科、保利以及碧桂园等企业的投资性房地产仅包括商铺、写字楼等商业物业，并不包括车库。

部分房地产开发企业在楼盘开始预售但尚未交楼时，首先按照存货成本的价格将周边的商业物业及车库卖给自己（资产负债表减记存货，增计投资性房地产），然后再按照评估价值（公允价值）调整该商业物业及车库的账面价值，公允价值和成本价的差异部分确认为公允价值变动损益/投资物业公平值收益（资产负债表增加投资性房地产的账面价值，利润表确认为公允价值变动损益/投资物业公平值收益）。

恒大 2018 年投资物业收入为 11. 78 亿元，主要为投资物业的租金收入。按照恒大 2018 年年末投资物业 1623 亿元的账面价值计算，其租金回报率为 0. 7% 。恒大持有投资物业的主要目的并非收取租金，主要致力于解决如下问题：①每年通过投资物业重估获取其公平值，以此获取该等投资物业的资本增值。②对于在建并开始预售的物业，恒大按照成本价收购；该等物业在周边配套上不完善以及人气有待提升时，持有该等物业，典型如其 2018 年年末持有的 38 个车位。待开发项目周边配套程序且人气大幅上升之际，恒大按照市价出售其所持有的商业物业、车位等，以获取资产增值收益。

单位：亿元

	2018 年			2017 年			2016 年		
万科	540	-9.8	3.5%	288	-0.7	2.4%	218	-0.5	2.6%
恒大	1623	13	8.6%	1519	85	10%	1320	594	9.7%
保利	198	0	2.3%	165	0	2.3%	114	0	2.4%
碧桂园	164	17	1%	83	5	0.7%	97	7	1.6%

注：①上述表格数据自左向右分别为投资性房地产（投资物业）账面价值、投资性房地产公允价值变动收益，投资性房地产占资产总额的比例。

②万科年度报告期末会对投资性房地产计提减值准备，所以其在投资性房地产公允价值变动收益一栏的负值主要为资产减值损失。

③恒大 2018 年度投资物业包括建筑面积 905 万平方米的居住社区商业裙楼、写字楼及约 38 万个车位，租金收入 11.78 亿元。

三、永续债

1. 永续债概述

永续债是房地产开发企业发行的可以计入权益工具的债务融资工具，永续债作为权益工具通常具备如下条件：永续债合同中约定发行人拥有续期选择权，且发行人可以无条件无限次推延付息；永续债合同没有担保条款和结算条款；永续债合同仅约定发行人拥有赎回选择权，持有人没有回售权。具体永续债作为权益工具的确认条件，可以参见《永续债相关会计处理规定》（财会〔2019〕2 号）。

2. 永续债的特点

房地产开发企业发行的永续债具备如下优势/特点：

①永续债符合相应条件的，可以计入权益工具中的其他权益工具（或永久资本工具），这样可以降低房地产开发企业的资产负债率，起到明显的降杠杆效果。②虽然永续债计入权益工具，但是永续债的持有人没有投票权，仅能按照永续债合同约定获得相应的利息，没有稀释发行人公司股权。

③永续债利息是作为类股息在税后利润中支付的，即永续债利息不能作为财务费用抵扣所得税；同时，永续债利息也不能资本化计入存货成本，从而无法通过资本化增加当期利润。

③就金融市场举借永续债和股权合作两者相比较而言，永续债仅需向投资者支付固定利息，开发项目的盈亏实际上全由永续债发行人承担；开发商如果通过股权方式与基金等机构合作，虽然基金等机构与开发商共同承担开发项目风险，但是基金等机构要按股权比例分取开发项目的投资收益，实际投资回报要远高于永续债利息。

单位：亿元

	2018 年		2017 年		2016 年		2015 年	
万科	0	0	0	0	0	0	/	/
恒大	0	0	0	0	1129	106	757	50
保利	65	/	50	/	0	/	/	/
碧桂园	0	0	0	0	0	14	195	3.6

注：①上述表格数据自左向右分别为永续债金额（永久资本工具）、永续债利息（永久资本工具持有人应占全面收益总额）。

②恒大 2016 年发行 597 亿元永久资本工具，购回 257 亿元永久资本工具；2017 年购回 1136 亿元永久资本工具，至 2017 年年末永久资本工具余额为零；2018 年度未再发行永久资本工具。

四、预售款及已售未结款

房地产开发企业开始预售楼盘，收到客户交付的购房款时，记账为预收账款。[①] 房地产开发企业和购房客户签署预售合同时，购房客户会按照首付比例交付首付款，银行按揭贷款需要等待银行审批通过时由银行向房地产开发企业划付。房地产开发企业此时的预收账款为购房客户已交付的首付款，合同销售金额为包括已支付的首付款和尚未支付的银行按揭贷款在内的已售房屋的合同价格；已售未结算销售额是指合同销售金额减除已结算为营业收入后的金额。

部分房地产开发企业为了促进销售，会给予购房客户一定期限的免息首付款分期支付的优惠政策，此时该房地产开发企业的预收账款就是购房客户

① 《企业会计准则第 14 号 – 收入》（财会〔2017〕22 号）新增合同负债科目，并自 2018 年 1 月 1 日开始实行，房地产开发企业收到的预售房款应记账为合同负债。

已支付部分首付款。在房屋未交付给购房客户时，房地产开发企业的资产负债表仅体现已收客户的首付款和已支付的银行按揭贷款，而尚未支付的银行按揭贷款和首付款则为表外项目，不会在资产负债表体现；如果房屋已经交付给购房客户，则购房客户尚未支付的购房款在资产负债表中体现为应收账款或应收贸易款。

由以上分析可知，房地产开发企业合同销售金额 = 购房客户预收账款 + 尚未支付的银行按揭贷款 + 未交楼客户未缴首付款 + 应收账款或应收贸易款（已交楼客户未缴首付款） + 已结算营业收入，已售未结算销售 = 购房客户预收账款 + 尚未支付的银行按揭贷款 + 未交楼客户未缴首付款 + 应收账款或应收贸易款（已交楼客户未缴首付款）。

鉴于诸如首付分期优惠等政策，因此房地产开发企业的营业收入结算来源包括客户预收账款以及应收账款或应收贸易款；尚未支付的银行按揭贷款及未交楼客户未缴首付款作为表外项目，因此不能作为营业收入的结算来源。由此可知，预收账款、合同销售金额、已售未结算款以及营业收入之间会存在较大的差额，这种差额在不同的房地产开发企业之间也存在较大差异。

如下表所示，万科预收账款占销售金额比例最高，而恒大的该项指标最低；万科的应收购房款连续三年在 10 亿 – 20 亿元，而恒大和碧桂园则均超过百亿元，由此可见，恒大和碧桂园相较于万科，均存在较大程度的销售优惠政策。根据碧桂园年报披露，碧桂园给予购买物业客户的信用期一般为 1 – 6 个月；恒大的年报没有披露其给予客户的信用期，但其实际给予客户的信用期为 2 – 3 年。

笔者在此提出一个问题，可以供读者进一步研究：以 2018 年度为例，万科、保利和碧桂园的预收账款均大于本年度结算收入，而恒大本年度结算收入远高于本年度预收账款和应收贸易款的合计金额。

单位：亿元

	2018 年		2017 年		2016 年	
	预收款/应收购房款	预收款/销售金额%	预收款/应收购房款	预收款/销售金额%	预收款/应收购房款	预收款/销售金额%
万科	5047	83%	4077	77%	2746	75%
	15	/	14	/	21	/
恒大	1855	33%	2675	53%	1949	52%
	374	/	274	/	249	/
保利	2997	74%	2261	73%	1555	74%
	/	/	/	/	/	/
碧桂园	5628	112%	3467	63%	1924	62%
	407	/	290	/	137	/

五、融资成本

融资成本是反映房地产开发企业核心竞争力的一个非常重要的指标。房地产行业是资金密集型行业，是一个高杠杆行业，具有很强的金融属性。关于房地产开发企业的融资成本需要注意如下几个问题：①融资成本越高，房地产开发企业的财务负担越重，财务风险随之增大；以 2018 年为例，万科的利息支出为 140 亿元，而恒大的利息支出高达 580 亿元。②融资成本越高，从另一个侧面说明该企业的资金链越紧张；如果不是资金链紧张，谁都不会愿意接受高成本的资金。③像保利、万科等国有控股房地产开发企业相较于恒大和碧桂园而言，其融资成本具有明显的优势。④通常情况下，融资成本与融资期限成正比，融资期限越长，融资成本越高。

如下表所示，碧桂园和恒大该项为优先票据。碧桂园报表披露的有息负债除银行及其他借款、债券、优先票据外，还有证券化安排的收款（2018 年实际年化利率 4.8%）、可换股债券（2018 年加权平均实际利率 4.97%）。恒大报表披露的有息负债还有可换股债券（2018 年实际加权平均利率为 10.71%）；银行及其他借款包括银行借款以及信托等非银行金融机构融资，信托等非银行金融机构的融资利率比银行借款高很多。万科年报披露的其他借款是指除银行借款和债券外包括信托在内的非银行金融机构的非标融资。

根据万科2018年年报，万科2018年度的有息负债以中长期负债为主。有息负债中，短期借款和一年内到期的有息负债合计为931.8亿元，占比35.7%；一年以上有息负债1680亿元，占比64.3%。恒大一年内到期的银行借款、其他借款、优先票据和中国债券3182亿元，占比47%；超过一年期的银行借款、其他借款、优先票据和中国债券3548亿元，占比53%。恒大和碧桂园的有息负债中1年内到期的有息负债占比最大，超过一年到期的有息负债占比较小。

	2018年			2017年			2016年		
	银行及其他借款	债券	其他	银行及其他借款	债券	其他	银行及其他借款	债券	其他
恒大	7.99%	7.5%	8.99%	7.62%	7.18%	8.33%	7.74%	7.04%	9.81%
碧桂园	6.52%	5.71%	7.25%	5.67%	5.38%	7.26%	6.01%	/	/
	银行贷款	债券	其他借款	银行贷款	债券	其他借款	银行贷款	债券	其他借款
万科	Libor上浮-6.7%	2.5%-5.35%	4.28%-8.3%	Libor上浮-6.7%	2.5%-4.54%	4.75%-7.9%	/	/	/
保利	有息负债综合成本为5.03%。			公司新增有息负债综合成本仅为4.98%，存量有息负债综合成本仅为4.82%。			公司2016年新增银行贷款平均融资成本为基准利率下浮3.14%，折合成本约为4.6%。有息负债综合成本为4.69%。		

六、多元化发展

关于房地产的行业空间，万科率先喊出房地产已进入“白银时代”；随着中国城镇化的推进及将来的完成，房地产行业的天花板就会到来，因此很多房地产开发企业欲通过多元化发展来打破企业发展的天花板。

多元化的模式主要分为两种：同心多元化和混合多元化。同心多元化是指以企业目前主业为核心，通过产品及服务类型多样化、上下游产业链的延伸以及基于主业核心技术的技术外溢而进行的多元化；混合多元化是指企业横向跨越与目前主业不相关或关联度很小的行业或领域。从历史的经验来看，同心多元化由于跨度小，与主业关联度高，成功率相对较高。

如下为部分龙头房地产开发企业多元化业务的开展情况：其中万科基于“城乡建设与生活服务商”开展同心多元化的探索，基于房屋租赁以及养老、物流、教育、度假等新兴不动产及服务刚刚起步，是万科后房地产时代的多元化选择；恒大多元化的跨界幅度相对较大，农牧业等多元化探索已然失败，现在投入巨额资金进入的新能源汽车行业的多元化效果有待观察。

1. 万科

万科的业务主要包括房地产开发业务、物业服务、租赁住宅、商业开发与运营、物流仓储服务和其他业务。

①万科2018年度物业服务收入98亿元，同比增长33%；万科物业在全国83个大中城市，拥有超过2844个物业项目。

②截至2018年年末，万科长租公寓业务以青年公寓（“泊寓”）为主要产品线，覆盖35个城市，累计开业超6万间，开业6个月以上项目的平均出租率约92%。

③截至2018年年末，万科管理的商业项目共计210个，总建筑面积超过1300万平方米。万科的商业开发与运营平台印力集团，运营项目逾120个，管理面积近1000万平方米，遍布国内50多个城市。

④万科物流仓储服务主体万纬物流，已进驻42个城市，获取124个项目，可租赁业务建筑面积约971万平方米，其中已运营项目62个，稳定运营项目平均出租率96%；2018年新获取项目64个，合计可租赁物业建筑面积约494万平方米。万纬物流通过收购太古冷链物流，增强冷链物流的运营能力；万科收购全球领先的现代物流设施服务商普洛斯并成为其第一大股东。

⑤截至2018年年末，万科在超过20个城市开展标准办公与产业园的建设和运营管理业务，管理标准办公项目70余个，产业园项目30余个，管理面积约700万平方米。万科的冰雪项目包括吉林万科松花湖和北京石京龙两个滑雪项目；2018年8月，万科和合作方组成联合体成功中标北京2022年冬奥会和冬残奥会延庆赛区PPP项目，作为社会资本方参与延庆赛区的建设和赛后运营工作。

2. 恒大

恒大2018年度收入4662亿元，其中物业发展收入4527.6亿元、物业管理收入 40.67 亿元、投资物业收入 11.78 亿元。恒大的多元化产业探索道路并不平坦，曾经布局了八大产业板块：金融产业、旅游产业、农牧产业、健康产业、互联网金融、互联网社区服务、文化产业、体育产业。比如恒大布局的金融产业（保险、资管以及拟并购银行、证券等金融牌照）和互联网产业（互联网金融：恒大金服）在国家金融监管政策收紧以及互联网金融的整顿下，目前该板块业务已经被砍掉；恒大进军的矿泉水、粮油、乳业等农牧产业，也因为经营不佳而产生巨额亏损，目前该板块也已经被砍掉。恒大于 2019 年公布了其旗下四大核心产业：地产、文旅、健康、科技，分别如下：

①恒大旅游集团的拳头产品为“恒大童世界”和“恒大水世界”，同时还打造了全球最大的花型人工旅游岛——中国海南海花岛。

②恒大健康产业包括恒大养生谷和博鳌恒大国际医院。恒大养生谷主要提供全方位全龄化养老养生健康服务，目前已在全国布局 13 个；博鳌恒大国际医院是美国布莱根妇女医院唯一一家境外附属医院，已于 2018 年 2 月正式开业，提供肿瘤专科医疗服务。

③恒大进军新能源汽车产业：恒大 2018 年 11 月 6 日入股全球最大汽车销售网络的企业广汇集团，拥有全球最大汽车销售渠道；2019 年 1 月 15 日，恒大入主瑞典国家电动汽车有限公司 NEVS，以萨博“人车合一、贴地飞行”品牌基金，打造世界顶尖智能电动汽车技术；2019 年 1 月 29 日，恒大 NEVS 联手世界顶尖超级跑车公司科尼赛克，组建合资公司，研发和生产世界顶级新能源汽车；2019 年 1 月 24 日，恒大入主动力电池企业卡耐新能源，电池产量排行业前十，软包电池稳居行业前三；2019 年 3 月 15 日，恒大入主荷兰 e - Traction 公司，掌握世界先进商用车轮毂电机技术；2019 年 5 月 30 日，恒大入主英国 Protean 公司，掌握世界先进乘用车轮毂电机技术；恒大研发出智慧科技充电云平台，充分利用夜间波谷用电，提供安全节能、全智能管理、创新普惠的新能源汽车充电服务解决方案。

④其他业务包括恒大人寿保险有限公司、嘉凯城集团股份有限公司、恒腾网络集团有限公司。

3. 碧桂园

碧桂园 2018 年度的 3790 亿元收入主要来自如下五个经营分布：房地产开发、建筑、物业投资、物业管理及酒店经营，其中，房地产开发收入 3694

亿元、建筑业务收入 52.6 亿元以及包括物业投资、分拆上市前的物业管理、酒店经营及其他收入 44.1 亿元。

与恒大布局高科技产业不同，碧桂园钟情于农业领域投资。碧桂园农业的八大核心业务板块包括研发服务、智慧种业、健康粮油、精品果蔬、海洋渔业、都市农业、现代农业科技园、凤凰优选。

碧桂园物业的主体广东碧桂园物业服务股份有限公司拥有 700 个项目，合同管理面积超 2 亿平方米，服务 300 万住户。碧桂园物业已于 2018 年 6 月 19 日分拆上市。

4. 保利

保利实施的是“一主两翼”的发展战略，即以房地产开发为主体，以综合服务和房地产金融为两翼。

①综合服务方面：物业管理布局全国 131 个城市，综合实力位居国内物业管理行业前五；商业管理板块运营项目 65 个，管理面积 266 万平方米，累计外拓购物中心 10 个，酒店 4 个，以轻资产模式实现品牌及管理输出；公寓、教育及康养等板块也取得一定发展。

②不动产金融方面，公司累计基金管理规模逾 1000 亿元，累计投资项目超过 150 个，其中信保基金多次被评为中国房地产基金十强。

【知识拓展一】：

根据《永续债相关会计处理规定》（财会〔2019〕2 号），永续债发行方在确定永续债的会计分类是权益工具时，永续债合同的相关条款应当能够确定无条件避免交付现金或其他金融资产的合同义务；否则，永续债应当作为金融负债进行计量。具体而言，永续债计入权益工具，应当考虑到期日、清偿顺序、利率跳升三种因素。

作为权益工具的永续债应当符合如下条件：

一、关于到期日

1. 永续债合同明确规定无固定到期日且持有方在任何情况下均无权要求发行方赎回永续债或清算的。

2. 永续债合同未规定固定到期日且同时规定了未来赎回时间（即“初始期限”）的，该初始期限仅约定为发行方清算日。如果清算将会发生且不受发行方控制，或者清算发生与否取决于该永续债持有方的，则视为发行方仍具有交付现金或其他金融资产的合同义务。

3. 当该初始期限不是发行方清算日且发行方能自主决定是否赎回永续债时，发行方能无条件自主决定不行使赎回权。如不能，通常表明发行方有交付现金或其他金融资产的合同义务。

二、关于清偿顺序

永续债合同规定发行方清算时永续债劣后于发行方发行的普通债券和其他债务。合同规定发行方清算时永续债与发行方发行的普通债券和其他债务处于相同清偿顺序的，应当审慎考虑此清偿顺序是否会导致持有方对发行方承担交付现金或其他金融资产合同义务的预期。

三、关于利率跳升和间接义务

永续债合同规定没有固定到期日、同时规定了未来赎回时间、发行方有权自主决定未来是否赎回且如果发行方决定不赎回则永续债票息率上浮的：如果跳升次数有限、有最高票息限制且封顶利率未超过同期同行业同类型工具平均利率水平，或跳升总幅度较小且封顶利率未超过同期同行业同类型工具平均利率水平，可能不构成交付现金或其他金融资产的间接合同义务；如果永续债合同条款虽然规定了票息封顶，但该封顶票息水平超过同期同行业同类型工具平均的利率水平，通常构成间接义务。

第七章　房地产信托业务尽职调查格式与指引

第一节　交易对手尽职调查

一、概述

信托公司开展房地产信托业务时，应对交易对手资质进行尽职调查，尽职调查的内容包括但不限于：历史沿革和股权结构、企业主体资格和性质、开发资质、银行资信评级和授信额度、业内排名和开发业绩、关联企业和关联交易、对外担保和重大诉讼等。对交易对手的尽职调查不仅包括作为直接借款人的项目公司，还包括借款人的控股股东及实际控制人。大部分房地产开发企业通过项目公司进行融资，也有少数大型房地产开发企业通过集团本部进行融资，集团本部将融资款项在集团内部各项目公司进行调拨。

监管部门禁止信托公司向房地产开发企业发放流动资金贷款，信托公司向房地产开发企业发放的信托贷款均为项目开发贷款。对于流动资金贷款，信托公司的尽职调查主要侧重于交易对手的主体信用，需要综合调查分析交易对手的综合还款能力；对于项目开发贷款，信托公司首先需要调查分析的是用款项目，其次是对交易对手的综合还款能力进行调查分析。流动资金贷款和项目开发贷款尽职调查的差异包括但不限于如下方面：

（1）资金用途方面：项目开发贷款主要用于指定项目的开发建设，信托公司一般会要求对信托资金的用途进行监管，以防止借款人将信托资金挪作他用；流动资金贷款主要用于借款人日常运营的流动资金需求，流动资金贷款一般不能用于固定资产投资以及其他法律法规禁止或限制的领域。

（2）还款来源方面：项目开发贷款的主要还款来源一般为开发项目的租售收入，信托公司一般会要求对开发项目的租售收入进行监管，以确保开发项目的租售收入能够用于偿还信托贷款本息；流动资金贷款的主要还款来源可以是借款人的各种现金流。对上述项目开发贷款还款来源的分析只是基于一般的情形，而非仅限于开发项目的租售收入，借款人也可以其他现金流（包括但不限于其他营业收入、金融机构贷款、股东借款等）用于偿还项目开发贷款的本息。

（3）合规性方面：房地产开发企业进行房地产开发建设时，需要领取各种证照批文，自有资本金投入亦需符合相关规定，因此信托公司尽职调查的内容应当包括房地产开发项目的证照批文、资本金投入等情况。

二、交易对手市场调查

审核交易对手及其主要股东在行业或所在区域的地位和影响以及以往的开发经验和开发项目情况。信托公司可以根据交易对手或主要股东的资质、信誉、行业和区域地位、经营效益和开发经验等因素，对该房地产业务进行风险差别化管理。对于那些资质和信誉良好、行业和区域地位靠前、经营效益突出、开发经验丰富的企业可优先支持，否则可根据具体情况予以审慎、限制、甚至禁止与该类交易对手进行业务合作。

房地产开发企业的市场地位和行业影响力可以通过其销售面积和销售额进行比较：比如 2014 年 1－6 月销售额达到 1000 亿元的房地产开发企业有 1 家，销售额超过 500 亿元的房地产开发企业有 7 家；销售面积超过 1000 万平方米的有 1 家，销售面积超过 500 万平方米的有 5 家。按照 2014 年 1－6 月的销售额排名，房地产开发企业前 10 名分别为万科、绿地、恒大、保利、碧桂园、中国海外发展、万达、世贸、绿城、融创；按照 2014 年 1－6 月的销售面积排名，房地产开发企业前 10 名分别为恒大、碧桂园、绿地、万科、保利、万达、中国海外发展、世贸、华夏幸福、华润。2014 年 1－6 月主要房地产企业的销售情况见附录二。

三、交易对手法律与合规尽职调查

（一）交易对手的历史沿革

1. 交易对手的设立情况

在审核交易对手的历史沿革时应注意了解其设立时和现行有效的公司章程及公司章程的修正情况、设立时的发起人协议和创立大会文件、资产评估报告、验资报告和审计报告。要重点关注设立批准手续是否符合法律法规和相关政策、股东出资是否到位、股东出资资产的产权过户情况及其价值是否以市场公允价值进行评估。

2. 交易对手的股权变更情况

了解交易对手的历次股权变更和重大重组，可以通过收集其股权变更和资产重组的股东会和董事会的相关决议、股权转让手续、增资协议、资产转让协议和工商变更登记文件，尤其要注意的是，股东会和董事会在股权变更以及资产重组方面的权限从而判断股东会或董事会相关决议的效力。重点核查重大股权变更、资产重组、股本总额、股东结构和实际控制人重大变动情况，历次增资、减资、股东变动的合法性以及历史沿革等其他合规风险因素。

（二）交易对手的股权结构

1. 项目公司的股权结构

房地产开发企业通过招拍挂等方式取得项目用地后，通常情况会由项目公司对新取得的项目用地进行开发建设。项目公司存在如下几种类型的股权结构：（1）房地产开发企业集团本部或者房地产开发企业区域子公司作为单一股东出资设立项目公司；（2）房地产开发企业集团本部和其区域子公司共同出资设立项目公司，或者房地产开发企业旗下多个子公司共同出资设立项目公司；（3）取得项目用地的企业以项目用地作价出资，与具有丰富房地产开发经验的房地产开发企业共同合作设立项目公司；（4）多个自然人或/和多个企业共同出资设立项目公司。

2. 集团公司的股权结构

（1）主营业务为房地产开发的集团公司

主营业务为房地产开发的集团公司的股权结构可以从两方面进行分析：一方面是集团公司的股东结构，另一方面是集团公司旗下子公司情况，其中集团公司的股东结构的分析需要追溯到集团公司的最终实际控制人，集团公司旗下子公司的分析主要是了解集团公司在各地的土地储备及项目开发情况。

（2）主营业务包括房地产开发的综合化运营的集团

主营业务包括房地产开发的综合化运营的集团的股权结构也可以从两个方面进行分析：一方面是集团公司的股东结构，另一方面是集团公司旗下子公司情况，其中集团公司的股东结构的分析需要追溯到集团公司的最终实际控制人，集团公司旗下子公司的分析主要是了解集团公司包括房地产开发在内的各产业板块的经营情况。

（三）交易对手相关资格

1. 基本主体资格文件

交易对手的基本主体资格包括营业执照、组织机构代码证、税务登记证、公司章程、验资报告等，主体资格文件需要核查如下要点：

（1）要核实交易对手的经营范围是否包含房地产开发、房地产销售、房地产物业出租等项目以及营业执照的年检情况。

（2）要核实相关证照批文是否已过有效期。如果相关证照批文已过有效期，则信托公司应当要求交易对手办理有效期延期手续，切实防范因为相关证照批文已过有效期而产生的主体不适格风险。

（3）公司章程应当包括历次章程修正案以及最新的公司章程，公司章程可以结合工商登记查询记录进行验证；验资报告应当为最新的验资报告，验资报告可以结合财务报表中的实收资本科目进行验证。

2. 房地产开发资质

要核查交易对手是否按照《房地产开发企业资质管理规定》取得相应的房地产开发资质等级证书，如果交易对手未取得房地产开发资质等级证书，不得从事房地产开发经营业务。

房地产开发企业的开发资质分为四个等级，其中一级资质的房地产开发企业的房地产开发项目建设规模不受限制，可以开发全国各地的房地产项目，其资质由省级建设部门初审后报国务院住房与城乡建设部审批。二级及二级以下的开发企业的业务范围由省级建设部门确定，但承担开发建设项目的建筑面积不得超过 25 万平方米，其审批办法由省级建设部门制定。

另外房地产开发资质还包括暂定资质，房地产开发企业领取《暂定资质证书》的申请条件不得低于四级资质企业。暂定企业资质的有效期为 1 年，延长期限不得超过 2 年；如果 1 年内没有开发项目的，有效期不得延长。

3. 外商投资企业

交易对手如果是外商投资企业，还应审核商务主管部门颁发的《外商投资企业批准证书》。根据《外资企业法实施细则》规定，设立外资企业的申请，由国家商务部审查批准后发给批准证书；属于（1）投资总额在国务院规定的投资审批权限以内的，以及（2）不需要国家调拨原材料，不影响能源、交通运输、外贸出口配额等全国综合平衡的外资企业设立申请，由国务院授权的省、自治区、直辖市和计划单列市、经济特区人民政府审查批准后发给批准证书。

根据外商投资房地产市场的准入制度，外商投资从事房地产开发经营，应当取得土地使用权、房地产建筑物所有权或与相关方签订土地使用权或房屋产权的预约出让或购买协议，然后申请设立房地产公司（项目公司）。外商投资企业新增房地产开发经营业务或外商投资房地产企业从事新的房地产项目开发经营，应申请办理扩大经营范围和规模的手续。

外商投资房地产企业设立时，应由商务部门和工商部门颁发一年期的《外商投资企业批准证书》和《营业执照》；企业付清土地使用权出让金并办理完毕《国有土地使用权证》后，可以申请换发正式的《外商投资企业批准证书》及《营业执照》，并到税务机关办理税务登记。对于未取得《外商投资企业批准证书》和《营业执照》的境外投资者，不得在境内从事房地产开发经营。

四、交易对手财务尽职调查[①]

（一）财务报告及相关财务资料

1. 财务报告核查及总体评价

信托公司在对交易对手进行财务尽职调查时，首先需要取得近三年及最新一期的财务报告，财务报告至少应当包括资产负债表、损益表和现金流量表，其次需要对交易对手提供的财务报告及相关财务资料进行核查。从审慎性原则的角度来说，交易对手提供的财务报表应当经过信托公司指定会计师事务所的审计；信托公司应当注意审计报告中的审计意见类型：无保留意见、保留意见、否定意见、无法表示意见，信托公司还应当注意交易对手是否频繁更换会计师事务所及其频繁更换的原因。

2. 合并、参股等事项的核查

交易对手提供的财务报表应当包括合并报表和母公司报表，对纳入合并范围的重要控股子公司的财务状况和经营情况应同样进行充分审慎核查，对交易对手披露的参股子公司，应获取最近一年及最新一期的审计报告。

3. 存在重要并购事项的特殊核查

如果交易对手最近发生重大的股权或资产并购事项，信托公司应当获取交易对手收购前一年和收购后最新一期的财务资料，分析该并购事项对交易对手相关财务指标的影响程度（尤其是对其经营利润的影响）。并购事项是否“重大”一般以如下标准进行认定：被收购企业资产总额或营业收入或净利润超过收购前收购方（交易对手）相应科目的20%。

信托公司对交易对手并购事项进行核查时，应当注意该并购事项属于战略性并购，还是属于财务性并购；财务性并购是指以融资为目的的并购行为，比如信托公司通过受让项目公司股权的方式对项目公司股东进行融资。

---

① 参见德勤会计师事务所《尽职调查工作指引》，载 http：//wenku. baidu. com/view/076bde0d844769eae009edbf. html。

4. 会计政策与会计估计

通过查阅交易对手的财务资料，和交易对手财务人员进行沟通，核查交易对手的会计政策和会计估计是否符合企业会计准则的要求及是否符合稳定性要求。如果交易对手报告期内存在会计政策或会计估计变更，需要重点核查变更内容和理由，以及对公司财务与经营情况的影响。

会计政策的变更有如下两种情形：（1）按照法律、行政法规和国家统一会计制度要求进行的变更，以及（2）会计政策的变更能够提供更为可靠、更为相关的会计信息。需要注意如下两种情形不属于会计政策变更：（1）本期发生的交易或者事项与以前相比具有本质差别而采用新的会计政策，以及（2）对初次发生的或不重要的交易或者事项采用新的会计政策。

会计估计的变更有如下两种情形：（1）赖以进行估计的基础发生了变化，以及（2）取得了新信息、积累了更多的经验。需要注意会计估计变更不等于以前期间会计估计是错误的，只是由于情况发生变化，或者掌握了新的信息，积累了更多经验，使得变更会计估计能够更好地反映企业的财务状况和经营成果。如果以前期间的会计估计是错误的，则属于前期差错，按照前期差错更正的会计处理办法进行处理。

（二）财务比率分析

1. 盈利能力分析

盈利能力分析包括经营盈利能力分析、资产盈利能力分析、资本盈利能力分析，具体盈利能力指标如下：

（1）经营盈利能力指标

营业毛利率 = （营业收入 - 营业成本） ÷ 营业收入 ×100%；

营业利润率 = 营业利润 ÷ 营业收入 ×100%；

营业净利率 = 净利润 ÷ 营业收入 ×100%；

成本费用利润率 = 利润总额 ÷ 成本费用总额 ×100%，其中成本费用总额包括营业成本、营业税金及附加、销售费用、管理费用以及财务费用之和。

（2）资产盈利能力指标

总资产利润率 = 利润总额 ÷ 平均资产总额 ×100%；

总资产报酬率 = 息税前利润总额 ÷ 平均资产总额 ×100%，其中息税前利润总额等于净利润、所得税以及利息支出之和；

总资产净利率 = 净利润 ÷ 平均资产净额 ×100%。

（3）资本盈利能力指标

净资产收益率 = 净利润 ÷ 平均净资产 ×100%，其中净资产即指所有者权益；

资本收益率 = 净利润 ÷ 平均资本 ×100%，其中资本是指实收资本或股本与资本公积之和；

每股收益 = 归属于普通股股东的当期净利润 ÷ 当期发行在外普通股的加权平均数；

市盈率 = 普通股每股市价 ÷ 普通股每股收益。

在对交易对手盈利能力进行评估时，并不一定需要对上述所有指标进行分析，笔者认为可以重点关注交易对手毛利率、总资产净利率、净资产收益率、每股收益等。分析交易对手各年度盈利能力及其变动情况，分析母公司报表和合并报表的利润结构和利润来源，判断交易对手盈利能力的持续性。

2. 偿债能力分析

偿债能力分析包括短期偿债能力分析和长期偿债能力分析。具体偿债能力指标如下：

（1）短期偿债能力指标

营运资本 = 流动资产 - 流动负债；

流动比率 = 流动资产 ÷ 流动负债 ×100%；

速动比率 = 速动资产 ÷ 流动负债 ×100%，其中速动资产包括货币资金、交易性金融资产和各种应收、预付款，非速动资产包括存货、待摊费用、一年内到期的非流动资产及其他流动资产；

现金比率 =（货币资金 + 交易性金融资产）÷ 流动负债 ×100%；

现金流动负债比率 = 年经营现金净流量 ÷ 年末流动负债 ×100%；

（2）长期偿债能力指标

资产负债率 = 负债总额 ÷ 资产总额 ×100%；

产权比率 = 负债总额 ÷ 股东权益 ×100%；

权益乘数 = 资产总额 ÷ 股东权益；

长期资本负债率 = 非流动负债 ÷（非流动负债 + 股东权益）×100%；

或有负债比率 = 或有负债余额 ÷ 股东权益总额 ×100%；

带息负债比率 =（短期借款 + 一年内到期的非流动负债 + 长期借款 + 应付债券 + 应付利息）÷股东权益 ×100%；

已获利息倍数 = 息税前利润总额 ÷ 利息费用；

现金流量利息保障倍数 = 经营现金流量净额 ÷ 利息费用；

现金流量债务比 = 经营现金流量净额 ÷ 债务总额。

在对交易对手偿债能力进行评估时，并不一定需要对上述所有指标进行分析，笔者认为可以重点关注交易对手各年度资产负债率、流动比率、速动比率、利息保障倍数等，结合交易对手的现金流量状况、在银行的资信状况、可利用的融资渠道及授信额度、表内负债、表外融资及或有负债等情况。分析交易对手各年度偿债能力及变动情况，判断交易对手的偿债能力和偿债风险。

3. 营运能力分析

营运能力分析主要包括流动资产周转情况分析、非流动资产周转情况分析、总资产周转情况分析，具体营运能力指标如下：

（1）流动资产营运能力指标

应收账款周转率 = 营业收入 ÷ 平均应收账款余额；

存货周转率 = 营业成本 ÷ 平均存货余额；

流动资产周转率 = 营业收入 ÷ 平均流动资产余额；

（2）非流动资产营运能力指标

固定资产周转率 = 营业收入 ÷ 平均固定资产净额；

非流动资产周转率 = 营业收入 ÷ 平均非流动资产余额；

（3）总资产营运能力指标

总资产周转率 = 营业收入 ÷ 平均资产总额

在对交易对手营运能力进行评估时，并不一定需要对上述所有指标进行分析，笔者认为可以重点关注交易对手各年度资产周转率、存货周转率和应收账款周转率等，结合市场发展、行业竞争状况、交易对手生产模式及销售模式等情况，分析交易对手各年度营运能力及其变动情况，判断交易对手经营风险和持续经营能力。

4. 综合评价

信托公司可以对上述交易对手的财务指标与同行业可比公司，尤其是可比上市房地产公司的财务指标进行比较分析，分析交易对手的财务风险和经营风险，判断交易对手的财务状况及经营情况是否稳健。

（三）与损益有关的项目

1. 销售收入

（1）了解实际会计核算中房地产企业关于销售收入确认的一般原则以及交易对手确认销售收入的具体标准，以此判断交易对手关于销售收入确认的具体标准是否符合会计准则的规定，尤其需要关注是否存在提前或延迟确认收入或虚计收入等情况。

根据企业会计准则的要求，房地产销售收入的确认应当满足一般商品销售收入的确认条件：①企业已将商品所有权上的主要风险和报酬转移给购货方；②企业既没有保留通常与所有权相联系的继续管理权，也没有对已售出的商品实施控制；③与交易相关的经济利益能够流入企业；④相关的收入和成本能可靠地计量。房地产开发企业预售房地产所取得的预售收入不符合房地产销售收入的确认条件，只能计入预收账款科目；房地产开发项目经竣工验收并办理移交手续后，才可以将预收账款中的销售价款结转为销售收入。

（2）核查交易对手在会计期末是否存在突击确认销售的情况，期末收到销售款项是否存在期后不正常流出的情况。核查交易对手是否存在通过延迟商品房竣工决算的方式将预售款收入长期挂账预收账款而不予确认销售收入的情况，或者将合资开发、委托代建、待售商品房租赁等收入不予入账或仅作往来款核算，以使该类收入所取得的资金实现体外循环，形成账外小金库。

（3）核查交易对手将存货（房地产）用于对外投资、抵偿债务、捐赠、分配利润、职工福利和作为固定资产自用时，是否视同销售进行账务处理，并按照规定计提营业税及附加（房地产开发企业通常会按照成本价做存货减计处理，而不视同销售的账务处理）。核查交易对手在销售出租房、周转房时，是否按照规定以商品房销售进行核算（房地产开发企业通常将该类销售收入直接冲减出租房、周转房的装修改造费用支出）。

（4）分析交易对手经营现金净流量的增减变化情况是否与公司销售收入变化情况相符，关注交易产生的经济利益是否真正流入企业。根据我国会计准则的规定，企业销售收入的确认采用的是权责发生制，销售收入的确认并不意味着企业现实地收到现金（比如应收账款可以确认为销售收入，但是因为企业没有现实地收到现金，因此就不会在经营性现金流量中反映）；经营性现金流量的确认原则是收付实现制，企业根据经营性活动所现实收到或支付的现金确认经营性现金流量（比如房地产项目的预售收入不能确认为销售收入，但是因为企业现实地收到现金，因此就会在经营性现金流量中反映）。正是由于销售收入和经营性现金流量的确认原则不同，使得企业确认的销售收入所产生的经济利益并不一定能够现实地流入企业。

（5）取得交易对手主要房地产开发项目在报告期的销售价格变动相关资料，了解报告期内销售价格变动情况，分析交易对手主要房地产开发项目价格变动的基本趋势及其对交易对手收入变动的影响。

房地产开发项目销售价格的变动直接影响到销售收入的实现，销售价格变动的基本趋势可以用信托期内开发项目的销售现金流进行预测。房地产行业是国家重点调控的行业，房地产开发项目的销售价格受国家宏观调控政策的影响较大，因此房地产开发项目销售现金流的预测需要考虑国家宏观调控政策的影响。

2. 销售成本与销售毛利

（1）了解公司生产经营各环节成本核算方法和步骤，确认公司报告期成本核算的方法是否保持一致。获取报告期主要产品的成本明细表，了解产品单位成本及构成情况，报告期内主要产品单位成本大幅变动的，应进行因素分析并结合市场和同行业企业情况判断其合理性。分析期末产品余额的合理性，关注期末存货中的产品是否存在余额巨大等异常情况，判断是否存在应转未转成本的情况。

重点核查如下问题：房地产开发项目中不同类型物业的销售价格和经营成本相差很大，房地产开发企业以该房地产开发项目为对象进行成本归集，并统一按照平均成本进行结转，从而造成不同类型物业之间的单位成本相同/相近、利润率高低悬殊的现象。房地产开发企业将前期销售的物业多结转经营成本、后期销售的物业少结转经营成本，从而出现同一开发项目的同类物业单位经营成本前后不一致的现象。

（2）计算交易对手报告期的利润率指标，分析其报告期内的变化情况并判断其未来变动趋势，与同行业企业进行比较分析，判断交易对手毛利率，营业利润率等是否正常。存在重大异常的应进行多因素分析并进行重点核查。

3. 期间费用

（1）取得营业费用明细表，分析公司营业费用的完整性和合理性。对照各年营业收入的环比分析，核对与营业收入直接相关的营业费用变动趋势是否与前者一致，两者变动趋势存在重大不一致的，应进行重点核查。关注是否存在虚列人员薪酬、办公费、业务招待费、差旅费、车辆汽油费、修理费、广告宣传费等以达到增减利润目的的情况。

（2）取得财务费用明细表，交易对手存在与较大银行借款或付息债务的，应对其利息支出情况进行测算，结合对固定资产的调整，确认大额利息资本化的合理性。尤其应当注意如下问题：

房地产开发企业在确认开发项目的借款费用时，未按照借款费用准则计算分摊，而是根据利润情况和财务报表的需要，在开发成本和财务费用之间进行划分，以此调解当期利润；对于计入开发成本的借款费用，在各开发项目中的分配未经过认真计量而随意分摊，从而导致各开发项目之间负担的借款费用不合理。

（3）关注控股股东、实际控制人或关联方占用资金的相关费用情况，尤其应当注意民营企业的控股股东或实际控制人违规占用/挪用交易对手资金情况。

4. 非经常性损益项目

（1）取得经注册会计师验证的公司报告期加权平均净资产收益率和非经常性损益明细表，逐项核查是否符合相关规定，调查非经常性损益的来源、取得依据和相关凭证以及相关款项是否真实收到、会计处理是否正确，并分析其对公司财务状况和经营业绩的影响。

（2）结合业务背景和业务资料，判断重大非经营性损益项目发生的合理性和计价公允性。计算非经常性损益占当期利润的比重，分析由此产生的风险。

（四）与资产状况有关的项目

1. 货币资金

（1）通过取得交易对手银行账户资料、向银行询证等方式，核查定期存款账户、保证金账户、非银行金融机构账户等非日常结算账户形成原因及目前状况，对于在证券营业部开立的证券投资账户，还应核查公司是否及时完整地核算了证券投资及收益。

（2）抽查货币资金明细账，重点核查大额货币资金的流出和流入，分析是否存在合理的业务背景，判断其存在的风险。核查大额银行存款账户，判断其真实性。分析金额重大的未达账项形成的原因及其影响。关注报告期货币资金的期初余额、本期发生额和期末余额，了解货币资金额变动情况。

（3）重点关注交易对手货币资金占总资产的比例，如果该比例非常低，则应当关注交易对手的资金链问题。如果交易对手的资产总额有上百亿元，而其货币资金仅为几百万元，则交易对手资金链明显出现问题。如果企业的货币资金过高，则存在货币资金闲置不能给企业带来相应收益的问题；如果企业的货币资金过低，则会严重影响企业日常经营所需资金的支付。

2. 存货

（1）注意房地产开发企业存货与其他企业存货的内容差异，房地产开发企业的存货具体包括日常经营活动中持有以备出售的开发项目、处在开发建设过程中的在建工程、开发建设过程或劳务过程中好用的材料、物资、设备等。注意核实交易对手是否按照会计准则的要求，合理准确地划分存货、固定资产、投资性房地产、无形资产。

（2）取得存货明细表，核查存货余额较大、周转率较低的情况。结合开发建设情况、存货结构及其变动情况，核查存货报告期内大幅度变动的原因。

实地抽盘大额存货。确认存货计价的准确性。核查是否存在大量积压情况，分析提取存货跌价准备的计提方法是否合理，提取数额是否充分。

3. 对外投资

（1）查阅交易对手股权投资的相关资料，了解其报告期的变化情况；取得被投资公司的营业执照、报告期的财务报告、投资协议等文件。了解被投资公司经营状况。判断投资减值准备计提方法是否合理、提取数据是否充分。投资收益核算是否准确。对于依照法定要求需要进行审计的被投资公司，应该取得相应的审计报告。

（2）取得报告期交易对手购买或出售被投资公司股权时的财务报告、审计报告及评估报告，分析交易的公允性和会计处理的合理性。

（3）查阅交易对手交易性投资相关资料，了解重大交易性投资会计处理的合理性；取得重大委托理财的相关合同及公司内部的批准文件，分析该委托理财是否存在违法违规行为。

（4）取得重大项目的投资合同及公司内部的批准文件，核查其合法性、有效性，结合项目进度情况，分析其影响及会计处理合理性。

（5）了解集团内部关联企业相互投资，以及间接持股的情况。

4. 固定资产

（1）取得固定资产的折旧明细表和减值准备明细表。核查固定资产的使用状况、在建工程的施工进度，确认固定资产的使用状态是否良好。在建工程是否达到结转固定资产的条件。了解是否存在已长期停工的在建工程、长期未使用的固定资产等情况。

（2）分析固定资产折旧政策的稳健性以及在建工程和固定资产减值准备计提是否充分，根据固定资产的会计政策对报告期内固定资产折旧计提进行测算。

5. 无形资产

（1）对照无形资产的有关协议、资料，了解重要无形资产的取得方式、入账依据、初始金额、摊销年限及确定依据、摊余价值及剩余摊销年限。

（2）无形资产的原始价值是以评估价值作为入账依据的，应该重点关注评估结果及会计处理是否合理。

6. 投资性房地产

（1）核查重要投资性房地产的种类和计量模式，采用成本模式的，核查其折旧或摊销方法以及减值准备计提依据；采用公允价值模式的，核查其公允价值的确定依据和方法。

（2）了解重要投资性房地产的转换及处置的确认和计量方法。判断上述会计处理方法是否合理。分析其对交易对手经营状况的影响程度。

7. 银行借款

查阅交易对手在主要银行借款资料，了解银行借款状况。交易对手在主要借款银行的资信评级情况，是否存在逾期借款。有逾期未偿还债项的，应了解其未偿还的原因、预计还款期等。了解交易对手银行借款的借款到期日、借款担保等情况，尤其需要了解信托期限内交易对手需要偿还银行贷款的情况，以此分析交易对手在信托期限内的偿债压力情况。

调查了解房地产开发企业是否存在通过与本公司职工或者其他第三方签订虚假的销售合同，并由房地产开发企业垫付首付款的方式，套取银行按揭贷款的情况；调查了解房地产开发企业是否存在通过提供不拥有实际产权的资产作为抵押，或者提供虚假财务报表等方式，骗取银行贷款的情况。

8. 应付款项

取得应付款项明细表。了解应付票据是否真实支付、大额应付账款的账龄和逾期未付款的原因、大额其他应付款的具体内容和业务背景、大额应交税金欠缴情况等。

交易对手的银行借款会计入短期借款和长期借款科目，交易对手的债券融资会计入应付债券科目，交易对手的信托借款（信托贷款）通常也会计入短期借款和长期借款科目。交易对手通过非银行金融机构进行的融资（比如信托融资、融资租赁以及其他非银行金融机构融资），通常会计入其他应付款科目。查阅了解交易对手对金融机构真实负债情况时，应当注意综合分析交易对手的负债科目和科目明细。

9. 对外担保

（1）取得交易对手对外担保的相关资料。计算担保金额占交易对手净资产、总资产的比重，调查担保决策过程是否符合有关法律法规和公司章程的规定，分析一旦发生损失，对交易对手正常生产经营和盈利状况的影响程度，调查被担保方是否具备履行义务的能力、是否提供了必要的反担保。

重点调查了解交易对手与其所在地区的其他企业之间以及交易对手集团内部各关联企业之间是否存在互联互保的情形。如果交易对手存在互联互保情形，则应当重点关注交易对手所在地区的整体信用风险情况。

（2）调查交易对手主要资产是否存在抵押、质押等情况，分析抵押事项对交易对手正常生产经营情况的影响程度。如果交易对手的所有能够抵质押的资产已经全部抵质押，则应当注意交易对手资金链问题。

10. 诉讼及其他

调查交易对手是否存在重大仲裁、诉讼和其他重大或有事项。分析该等已决和未决诉讼、仲裁与其他重大或有事项对交易对手的重大影响。重点调查了解交易对手的被执行情况（http：//zhixing. court. gov. cn/search/），以及是否进入失信被执行人黑名单（http：//shixin. court. gov. cn/）。

（五）现金流量分析

取得交易对手最近三个会计年度现金流量表等财务资料，主要对公司经营活动、投资活动和筹资活动产生的现金流量进行全面分析。

1. 核查交易对手经营活动产生的现金流量及其变动情况，判断交易对手资产流动性、盈利能力、偿债能力及风险等。分析房地产开发企业经营活动产生的现金流量情况，应当根据集团公司和项目公司的不同特点分别分析其经营活动现金流量情况。

（1）项目公司是专门为开发某个房地产项目而成立的，在所开发的房地产项目没有预售前，项目公司经营活动产生的现金流入量很小（甚至没有现金流入），房地产开发项目开发成本的投入使得经营活动产生的现金流出量很大，从而使得经营活动产生的现金净流量为负；项目公司在所开发的房地产项目开始销售并取得大量销售款项时，其经营活动产生的现金净流量就会出现大幅度的改善。

（2）专门从事房地产开发的集团公司经营活动产生的现金流量分析，需要比较其近三年现金流入、流出以及净流量的变化情况，同时需要结合近三年集团公司已完工以及在建在售项目的销售情况进行分析。

（3）如果交易对手经营活动产生的现金流量净额持续为负或远低于同期净利润的，应进行专项核查，并判断其真实盈利能力和持续经营能力。对最近三个会计年度经营活动产生现金流量净额的编制进行必要的复核和测算。

2. 核查交易对手筹资活动产生现金流量及其变动情况，判断交易对手融资渠道是否通畅，结合交易对手长短期借款及应付款项等科目，核查资产负债表的筹融资科目与现金流量表中的筹资活动现金流入、流出是否一致，重点关注分析预测交易对手信托期限内的偿债压力。

（六）其他情况

1. 税务情况

（1）查阅交易对手报告期的纳税资料，调查交易对手及其控股子公司所执行的税种、税率、税基是否符合现行法律法规的要求及报告期是否依法纳税。

房地产开发企业涉及的主要税种为土地使用税、契税、土地增值税、营业税及附加（增值税）以及企业所得税，其中土地增值税在房地产开发企业应纳税总额中所占比重较大。信托公司在对房地产项目公司进行股权投资时，需要重点关注房地产项目公司是否依法纳税；如果房地产项目公司存在拖欠税款等行为，信托公司应当与当地税务主管部门、交易对手约定拖欠税款的义务承担归属主体。

（2）取得交易对手的税收优惠或财政补贴资料。核查交易对手享有的税收优惠或财政补贴是否符合财政管理部门和税收管理部门的有关规定。调查税收优惠或财政补贴的来源、归属、用途及会计处理等情况。关注税收优惠期或补贴期及其未来影响，分析交易对手对税收政策的依赖程度和对外来经营业绩、财务状况的影响。

（3）重点关注房地产开发企业偷漏税款及其他相关费用：调查了解房地产开发企业是否存在采用瞒报、少报等手段，偷漏营业税、个人所得税、印花税、土地增值税、企业所得税、城建税、教育费附加以及契税等。调查了解房地产开发企业是否通过各种关系，采取缓交、欠缴或违规减免等方式，漏缴公共设施配套费、水电增容费、消防配套费、人防工程配套费、消防设施监督金、绿化保证金、施工用电保证金等费用。

2. 银行资信评级和授信额度

在审核交易对手银行资信评级及其授信额度过程中，应该要求交易对手提供相关证明文件，并了解交易对手在相关银行的授信额度，核实其向相关银行申请授信额度的基础资料。信托公司在对房地产开发企业进行尽职调查时，可以参考当地银行对交易对手的资信评级情况以及交易对手所获各家银行的授信情况；如果交易对手所获各家银行的授信较为充足，则可以说明交易对手的融资渠道较为充足，对信托资金的退出也有较为安全的保障。

3. 关联关系与关联交易

要全面了解交易对手的关联关系和关联交易情况，交易对手与其关联关系人进行业务往来，应该要求其提供相关事项的正式文件。重点审核关联交易是否有违规事项，是否按照公允市场价格进行、是否履行内部控制手续。

房地产开发企业的关联交易主要通过应收账款/应付账款、其他应收款/其他应付款等科目进行，主要交易内容往往简单地记录为“往来款”。房地产开发企业关于开发项目的资本金投入，一方面通过项目公司的实收资本进行注资，另一方面通过股东借款进行注资。信托公司对股东借款的核查需要与股东财务报表中的其他应收款科目和项目公司其他应付款科目进行比照核对，同时关注该股东借款是否为有息负债以及息债利率水平是否合理。

第二节　开发项目尽职调查

一、开发项目市场调查

（一）宏观经济分析

房地产开发项目的尽职调查首先是对开发项目的市场调查，开发项目的市场调查包括项目所在城市的宏观经济分析以及房地产市场分析两个方面。项目所在城市的宏观经济分析主要是对相关宏观经济数据进行分析，宏观经济数据可以从政府相关部门以及公开信息渠道进行查询。比如项目所在城市近三年的国内生产总值及增长率情况、固定资产投资及增长率情况、城乡居民人均可支配收入及增长率情况等。

宏观经济发展对房地产的影响主要表现在两方面：一方面，如果当地的经济发展速度较快、经济发展水平较高，则其城镇化率以及城镇化发展速度相对较高。城镇化是房地产发展的基石，城镇化的发展会创造巨大的购房需求，必然会促进房地产市场的发展。另一方面，当地经济发展水平的高低直接决定了其居民收入水平的高低，只有居民收入水平大幅度提高，才能创造居民的房屋购买能力，从而促进房地产市场的发展。

（二）房地产市场分析

房地产市场分析可以分为宏观市场分析和微观市场分析：

1. 宏观市场分析

房地产宏观市场分析主要是指调查了解最近三年项目所在城市房地产开

发投资总额及增长率情况、土地出让成交情况、房地产开工、竣工情况、房地产销售情况以及房地产租售情况。如果当地城市房地产开工和竣工面积很大，而其销售面积相对较小，当地房地产开发企业的库存量必然较大。[①] 如果当地房地产租售价格过高，远超过当地城乡居民人均可支配收入，则当地城市存在较大的房地产泡沫。[②]

2. 微观市场分析

微观市场分析主要是指开发项目周边可比楼盘的开发销售情况以及项目周边的配套成熟度。可比楼盘主要可以从销售定价、开发项目定位、位置远近、开发商行业地位、周边配套等角度进行选择；比如用款项目是普通商品住房，则其和高端豪宅楼盘就没有可比性。

如果周边可比楼盘开发销售的市场反响较好，则对用款项目的开发前景较为看好。通过可比楼盘进行比较分析，还应当注意房地产的市场风险，即使比较基准日可比楼盘开发销售情况较好，房地产市场的不确定性使得用款项目未来市场同样存在很大的不确定性风险。

房地产开发项目的周边配套情况也是影响房地产开发销售的重要影响因素。如果开发项目位置较好，周边配套较为成熟，交通和生活较为便利，则用款项目的市场前景较好；反之，如果开发项目位置较偏，几乎没有配套生活设施，交通生活较为不便利，则用款项目的市场前景不被看好。

微观市场分析还需要注意当地城市房地产政策以及城市规划的最新变化情况。比如当地城市在用款项目所在区域有地铁等重大城市交通设施建设，或者有重点学校等优质教育资源的配套建设规划，都是用款项目的重大利好。

---

① 比如A城市最近三年的房地产竣工建筑面积分别为800万平方米、900万平方米和1000万平方米，其销售面积分别为400万平方米、500万平方米和450万平方米，则该城市三年合计竣工面积为2700万平方米，销售面积合计为1350万平方米，库存为1350万平方米；按照最近一年的去化速度，该城市仅消化库存就需要3年，很明显该城市的房地产市场风险较大。

② 衡量当地城市房地产泡沫的一个重要指标就是房价收入比，即住房价格与城市居民家庭年收入之比。按照目前通行的说法，房价收入比在3－6倍为较为合理的区间；如果房价收入比超过6倍的，则当地房地产市场可能存在泡沫。房价收入比的具体公式可参考如下：

房价收入比＝每户住房总价÷每户家庭年总收入，其中，每户住房总价和每户家庭年总收入的计算公式分别如下：

每户住房总价＝人均住房面积×每户家庭平均人口数×单位面积住宅平均销售价格

每户家庭年总收入＝每户家庭平均人口数×家庭人均全部年收入

二、开发项目法律与合规调查

（一）证照批文

审核开发项目国有土地使用权证、建设用地规划许可证、建设工程规划许可证、建筑工程施工许可证、预售许可证、环境影响评价、发改委关于立项、项目建议书或可行性研究报告的批复情况、涉及土地征用、城市建筑、电信运营、供水供电供气、高速公路经营及城市设施特许经营等有权机关的批文等证照的取得情况。

要审核开发项目的国有土地使用权取得情况，如果是通过招拍挂等出让方式取得的，要关注取得程序的合法性，防范地方政府违规批地所产生的风险；要审核《国有土地使用权出让合同》关注土地出让金的缴纳情况、土地规划情况及其他特别约定事项；如果土地是以划拨方式取得从事经营性用地建设或转让用于经营性用地建设的，应当报请政府主管部门办理土地用途变更、土地使用权出让手续、并依照国家规定缴纳土地出让金。

（二）项目资本金

审核项目总投资预算、自有资金投入和项目资本金情况。应重点关注项目资本金比例和使用情况：项目资本金是否是用债权性方式取得、是否存在滚动投入情况。对于分期开发的项目，如果是对某一期进行融资的，应按当期开发项目对其资本金投入作出要求，如果是对整个项目进行融资的，应按整个项目的资本金比例进行要求。资本金的具体计算方法详见本书第二章《融资型房地产信托业务》。

根据《国务院关于调整固定资产投资项目资本金比例的通知》（国发〔2009〕27 号）规定，保障性住房和普通商品住房项目的最低资本金比例为20%，其他房地产开发项目的最低资本金比例为 30%。项目资本金投入分析可以通过如下几种途径进行相互印证：（1）项目公司财务报表中的实收资本及所有者权益；（2）项目公司的验资报告；（3）银行的划款凭证；（4）资本金投入的发票凭证。

（三）资金用途情况

审核融资款项用途的合法性，要重点关注信托资金是否真正用于项目建设；项目开发是否符合国家和当地政府的法律法规和相关政策；对涉及农用地转为建设用地的，是否办理了农用地专用审批手续，是否属于改变农业用地用途进行房地产开发或利用建设项目、规划许可和红线图转让等形式变相“炒卖”土地等违法行为；对利用城市规划区内集体所有的土地进行房地产开发的，应核实其是否依法征用转为国有土地后进行有偿出让。

为了响应国家宏观经济政策，应重点支持经济适用房和廉租房等开发项目，要核实该项目是否列入国家年度经济适用房和廉租房建设投资计划和信贷计划，减免税费的证明文件是否真实有效，划拨土地是否合法。

（四）建筑施工与监理

调查建筑施工单位是否具有与该工程要求对应的资质等级，在其资质等级许可的施工范围内承担工程施工业务，施工单位的业绩和信誉。

《建筑法》规定国家推行建筑工程监理制度，实行监理的建筑工程由建设单位委托具有相应资格条件的工程监理单位监理、查阅建设单位与工程监理单位的委托监理合同，为确保信托资金的安全，应将建设资金纳入监理的范围。

（五）拆迁补偿

关注开发项目是否存在拆迁纠纷等事项。金融机构开展房地产开发贷款等房地产融资业务时，应当关注开发项目是否已完成拆迁工作；如尚未完成拆迁工作，则应当了解是否存在尚未解决的拆迁纠纷问题。

根据《国有土地上房屋征收与补偿条例》规定，国有土地上房屋的征收必须是为了保障国家安全、促进国民经济和社会发展等公共利益的需要，具体情形包括：（1）国防和外交的需要；（2）由政府组织实施的能源、交通、水利等基础设施建设的需要；（3）由政府组织实施的科技、教育、文化、卫生、体育、环境和资源保护、减灾防灾、文物保护、社会福利、市政公用等公共事业的需要；（4）由政府组织实施的保障性安居工程建设需要；（5）由政府依照城乡规划法有关规定组织实施的对危房集中、基础设施落后等地段进行旧城区改建的需要；（6）法律、行政法规规定的其他公共利益的需要。

（六）土地闲置

关注是否存在土地闲置的问题。根据《闲置土地处置办法》规定，闲置土地是指国有建设用地使用权人超过国有建设用地使用权有偿使用合同或者划拨决定书约定或规定的动工开发日期满一年未动工开发的国有建设用地，或者已动工开发但开发建设用地面积占应动工开发建设用地面积不足三分之一或者已投资额占总投资额不足25%，且终止开发建设满一年的国有建设用地。信托公司在对房地产开发项目进行尽职调查时，应当注意项目用地是否存在土地闲置现象；如果项目用地存在土地闲置现象，应当注意了解土地闲置的原因；如果土地闲置是由于开发商恶意囤地、炒地所造成的，则该项目用地存在被当地国土资源主管部门收回的风险，从而对信托公司造成损失。

县市国土资源主管部门应当按照如下土地闲置的不同原因，对闲置土地采取不同的处置措施。

1. 政府及政府相关部门原因：（1）因未按照国有建设用地使用权有偿使用合同或者划拨决定书约定或规定的期限和条件将土地交付给国有建设用地使用权人，致使项目不具备动工开发条件的；（2）因土地利用总体规划、城乡规划依法修改，造成国有建设用地使用权人不能按照国有建设用地使用权有偿使用合同或者划拨决定约定或规定的用途、规划和建设条件开发的；（3）因国家出台相关政策，需要对约定或规定的规划和建设条件进行修改的；（4）因处置土地上相关群众信访事项等无法动工开发的；（5）因军事管制、文物保护等无法动工开发的；（6）自然灾害等不可抗力以及政府及政府相关部门的其他行为。

对于上述原因闲置的土地，县市国土资源主管部门应当与国有建设用地使用权人协商，选择按照如下方式处置：（1）延长动工开发期限。签订补充协议，重新约定动工开发、竣工期限和违约责任。从补充协议约定的动工开发日期起，延长动工开发期限最长不得超过1年。（2）调整土地用途、规划条件：按照新用途或者新规划条件重新办理相关用地手续，并按照新用途或者新规划条件核算收缴或者退还土地价款。改变用途后的土地利用必须符合土地利用总体规划和城乡规划。（3）由政府安排临时使用。待原项目具备开发建设条件，国有建设用地使用权人重新开发建设。从临时使用之日起，临时使用期限最长不得超过2年。（4）协议有偿收回国有建设用地使用权。（5）置换土地。对已缴清土地价款、落实项目资金，且因规划依法修改造成闲置的，可以为国有建设用地使用权人置换其他价值相当、用途相同的国有建设用地进行开发建设。涉及出让土地的，应当重新签订土地出让合同，并在合同中注明为置换土地。（6）县市国土资源主管部门还可以根据实际情况规定其他处置方式。

2. 非政府及政府相关部门原因

对于非政府及政府相关部门原因的闲置土地，应当按照如下方式进行处置：

（1）未动工开发满1年的，由县市国土资源主管部门报经本级人民政府批准后，向国有建设用地使用权人收取土地闲置费。土地闲置费按照土地出让或者划拨价款的20%征缴，且不纳入生产成本。

（2）未动工开发满2年的，由县市国土资源主管部门按照《土地管理法》第三十七条和《城市房地产管理法》第二十六条的规定，报经有批准权的人民政府批准后，向国有建设用地使用权人下达《收回国有建设用地使用权决定书》，无偿收回国有建设用地使用权。闲置土地设有抵押权的，同时抄送相关土地抵押权人。

三、开发项目财务尽职调查

（一）项目资金筹措

房地产开发项目的尽职调查应当对开发项目的总投资概算进行分析，并了解房地产开发企业对开发项目的资金筹措计划，尤其需要重点了解开发项目的资金缺口情况。

首先，需要明确了解房地产开发企业对开发项目的自有资本金已投入及预计追加投入的情况。房地产开发企业预计投入资本金的，信托公司应当要求房地产开发企业出具书面承诺，明确承诺预计再投入项目资本金的金额、方式和时间，并明确约定违约时的处罚措施。通过股东借款的方式追加项目资本金的，该股东借款需要在信托资金完全退出后方可予以受偿[①]；通过给项目公司增资的方式追加项目资本金的，应当注意通过验资报告等方式核实资本金的到位情况。

其次，需要明确了解房地产开发企业开发项目已融资以及预计融资情况。房地产开发企业已就开发项目对外进行的融资，需要了解向开发项目提供融资的金融机构类型、金额、总体利率水平、担保情况、债务到期期限等。房地产开发企业预计对外融资的，建议要求其提供对外融资计划、银行授信情况等，尤其需要了解其外部融资计划的确定性程度（比如银行依据开发项目给予相应的授信额度，则该笔融资的确定性程度较高；如果房地产开发企业仅和银行达成口头融资意向，则该笔融资的确定性程度相对较低）。

最后，需要明确了解房地产开发企业本次融资已投入资本金、已取得的外部融资资金以及本次信托融资资金后，是否还存在资金缺口。如果还存在较大资金缺口，需要了解房地产开发企业的再融资计划以及通过未来销售收入再投入情况。

（二）项目经济效益

1. 经济效益测算

房地产开发企业自对开发项目进行可行性研究时，就对开发项目的经济效益进行测算。经济效益测算包括两个方面：项目投资总成本和项目租售收入。

（1）项目投资总成本包括开发直接成本和开发间接成本。开发直接成本包括土地成本、前期工程费用、基础设施建设费、建筑安装工程费、公共配套设施建设费；开发间接成本包括管理费用、财务费用、销售费用、开发期税费、其他费用以及不可预见费用。

项目投资总成本的核算可以通过取得土地出让合同及土地出让金缴纳凭证、拆迁补偿合同及支付凭证等凭证以确认土地取得的总成本，通过取得建

---

① 参见《中国银监会关于信托公司开展项目融资业务涉及项目资本金有关问题的通知》（银监发〔2009〕84 号）

筑施工合同、装修装饰合同等以及相应的支付凭证以确认建筑安装总成本。部分交易对手通过虚假的建筑施工合同、装修装饰合同虚抬建筑工程成本，因此审查建筑施工合同、装修装饰等合同时，应当注意该类合同的真实性。

（2）项目租售收入预测可以从以下几个要素进行分析：可售住宅建筑面积及价格、可售商业建筑面积及价格、可供出租的物业面积及价格、可售/租的车库数（或面积）及价格，通过可供租售物业的建筑面积与可供租售物业价格的乘积计算出项目的租售收入。预测可供租售物业的租售收入还需要考虑如下两个因素：一是可供出售物业的销售去化率，二是可供出租物业的空置率/出租率。

项目销售价格可以通过如下方式进行确认：①参考周边类似楼盘的销售价格，以及②该项目已销售部分的销售合同、销售发票中的销售价格。

2. 现金流量平衡表

信托公司需要对开发项目在信托期限内的现金流入和流出是否平衡进行测算，其中现金流入主要包括销售收入、自筹资金和对外融资，现金流出主要包括房地产开发成本投入（土地成本、前期工程费用、基础设施建设费、建筑安装工程费、公共配套设施建设费、管理费用、财务费用、销售费用、开发期税费、其他费用以及不可预见费用）以及归还外部融资。具体现金流量平衡表可参见第一章。

通过现金流量平衡表对信托期限内房地产开发项目的现金流入与流出情况进行预测分析，一方面可以了解房地产开发项目是否存在资金缺口从而产生项目完工风险，另一方面可以以此预测开发项目的现金流能否覆盖信托资金本金及投资收益。如果信托期限内累计现金流量净额为负值，则会对信托资金的退出产生较大的压力。

3. 压力测试

房地产开发项目的压力测试可以分别按照一定的比例下调销售价格或销售量，从而测算开发项目现金流量是否可以达到盈亏平衡，具体压力测试可参见第一章。

（三）开发成本核算

在对开发项目的开发成本和费用进行核算时，信托公司应当注意房地产开发企业常用的如下虚增开发成本和费用的方法：

1. 土地成本

一些房地产开发企业以较低的价格取得国有土地使用权，并以实际支付的价款将国有土地使用权计入“无形资产－土地使用权”科目。房地产开发企业再通过评估机构对该国有土地使用权进行评估或者虚估，并以评估价值进行后续计量，以此虚增无形资产价值。房地产开发企业对该国有土地进行二级开发时，即按照土地使用权的账面价值（评估价值）转入开发成本，以此虚增房地产开发成本中的土地成本。

除土地出让金外，土地出让成本还包括土地征用及拆迁安置补偿费。由于土地征用及拆迁安置补偿费用主要支付给个人，无法取得统一发票，实际业务中是以收据（收条）等形式入账，因此房地产开发企业很容易虚增土地征用及拆迁安置补偿费用。

2. 其他开发成本和费用

（1）前期工程费：前期工程费主要包括开发项目的前期规划设计、勘探、可行性研究以及“三通一平”土地整理等成本。房地产开发企业通过虚增开发项目规划、设计、可行性研究费用，“三通一平”等土地开发费用，或者通过虚假发票冲抵等方式虚增前期工程费用。

（2）建安成本：建筑安装工程成本主要包括主体结构建筑及特殊装修工程等建筑工程费、设备及安装工程费、室内装修工程费，其中设备及安装费用包括给排水、电气照明、电梯、煤气管道、消防防雷、弱电等费用。房地产开发企业通过与建筑施工企业、设备安装及装修企业签订虚假合同，虚增建安总成本，或者通过调节工作量和工作进度进行人为调节成本的确认。

（3）公共配套设施费：公共配套设施费包括居委会、派出所、托儿所和幼儿园、公共厕所、停车场等，主要是为小区居民提供配套服务的各种非营利性公共配套设施的建设费用。房地产开发企业在办理商品房竣工决算时，对于尚未完工、不能有偿转让的公共配套设施，通常采用预提法将所需配套设施费预估计入房地产开发成本中，具体预提标准由企业根据建筑面积/投资比例自行确定。房地产开发企业为了调节利润，随意确定公共配套设施费的预提标准，以此多计/少计房地产开发成本。

（4）基础设施费：基础设施建设费用主要包括供水电气、道路及绿化、排污、排洪、电信、环卫等各项目设施建设费用以及与市政设施干线管道的接口费。房地产开发企业将自行开发办公用房、职工宿舍以及代建工程的基础设施费计入商品房开发成本，以此增加商品房开发成本。

第三节　尽职调查报告格式与指引

一、项目基本情况

（一）基本交易要素

<table>
<tr><td colspan="2">信托计划名称</td><td>×××信托·××××项目信托贷款集合资金信托计划</td></tr>
<tr><td colspan="2">信托类型</td><td>房地产开发贷款</td></tr>
<tr><td colspan="2">委托人</td><td>合格投资者</td></tr>
<tr><td colspan="2">受托人</td><td>×××国际信托有限公司</td></tr>
<tr><td colspan="2">交易对手（融资主体）</td><td>×××房地产开发有限公司</td></tr>
<tr><td colspan="2">信托期限</td><td>【】个月</td></tr>
<tr><td colspan="2">信托规模</td><td>【】万元</td></tr>
<tr><td rowspan="3">相关费用</td><td>1. 融资成本</td><td>【】%/年</td></tr>
<tr><td>2. 预期信托收益率</td><td>【】%/年</td></tr>
<tr><td>3. 信托费用</td><td>信托报酬为【】%/年，其他费用为【】%（包括销售费、保管费、律师费等）</td></tr>
<tr><td rowspan="2">本息支付与收益分配</td><td>1. 贷款本息支付</td><td>借款人自信托贷款发放之日每满【】个月支付一次利息，信托贷款期满时归还信托贷款本金及剩余利息。</td></tr>
<tr><td>2. 信托收益分配</td><td>受托人自收到借款人支付的利息之日起【】个工作内向受益权人支付收益，并于借款人归还信托贷款本金及剩余利息之日起【】个工作日内进行清算，并向受益权人分配信托利益。</td></tr>
</table>

续表

资金用途	用于××××项目的开发建设
还款来源	注明具体还款来源，是否纳入监管。
担保措施	土地使用权、在建工程抵押担保； 项目公司股权质押担保； 项目公司实际控制人提供保证担保。
其他风险控制措施	信托资金用途监管、预售资金监管、解押保证金或还款保证金、施工情况及销售情况监管。

（二）项目合规性

房地产开发资质	融资人及其控股股东的房地产开发资质，开发资质证书是否在有效期内。
资本金到位比例	（自有资金+劣后于信托资金的股东借款）÷项目总投资。
四证齐全	国有土地使用证。 建设用地规划许可证。 建设工程规划许可证。 建筑工程施工许可证。
批文证照	发改委立项备案批复、可行性研究报告及批复、环评报告及批复以及其他证照批复。

二、融资人分析

（一）融资人基本情况

1. 基本信息

融资人基本信息包括：融资人全称、融资人详细地址、贷款卡号码[①]、营业执照编码、法定代表人、组织机构代码证号、税务登记证号码、营业范围、基本账户开户行、融资人所有制类型、融资人组织类型、融资人上级主管部

① 信托公司应当取得融资人关于授权信托公司查询融资人征信信息的授权书。如果信托公司在没有融资人授权的情况下，擅自查询融资人的征信信息，则会受到中国人民银行的处罚。

门、融资人与政府关系类别等、融资人注册资本及实收资本。

融资人基本信息表：

公司名称		
注册地址		
营业执照编号		
组织机构代码		
税务登记证号码		
贷款卡号		
法定代表人		
成立日期		
公司类型	所有制类型	
	组织类型	
注册资本（万元）		
实收资本（万元）		
经营范围		
主营业务		
开发资质		
上级主管部门		
与政府关系类别		

2. 股权结构

股东名称	股本金额	股权比例
A 有限公司	【X】万元	【a】%
B 有限公司	【Y】万元	【b】%
C 有限公司	【Z】万元	【c】%
合计	【X+Y+Z】万元	100%

注：对交易对手进行尽职调查时，不能仅仅局限于融资人的直接股东，还应当追溯到融资人的实际控制人。尽职调查报告可以通过股权结构图展示融资人所属集团内部各关联企业之间的关联关系，以及实际控制人各业务板块所属关联企业之间的基本情况。

3. 组织结构

（1）公司治理结构（董事会、监事会、高级管理层）、公司内部职能部门设置。

（2）管理层评价：公司管理层主要法人代表、总经理、副总经理、财务总监等高级管理人员。主要从年龄、学历、道德品质、从业历史、经营业绩及信用评价等方面进行分析评价。信用评价可通过中国人民银行征信信息系统查询。

4. 公司发展的历史沿革

查阅融资人历年营业执照、公司章程、工商登记查询资料等文件，以及历年业务经营情况记录、年度检验、年度财务报告等资料，调查融资人的历史沿革情况。调查融资人的历史沿革需要注意如下问题：

（1）融资人公司最新章程及历次公司章程的修正案，融资人最新验资报告及历次股本变动的验资报告。

（2）融资人的重大股权变动情况，尤其注意实际控制人是否发生过重大变动。

（3）融资人是否发生过合并、分立、收购或出售资产、资产置换、重大增减资、债务重组等重大重组事项。

（二）融资人财务状况分析

1. 基本财务信息

（1）融资人账户开立情况：包括基本账户及其他账户。

（2）近三年财务负责人（财务总监）和会计师事务所变动情况，对于频繁变更会计师事务所等事宜应当说明原因。

（3）近三年财务报表的审计结论，明确审计报告中的审计意见类型：无保留意见、保留意见、否定意见、无法表示意见。

2. 财务报表

应当提供融资人最近三年审计报告及最近一期的财务报表。如果融资人为集团公司的，应当提供融资人本部财务报表和合并财务报表；如果融资人为项目公司，则还应当提供融资人所属集团公司的本部财务报表和合并财务报表。

年度	2011 年度	2012 年度	2013 年度	2014 年 × 月
资产负债表				
货币资金				
短期投资				
应收票据				
应收股利				
应收利息				
应收账款				
其他应收款				
预付账款				
应收补贴款				
存货				
待摊费用				
一年内到期的长期债权投资				
其他流动资产				
流动资产合计				
长期股权投资				
长期债权投资				
长期投资合计				
固定资产净额				
工程物资				
在建工程				
固定资产清理				
固定资产合计				
无形资产				
长期待摊费用				
其他长期资产				
无形资产与其他资产合计				
递延税项				
资产总计				

续表

年度	2011 年度	2012 年度	2013 年度	2014 年 × 月
短期借款				
应付票据				
应付账款				
预收账款				
应付工资				
应付福利费				
应付股利				
应交税金				
其他应交款				
其他应付款				
预提费用				
预计负债				
一年内到期的长期负债				
其他流动负债				
流动负债合计				
长期借款				
应付债券				
长期应付款				
专项应付款				
其他长期负债				
长期负债合计				
负债合计				
少数股东权益				
实收资本				
资本公积				
盈余公积				
未分配利润				
股东权益合计				
负债及股东权益合计				

续表

年度	2011 年度	2012 年度	2013 年度	2014 年 × 月
利润表				
主营业务收入				
主营业务利润				
加：其他业务利润				
减：营业费用				
管理费用				
财务费用				
营业利润				
加：投资收益				
补贴收入				
营业外收入				
减：营业外支出				
利润总额				
净利润				
现金流量表				
经营活动现金流入金额				
经营活动现金流出金额				
经营活动现金流量净额				
投资活动现金流入金额				
投资活动现金流出金额				
投资活动现金流量净额				
筹资活动现金流入金额				
筹资活动现金流出金额				
筹资活动现金流量净额				
现金及现金等价物净增加额				

（1）财务科目说明

对上一年度及最近一期财务报表中金额较大的会计科目，要对科目明细逐一分析，并对上一年度同期科目进行比较分析，应当重点关注应收账款、其他应收款、应付账款和其他应付款等科目。

（2）税费缴纳情况

主要分析融资人的税费缴纳情况，尤其需要注意其是否有大额欠缴税费现象。

（3）金融机构负债分析

项目	抵（质）押	保证	逾期金额
短期借款余额			
长期借款余额			
贴现余额			
商业承兑汇票余额			
各类信用余额合计			

金融机构	贷款金额	起止时间	担保方式	备注
×××银行				
×××信托				
其他金融机构				
合计				

（4）或有负债分析

	对象	余额	到期日	担保方式（抵/质押或保证）	关系	损失率
对外担保						
承兑商业汇票						
其他						

（5）其他重要情况分析

主要是对客户存在异常情况（或潜在的风险）的资产、负债项目作出说明，如财务报表是否真实，如何调整，客户有无做假账问题，是否参与股票市场、期货市场交易、诉讼情况等。

3. 财务指标分析

（1）短期偿债能力分析

指标			增长率
流动比率（流动资产 ÷ 流动负债）			
速动比率［（流动资产 - 存货）÷流动负债］			
现金比率［（现金等价物 + 有价证券）÷流动负债］			
存货周转率｛销货成本 ÷［（期初存货 + 期末存货）÷2］｝			
经营现金流量与到期长期债务比（经营净现金流量 ÷ 本期到期长期债务）			

简要分析：分析指标的优劣，从发展趋势，变化原因，与同行业的竞争对手比较等方面评论。

（2）长期偿债能力分析

指标			增长率
资产负债率［负债总额 ÷ 资产总额］			
净负债率［（负债总额 - 预售账款）÷资产总额］			
产权比率（负债总额 ÷ 股东权益）			
有形净值债务率［负债总额 ÷（股东权益 - 无形资产净值）］			
利息保障倍数［（利润总额 + 财务费用）÷财务费用］			
长期债务与营运资金比率［长期债务 ÷（流动资产 - 流动负债）］			
经营净现金流和债务总额之比（经营净现金流 ÷ 债务总额）			

简要分析：分析指标的优劣，从发展趋势，变化原因，与同行业的竞争对手比较等方面评论（详见附件八：尽职调查分析要点与风险控制）。

（3）盈利能力分析

指标			增长率
销售毛利率［（销售收入－销售成本）÷销售收入］			
资产报酬率［（利润总额＋财务费用）÷年平均总资产］			
净资产收益率（净利润÷平均净资产）			
杜邦分析式［利润率（净利润÷主营业务收入）×资产周转率（主营业务收入÷总资产）×权益乘数（总资产÷所有者权益）］			

简要分析：分析指标的优劣，从发展趋势，变化原因，与同行业的竞争对手比较等方面评论。

4. 财务状况综合评价

从正反两方面进行评价。

（三）融资人经营情况分析

1. 房地产开发板块

（1）融资人已开发并已竣工验收交房的项目情况：主要包括项目的规划技术指标、总投资及盈亏情况、项目销售去化速度/项目出租率等。

（2）在建工程情况：主要包括项目规划技术指标、投资概算及盈亏测算、工程进度、外部融资情况、抵质押情况等。

（3）项目储备情况：主要包括已经取得土地待开发情况，以及未来经营规划。

2. 其他板块经营情况分析（主要适用于综合化经营的企业集团）

（1）对融资人主要经营业绩、产品市场、行业地位、主要资产状况、利润来源等进行分析评价。

（2）市场竞争力分析：与同业机构进行优劣势比较分析，对其市场占有率及未来发展趋势进行分析。

（3）上下游产业链：主要上游供应商和下游销售商情况，可以举例前5名主要供应商和销售商。

（四）融资人综合评价

1. 融资人负面评价

可以通过监管通报、公开媒体、融资人提供的基础材料、信用系统查询等方面调查了解融资人是否存在负面信息，并对该负面信息可能产生的潜在风险进行评估。可以从融资人自身经营财务情况、担保措施等对信托资金安全保障程度进行分析（主要侧重于劣势）。

2. 融资人主要优势

可以从融资人相对于同业机构或其他竞争者的优势以及融资人自身经营财务状况、担保措施等对信托资金安全保障程度等两个方面进行分析（主要侧重于优势）。

三、开发项目分析

（一）项目区域市场分析

1. 所在城市的经济社会发展分析

主要对经济发展情况、财政收入情况、居民收入情况、人口情况等进行分析。

2. 所在城市房地产市场发展情况

主要包括政府近三年土地出让情况、项目开工面积、项目竣工面积、项目销售面积、房地产销售价格及租金水平走势等。

3. 周边配套

主要对项目所在配套基础设施（包括交通设施建设、学校、医疗机构、配套菜市场以及娱乐措施等物业配套的计划和进度等）、同业态开发的政策、施工和租售习惯、租售淡旺季等方面进行分析。对于别墅项目，应着重分析周边环境、景观、卖点、配套设施、交通条件、业主素质、购买力等。

4. 项目业态分析

对项目业态发展情况进行分析，主要从同类业态的区域分布、近年的发展趋势、价格趋势、购买人群等方面进行分析，分析应围绕其对房地产项目开发建设、租售、抵（质）押物变现的影响状况。

5. 周边楼盘比较分析

（1）总体供求情况分析：主要分析项目所在区域同类业态的总体供求情况、同类业态的目标市场定位是否相同、是否存在供大于销的状况，对外部分析评价重在说明其对项目租售的影响因素。

（2）周边主要竞争项目情况：主要从周边地段同类业态的规模、档次、设计、环境、配套、建设进度、物业管理、租售情况、成本等情况进行分析，并选择至少三个同类物业，列表综合反映其租售情况。

项目周边物业情况表　　单位：平方米、元/平方米

楼盘名称	地址	建设规模	可租售面积	结构	开盘时间	住宅均价	其他物业均价	租售率
项目 A								
项目 B								
项目 C								

（二）建设项目概况

1. 项目基本情况

简要介绍项目的地理位置、用途、主要建设指标［含征地面积、占地面积、建筑总面积（含各类型物业的建筑总面积、如住宅面积、车库面积、以及商业面积）、建筑密度、容积率、物业类型、绿化率、土地使用年限、项目建设总幢数、各幢物业类型分布等］、总投资、计划开工时间竣工时间、项目规模（分几期开发、本项目属于第几期）、目前形象进度、项目地块特点（形状是否规则、原功能、地块沿线周边情况等）、市场定位、主要购买人群等。若项目为合作开发的，还需简要介绍合作开发方的情况以及合作内容和分配收益。若项目已进入施工阶段，还需说明施工总、分包方的简要情况。还需简要介绍一下周边居民居住状况、居民生活层次和治安状况。

2. 项目效果图、总平图、地理位置图、周边项目图等现场图示和照片，并对照片内容进行简要分析

3. 项目建设条件

阐述项目是否得到政府有关部门的立项批复；明确土地使用权获取的方式以及政府对土地的附加使用条件、土地价款、税费、拆迁补偿费、使用年限；核查项目相关税费、规费、土地款、拆迁补偿等费用的缴纳情况；核查房地产开发相关证件齐全情况：包括《国有土地使用权证》《建设用地规划许可证》《建设工程规划许可证》《建设工程施工许可证》《拆迁许可证》等；项目的动迁安置计划、施工期间原材料、动力、水等条件的保障程度、项目建设及投入使用后所需的水、电、燃气、供热等条件是否落实、是否享有政府有关优惠政策。如果是经济适用房项目，还要审核项目是否列入国家建设计划和信贷指导计划。

如果项目发生股权变更、转让或者合作开发，应核查转让（合作开发）协议、支付凭证、发票，必要时应到转让方现场核实（最好能取得转让方的书面证明），最终确定项目的权属是否清晰。

报告应清晰说明上述内容调查情况，存在的问题及风险评判。

4. 项目建设进程

（1）以图表形式列明项目施工建设、租售情况表（内容包括从立项、可行性研究报告及批复、下达规划任务、征地拆迁、规划设计及批复、取得《建设工程施工许可证》直至开工、竣工、租售的进展情况或预计情况），并对表中相关事项做简要说明。

（2）项目的设计、施工、监理情况（要调查项目工程建设的招投标方式是否符合有关部门的规定；设计、施工企业和建设监理企业的资质等级、资信业绩）。

（3）简要列举在当前项目建设过程中存在的主要问题，解决方案以及对项目的开发、建设、租售的影响。

（三）项目规划技术指标

对建设项目主要规划技术指标进行分析，主要包括总用地面积、总建筑面积、容积率、绿地率、建筑密度，其中总建筑面积包括住宅建筑面积、商业建筑面积、车库（车位）及公建配套设施。根据建设项目规划技术指标与相关证照批文的证载指标相核对，以分析项目建设的合规性和信托融资的合规性。

规划技术指标表

<table>
<tr><th colspan="3">项目</th><th>面积（平方米）</th></tr>
<tr><td colspan="3">总用地面积（m^2）</td><td></td></tr>
<tr><td colspan="3">总建筑面积（m^2）</td><td></td></tr>
<tr><td colspan="3">计容面积（m^2）</td><td></td></tr>
<tr><td rowspan="10">其中</td><td colspan="2">住宅总建筑面积（m^2）</td><td></td></tr>
<tr><td colspan="2">商业总建筑面积（m^2）</td><td></td></tr>
<tr><td colspan="2">配套设施</td><td></td></tr>
<tr><td rowspan="7">其中</td><td>幼儿园建筑面积</td><td></td></tr>
<tr><td>居委会</td><td></td></tr>
<tr><td>物业管理</td><td></td></tr>
<tr><td>公共配电所</td><td></td></tr>
<tr><td>开闭所</td><td></td></tr>
<tr><td>消防控制室</td><td></td></tr>
<tr><td>公共卫生间</td><td></td></tr>
<tr><td colspan="3">容积率</td><td></td></tr>
<tr><td colspan="3">绿地率%</td><td></td></tr>
<tr><td colspan="3">建筑密度%</td><td></td></tr>
<tr><td colspan="3">停车位</td><td></td></tr>
<tr><td colspan="3">地下车库面积</td><td></td></tr>
</table>

（四）项目总投资概算

1. 项目的投资构成

项目投资估算表　　单位：万元

序号	项目名称	投资额	估算说明
1	土地费用		
2	前期工程费用		
3	基础设施建设费		
4	建筑安装工程费		
5	公共配套设施建设费		

续表

序号	项目名称	投资额	估算说明
6	开发间接费用		
7	管理费用		
8	财务费用		
9	租售费用		
10	开发期税费		
11	其他费用		
12	不可预见费		
13	项目总投资		

（分析项目总投资及构成投资估算有无漏项，投资构成是否合理。）

2. 项目资金缺口分析

项目总投资的来源包括股东自有资金、金融机构贷款、其他渠道的自筹资金、施工垫款、预售收入，即项目总投资 = 股东自有资金 + 金融机构贷款 + 其他渠道的自筹资金 + 施工垫款 + 预售收入。分析建设项目扣除已有资金来源及本次融资额度后，是否还存在资金缺口，以及资金缺口的资金筹措计划。

（1）自有资金指项目公司的所有者权益、股东承诺信托期限内不予受偿的股东借款，说明自有资金是以现金形式投入，还是以土地等其他资产形式投入。

（2）金融机构贷款主要包括银行贷款、信托贷款、委托贷款，以及其他特殊目的载体的融资。需要根据金融机构贷款期限和总负债额度判断分析融资人在信托期限内的偿债压力。

（3）其他渠道自筹资金主要指股东、项目公司对外借款，如向非金融机构融资或民间融资等，其中需要注意的是，其他渠道的自筹资金是否为有息款项，以及是否属于民间融资及融资利率。

（4）施工垫资款：建设工程单位在建筑施工时事先垫付的款项，需要分析建设工程款的优先受偿权对本项目的影响。

（五）建设项目经济效益分析

1. 租售策略与方式

（1）租售策略分析：主要从项目的市场定位、租售策略、租售价格、购买人群、项目特色等方面判断当前房地产开发企业实行的租售策略是否妥当，并对租售策略优劣做风险评价。

（2）租售方式分析：主要从自销、代销和包销等方案分析其对租售的优劣影响。

（3）租售前景分析：主要阐述目前租售状况、意向客户情况、租售资金回笼情况。

2. 建设项目租售收入预测

租售收入预测表（单位：平方米、元\平方米、万元）

序号	年份	1	2	3	合计
一	销售收入预测				
1	住宅销售面积				
2	住宅销售价格				
3	住宅销售收入				
4	其他物业销售面积				
5	其他物业销售价格				
6	其他物业销售收入				
二	租赁收入预测				
7	可出租面积				
8	出租价格				
9	出租率				
10	租金收入				
11	经营收入				

注：（1）租售/出租面积、价格依据企业租售计划及市场预测情况而得；
（2）为方便评估计算，预售面积视为实际销售面积，预售收入视为实际销售收入。

3. 项目财务效益评价分析

（1）损益预测

项目损益表（单位：万元）

序号	年份	合计
1	房地产租售收入	
2	房地产开发成本	
3	经营费用	
4	经营税金及附加	
5	利润总额	
6	税前弥补亏损	
7	应税所得额	
8	所得税	
9	净利润	

（2）现金流量平衡表（单位：万元）

序号	年份（或月份）			合计
现金流入				
1	自有资金			
2	其他自筹资金			
3	租售收入			
4	其他金融机构贷款			
5	其他贷款			
6	信托融资			
7	其他资金流入			
8	流入合计			
现金流出				
1	项目建设成本			
2	财务费用（主要有偿负债利息）			
3	经营税金及附加			
4	所得税			

续表

序号	年份（或月份）			合计
5	其他费用支出			
6	偿还金融机构贷款			
7	其他资金运用			
8	流出合计			
9	净现金流量			
10	累计净现金流量			

4. 压力测试

（1）盈亏平衡点分析。

（2）房地产开发成本和租售价格敏感性分析，价格敏感性指标要测算到亏损情况。

四、信用增级措施

（一）担保人

对担保人分析可以区分为如下四种情况：

（1）如果担保人与融资人为同一人，则仅需说明融资人/担保人提供担保的情况，对于担保人其他情况的分析可以参见上文融资人分析部分。

（2）如果担保人是抵押/质押人，则需要分析担保人的基本信息、基本经营情况、对抵质押物的所有权或处分权情况。

（3）如果担保人为保证人，需要明确其提供的是一般保证担保，还是连带责任保证担保，并且对保证人的分析需要重点关注其偿债资金来源、负债及或有负债等影响其担保能力等因素，可以参考融资人分析部分。

（4）若担保人为融资实际控制人，应重点关注其财务经营状况，包括在建和待开发项目的总投资额、已投入资金和资金缺口、土地储备情况等，在此基础上总体判断其资金链情况。

（二）抵押物分析

1. 抵押物概况

（1）抵押物基本情况：抵押物的位置坐落、抵押物业态、面积、土地形状、土地周边情况、幢数、楼层、朝向、户型、套内面积、公摊、配套设施、形象进度、相关建设参数等情况，并对其优劣进行评价。

（2）抵押物位置图示和抵押物现场照片，并对照片内容进行分析。

（3）抵押物权益状况：主要分析抵押物目前的所有权（使用权）情况，是否存在他项权益、是否有瑕疵，并对其瑕疵进行风险评判。

2. 抵押物估值

抵押物估值一般应由公司认可的两家评估机构进行。主要分析抵押物评估报告的估值、评估采用的评估方式、假设环境、评估过程和评估结论是否符合实际，通过对抵押物周边同类业态的分析、判断，得出业务部门认可的评估价格，并对认可的评估价格的合理性做分析、判断。

3. 抵押物变现程度

主要考察抵押物的市场变现难易程度，变现公允价值与评估价值差异，扣减税、费后抵押率状况，并对风险进行评判。

（三）质押物分析

如果是以项目公司股权提供质押担保的，应当关注项目净资产及负债情况，尤其需要注意项目公司的土地使用权、在建公司抵押情况。

（四）抵（质）押率及担保有效性分析

1. 抵（质）押率分析

（1）抵质押率公式

本息抵（质）押率＝评估价值净值÷融资本息总额。

本金抵（质）押率＝评估价值净值÷融资本金总额。

保证率＝融资本息÷（保证人净资产－或有负债×损失率－待摊费用－商誉－期限在三年以上的应收款项）。

其中：评估价值净值＝评估市场价值－抵（质）押物变现的税费－其他

优先权价值。

（2）对采用的保证率、抵（质）押率对信托财产安全性的影响进行压力测试，主要进行价格敏感性测试。最后得出适当的结论。

2. 担保有效性分析

对保证、抵押、质押方式的担保有效性进行分析，确认其担保是否存在瑕疵。对抵押物优先权情况进行分析，重点分析优先权对抵押物价值的影响，确认抵（质）押物价值。

（五）其他保障方式

主要分析其他保障方式，并对保障的信用增级和有效性做简要分析。

1. 信托资金用途的监管

2. 销售资金的监管

3. 分期还款及保证金归集

五、风险与政策分析

（一）风险揭示

1. 市场风险

侧重于分析整体房地产宏观调控政策及房地产市场的发展走势以及当地房地产政策及市场走势对本信托计划的影响。

2. 信用风险

侧重于融资人的主体信用评价和开发项目的债项信用评级，分析开发项目不能产生预期现金流以及主体信用危机而给信托计划带来的信用风险。

3. 流动性风险

侧重于不能按时向投资者分配信托收益和本金的风险。融资人不能按时履行偿还信托融资本息的义务时，受托人则需要通过处置抵质押物以及其他方式向融资人或保证人进行追偿，从而存在不能向投资者按时兑付本息的风险；如果信托计划设计为开放式，则投资者存在不能顺利赎回信托受益权份额的流动性风险。

4. 操作风险

信托计划可能有由于信托公司不完善或有问题的内部程序、员工和信息技术系统，以及外部事件而造成损失的风险。

5. 合规风险

合规风险应当从两个方面进行风险揭示：一方面是开发项目是否已经合法有效地取得相关资质证照批文等，另一方面是房地产信托是否符合法律法规和监管规定（比如房地产信托贷款是否符合“四三二”条件等）。

6. 本项目的特有风险

（二）政策分析

对建设项目所在地的土地管理、房地产开发、预售管理、抵（质）押登记等方面的政策法规进行分析，重点分析当地特殊政策对本信托计划的影响。

六、项目总体评价

（一）融资用途

1. 融资用途合法性

分析融资用途是否符合融资人经营范围，符合法律法规规定；是否违反相关国家政策或监管规定。

2. 融资用途监控

明确说明是否对融资资金用途进行监控，以及监控的方式；如果不对融资用途进行监控，应当重点说明不予监控的原因。

（二）还款安排

明确融资人的还款方式（是分期还款，还是一次性还款）及信托利益的分配方式。如果融资人分期还款，则需要明确对应抵押物的解押方式。

（三）还款资金来源

1. 简述融资人的主要还款来源

对还款来源的有效性和稳定性进行分析，明确还款来源是否能覆盖信托融资本息。

2. 还款来源的监管

还款资金来源于用款项目的租售回款的，应对租售回款进行专户监控，明确监控的方式、租售回款的还款比例。

（四）抵（质）押物

明确说明业务部门认可的抵（质）押物价格、本息抵（质）押率及对信托资金的保障程度，明确说明抵（质）押物价格警戒线设定及设定依据。

详细阐述抵（质）押担保措施的办理手续及解押办理手续，解押的前提条件及解押保证金的设置等。详细阐述土地使用权转入在建工程抵押手续办理的前提条件、办理手续。

详细阐述项目的施工方是否愿意出具付款承诺或放弃优先受偿权的承诺函。

（五）项目投后管理

1. 对融资人、担保人的经营情况和信息资料变更的监管

2. 对项目开发建设、租售情况的监管

3. 抵（质）押物的动态监管：

（1）日常动态监管内容：抵（质）押物状况、权益的变化、项目租售价格变化、周边同类业态租售价格变化等。

（2）处置监管：详细阐述抵（质）押物处置程序、处置可能产生的税费、处置结果以及处置过程中存在的风险及防范措施。

4. 融资人、担保人预警信号的监管和处置措施

（六）综合效益分析

从融资总成本、信托财产承担的相关费用、公司信托报酬、委托人投资回报、公司净资本占用等方面分析信托计划及公司的综合收益情况。

七、尽职调查材料清单

（一）委托人（机构投资者）

1. 最新年检的营业执照副本
2. 最新年检的组织机构代码证副本
3. 税务登记证副本（国/地税）
4. 法定代表人身份证及签字样卡
5. 经办人身份证及授权委托书
6. 金融许可证（证券/基金/保险/期货/资产管理经营资格证）（如有）
7. 信托资金来源（如果是理财资金，则委托人应当提供其合法募集资金的相关文件）

（二）委托人（自然人投资者）

1. 本人身份证
2. 户口簿及结婚证
3. 委托人身份证及授权委托书

（三）融资人/保证人

1. 最新年检的营业执照副本
2. 最新年检的组织机构代码证副本
3. 税务登记证副本（国/地税）
4. 法定代表人身份证及签字样本
5. 征信查询资料及被执行信息查询资料
6. 公司章程
7. 验资报告
8. 最近三年的审计报告（财务报表）及最新一期的财务报表
9. 对外债权债务、重大诉讼仲裁、被处罚记录
10. 董事会/股东会同意融资的决议及签字样本

（四）抵（质）押人

1. 最新年检的营业执照副本
2. 最新年检的组织机构代码证副本
3. 税务登记证副本（国/地税）
4. 法定代表人身份证及签字样本
5. 公司章程
6. 董事会/股东会同意担保的决议及签字样本
7. 抵（质）押物权利证书
8. 抵（质）押权登记权利证书
9. 共有权人同意抵（质）押的函

（五）项目资料（房地产项目）

1. 立项或备案批复
2. 项目可行性研究报告及批复
3. 环评报告及批复
4. 土地成交确认书、土地出让合同
5. 土地出让金及税费、拆迁补偿款缴纳凭证
6. 土地使用权证
7. 建设用地规划许可证
8. 建设工程规划许可证
9. 建设工程施工许可证
10. 资本金到位凭证
11. 房地产开发资质证书

本章附录：

【实务案例一】（×××候鸟度假地信托贷款集合资金信托计划）

一、项目要素

（一）基本要素

1. 产品规模：25000 万元。
2. 期限：24 个月（满 18 个月可提前还款）。

3. 信托贷款利率：13%/年，借款人于贷款期满1年时向贷款人支付一次利息，剩余贷款本金和利息于贷款期限届满时支付。

4. 预期信托收益率：9%/年，信托期满1年时向信托受益权人分配一次信托收益，剩余信托本金和收益于信托终止清算时分配。

5. 相关费率：

（1）信托报酬率：固定信托报酬率为2%/年，扣除预期信托收益、固定信托报酬以及下述（2）-（4）项费用后的剩余信托收益为受托人的浮动信托报酬。

（2）销售费：1%。

（3）保管费：0.1%/年。

（4）其他费用：如律师费、审计费（如有）等。

6. 相关当事人：

（1）委托人：合格投资者。

（2）受托人：×××国际信托有限公司。

（3）保管银行：×××银行股份有限公司××分行。

（4）销售机构：受托人自主销售和×××银行代销相结合。

（5）律师事务所：×××律师事务所（出具法律意见书）。

（6）借款人：×××房地产开发公司（为GY房地产集团公司的项目公司）。

7. 资金用途：向项目公司发放信托贷款，用于项目公司全球候鸟度假地建设。

（二）风险缓释措施：

1. 土地使用权抵押：以用款项目所在土地使用权提供抵押担保，评估价值为5.6亿元，抵押率约为44.6%。

简要评点：抵押物的处置变现价值很可能远低于预期的原因：①一般度假村位置较为偏远，土地性质为旅游用地，其实际变现能力较差；②如果土地评估机构是由融资人聘请的，则抵押物评估价值很可能出现虚高的情况。

笔者认为抵押物的评估机构应当由信托公司自己指定，信托公司可以指定两家评估机构进行评估，根据孰低原则选定最终的评估价值。抵押物的变现能力及价值波动幅度是决定抵押率高低的两大重要因素，一般而言，变现能力越强、价值波动幅度越小的抵押物抵押率相对较高，反之则抵押率较低。就本项目而言，依据笔者的经验，旅游地产作为抵押物，40%的抵押率较为合理。

2. 股权质押：项目公司100%股权提供质押担保。

简要评点：对于房地产公司来说，项目公司的股权只是个空壳，其实质资产为土地使用权及其上建筑物）。如果项目公司包括土地使用权、在建工程在内的所有资产已全部抵押，本项目的增信措施仅为项目公司股权质押，则本项目的增信措施严重不足。

本项目已将用款项目所在土地使用权及在建工程设定抵押权，再将项目公司股权设定质权，将有利于抵押物抵押权的实现。信托公司在处置抵押物时，可以根据抵押物潜在买家的不同需求，将抵押物通过拍卖、变卖等方式过户至买家，也可以将项目公司过户至买家名下（买家就可以直接通过项目公司对项目公司名下项目进行后续开发，而无须将土地使用权及在建工程的相关证照过户至自己的名下）。

1. 保证担保：×××房地产集团公司及实际控制人×××提供连带责任保证担保。

简要评点：笔者认为向民营企业提供信托融资，应当要求其实际控制人及其配偶提供连带责任担保。民营企业的实际控制人提供连带责任保证担保就可以将实际控制人的其他资产锁定，信托资金不能按时退出时，实际控制人必须以其他资产向信托公司清偿；要求实际控制人的配偶提供保证担保，则是为了防止实际控制人通过配偶转移资产的事项发生。

目前国内很多民营企业家都向境外移民，其具有境外国家/地区的国籍/居住权，实际控制人提供保证担保涉及境外人士为境内企业提供担保的问题，这需要报请外汇管理部门的批准。

4. 资金监管与归集：

①委托监管银行对专项计划资金用途进行监管，以此保证用于约定项目的建设。

②销售回款超过30%部分，每销售一套收入的30%划入监管账户作为还款准备金。

③专项计划到期前6个月分别按照专项计划本金的10%、10%、10%、

20%、20%、30%进行资金归集。

简要评点：房地产开发融资业务中，一般要求对开发项目进行封闭式管理，融资资金和销售款项必须要求在开发项目体内循环。融资资金一般应当要求用于开发项目建设，以确保开发项目按时完工并交付，以防范资金挪用从而导致开发项目因资金链断裂而产生的风险；销售还款的监管是确保融资资金安全退出的必要手段，商业银行一般通过按揭贷款、销售监管账户、集中签约交款等方式监管销售资金，其他金融机构则必须通过监管银行实现销售资金的监管。融资资金的提前归集主要是为了防范还款集中度风险。

风险缓释措施总评：根据公开信息分析，上述风险缓释措施已经较为完善。如果上述风险缓释措施都能够执行到位的话，则融资人虽然出现资金链断裂的问题，但是本项目的实际风险主要是流动性风险，在房地产市场没有出现特别重大崩盘的情况下，本项目不会出现过大的实际损失。

二、风险处置预案

（一）股权收购：寻找具有收购意愿的大型房地产开发企业或者房地产并购基金，通过向房地产开发企业或房地产并购基金转让项目公司股权，以此保障专项计划委托人的委托资产安全及时地得到兑付。

（二）债权转让：寻找对该项目债权有受让意愿的机构投资者（专门处置不良资产的资产管理公司等），通过直接向该机构投资者出让债权的方式，以此保障专项计划委托人的委托资产安全及时地得到兑付。

（三）资产司法处置：通过司法途径处置本项目项下抵押的土地使用权和项目公司股权，以抵（质）押资产变现收入用于偿付委托人委托资产本金和收益。

简要评点：当房地产信托项目出现风险事件导致信托公司不能按时向受益权人进行兑付时，上述风险处置预案是最基本、最常见的风险处置措施。信托公司在处理房地产信托项目风险事件时，通常会首先寻找专门处置不良资产的资产管理公司、房地产并购基金或者大型的房地产开发企业接盘（如果没有实质资产抵押，则无法通过该种措施处置风险）；由于司法处置的周期较长，对抵（质）押物进行司法处置通常都是作为最后的风险处置手段。

三、风险因素

（一）盲目扩展、战略失误

GY房地产集团公司曾两次尝试通过重组借壳上市均告失败，从而给GY

房地产集团公司造成巨大的损失：第一次是通过间接收购XD酒店试图借壳上市，并在3年内投资了十几亿元。因为国家房地产宏观调控政策，证券监管部门对房地产公司借壳上市不予政策支持，从而使得GY房地产集团公司本次借壳上市没能成功。第二次是通过重组矿业试图借壳上市，GY房地产集团公司以2亿多元资金收购湖南两个矿井，后来由于矿业进入市场下行周期，这次重组上市的努力同样以失败告终。

（二）民间借贷

GY房地产集团公司自2011年收购XD酒店开始，因为资金链紧张而大量借入民间贷款，民间借贷占到GY房地产集团公司总融资规模的1/3。民间融资期限较短、利率很高，GY房地产集团公司的民间借款的用款时间较长，十几亿元的借款本金所产生的利息就高达十几亿元，民间融资给GY房地产集团公司带来巨大的债务负担。

（三）银行信贷政策

房地产开发企业除了自有资金投入部分，其他资金主要来源于金融机构的开发贷款和预/销售款（主要来源于银行按揭贷款），因此银行按揭贷款和开发贷款政策直接影响开发商资金回笼速度。由于2013年下半年以来，一方面银行按揭贷款的放款节奏大幅度放缓，贷款利率也不断上浮；另一方面银行等金融机构的开发贷款大幅度收紧，银行上述信贷政策也传导出对整个房地产市场的预期和观望，从而对开发商的资金链产生严重影响。

（四）不良信用

GY房地产集团公司在最高人民法院全国失信被执行人名单中：一是由于GY房地产集团公司为RW贸易公司的债务承担连带责任保证担保，有能力履行而拒不履行生效法律文书确定的义务；二是由于GY房地产集团公司偿还债权人的借款本息违反财产报告制度。不良信用信息的曝光和媒体关于不良信用信息的报道，导致各大金融机构纷纷收紧对于GY房地产集团公司的信贷投放。

评析：

1. 问题的提出

首先，GY房地产集团公司因资金链断裂而陷入债务危机，从而给本信托计划项下信托资金的安全带来极大的风险。根据本信托计划在进行尽职调查时了解到的信息，GY 房地产集团公司连续三年蝉联中国房地产百强企业，具有房地产开发一级资质，2013 年资产负债率仅为 50%，为大型商业银行内部评级 AA + 级信用等级客户。

这里的问题在于如此优质的客户为什么在短时间内便因为资金链断裂而濒临破产。笔者认为 GY 房地产集团公司因资金链断裂而陷入债务危机的主要原因就是本节第四部分分析的四个方面。这里再重点强调两个方面的问题：(1) 相对其他房地产公司而言（很多房地产公司的资产负债在 60% －80%），GY 房地产集团公司 50% 左右的资产负债率显示其财务杠杆较为稳健。实际情况在于 GY 房地产集团公司大量的民间借贷未在其资产负债表中体现，从而使得 GY 房地产集团公司的财务报表未能反映其真实的财务状况。(2) 房地产具有很强的金融属性，其对金融机构的资金具有很强的依赖性。金融机构对房地产行业的信贷收紧以及 GY 房地产集团公司因为信用危机导致其金融机构融资渠道被封堵。

其次，房地产行业大体可以细分为住宅地产、商业地产和工业地产三大类型。住宅地产又可细分为普通商品住房、别墅等高端商品住房以及保障性住房，商业地产又可细分为商铺商场、写字楼、酒店及旅游地产，工业地产可以细分为工业厂房、仓储设施等。国内房地产市场普通商品住房（又称为刚需住房）的市场容量最大，并且其市场风险承受力最强，其受市场波动风险影响较小；商业地产对于所在城市的商业繁荣度、所在城市的地段因素等敏感性较高，如上海的陆家嘴、北京的金融街等金融贸易核心功能区的写字楼市场就较为紧俏。

房地产开发企业对自身的功能定位准确与否对其长远发展至关重要，比如万科的住宅地产、万达的商业地产都是自身定位的成功案例。笔者认为 GY 房地产集团公司“度假地”的产品定位不准，也对其经营发展产生了实质性的影响。

最后，根据监管法规规定，信托计划可以由信托公司自主销售，也可以由银行等金融机构代销，监管法规禁止信托公司通过非金融机构代理销售信托计划。本信托计划实际是由第三方理财资金代理销售的，这就涉及违规销售的问题。

2. 风险的防范

第一，关注不良信用信息：我们在对交易对手进行尽职调查时，应当根据全国失信被执行人名单、人民银行征信系统查询交易对手是否存在不良信用记录。交易对手如果被列入失信被执行人名单，我们应当审慎与其合作。交易对手在人民银行征信系统是否存在关注类、次级类、可疑类以及损失类信贷信息，是否存在由银行垫资的票据信息等，如果存在这些信贷或票据记录，应当注意查明原因。

第二，关注交易对手的民间融资情况：广义上的民间融资包括自然人拆借、非金融企业之间的拆借、典当、小额贷款公司贷款等。民间融资一般分为两种情况：一种情况是由交易对手直接拆借，能够体现在财务报表里。这种情况的民间融资只需要分析核实其他应付款科目明细就能大体掌握其民间融资情况。另一种更为常见的是由交易对手的股东或实际控制人拆借，或者直接由交易对手进行拆借，但是民间融资不体现在财务报表里，这时我们就很难掌握交易对手民间融资的情况。

第三．加强对交易对手的关键财务数据分析，不能局限于表面的数据现象。

比如，在香港上市的部分房地产公司通过永续债拆借资金，在财务报表中将永续债列入永久资本工具，这样就可以美化其财务报表，降低资产负债率。由于实际业务中永续债并非真正的永久资本工具，一般在1－3年内就需要偿还，因此该交易对手真实的债务压力比报表中的数据可能要大很多。

第四，主要了解交易对手是否采取了适合自身特色的发展战略，尤其注意其是否经营激进，是否存在盲目扩张的情形。如果交易对手经营风格较为激进、大规模盲目扩张、不断加大杠杆等，则应当审慎与之合作。

第八章 房地产信托信用增级措施及相关实务案例研究

第一节 房地产抵押担保措施

一、房地产抵押权概述

（一）房地产抵押概述

房地产信托业务原则上应当要求用款项目所在国有土地使用权或者其上之在建工程提供抵押担保，如果用款项目所在国有土地使用权或者其上之在建工程不能提供抵押担保，也可以接受融资人或者其他第三方以其他国有土地使用权、房屋或在建工程提供抵押担保。如果确实无法落实上述抵押担保措施，则应当结合房地产市场风险、融资人及其股东的整体实力、用款项目的优质情况及还款来源情况等因素，综合评估房地产信托项目总体风险情况。

房地产抵押中需要关注的事项包括：（1）抵押人是否拥有用以抵押的房地产完全合法的产权；（2）用以抵押的房地产的合理市场价值以及合理的抵押率；（3）用以抵押的房地产是否存在已设定他项权利或者限制设定抵押权的相关情形，或者存在其他优先权或权利负担。

原则上，存在如下情形的房地产不能接受作为抵押物：（1）抵押物取得途径和手续不符合法律法规等相关规定；（2）未完成拆迁补偿安置等工作，地上尚残留厂房、商铺、住宅、农作物、坟地等；（3）抵押物权属不明，或权属存在争议的；（4）抵押物所处位置偏远，交通不便且人烟稀少；（5）抵押物无市场公允价值或价值无法评估。

信托公司以房地产抵押作为房地产融资业务的风险缓释措施时，应注意的五大优先权：税收优先权、土地使用权出让金优先权、建设工程款优先权、消费者购房优先权、买卖不破租赁及承租人优先权。房地产融资抵押权是约定担保物权，其在效力上劣后于法定优先权。

（二）房地产抵押率

1. 抵押率计算方式：抵押率分为本金抵押率和本息抵押率，比较常用的为本金抵押率，抵押率的具体计算公式如下：

本金抵押率 = 信托融资本金 ÷ 抵押价值 × 100%。

本息抵押率 =（信托融资本金 + 利息总额）÷ 抵押价值 × 100%。

其中，抵押价值 = 抵押财产评估市场价值 – 抵押物处置税费 – 优先顺位抵押权人担保债权总额 – 其他法定优先受偿价款。

2. 土地使用权：土地使用权的抵押率设定可以分为如下三种情形：（1）已完成拆迁安置、“七通一平”，并且已经缴纳完毕市政设施干线、干管、干道建设等费用的土地使用权；（2）已完成拆迁安置和“三通一平”的土地使用权；（3）尚未完成拆迁安置或尚未完成“三通一平”的土地使用权。笔者根据实务经验建议第一种情形的土地使用权的抵押率不高于60%，第二种情形的土地使用权的抵押率不高于50%，原则上不接受第三种情形的土地使用权。

3. 房产（现房）：用于抵押的房产可分为住宅（普通住宅和别墅）、写字楼、商铺商场、酒店、工业厂房、旅游地产等类型，其中普通住宅抵押率不高于60%，别墅不高于55%，写字楼、商铺商场、酒店等商业物业抵押率不高于55%，工业地产、旅游地产不高于50%。

4. 在建工程：用于抵押的在建工程也可分为住宅（普通住宅和别墅）、写字楼、商铺商场、酒店、工业厂房、旅游地产等类型，其中普通住宅在建工程抵押率不高于50%，别墅在建工程不高于45%，写字楼、商铺商场、酒店等商业物业在建工程抵押率不高于45%，工业地产、旅游地产在建工程不高于40%。

（三）房地产抵押估价

1. 房地产估价[①]

（1）房地产估价概述

基本原则：在业务实践中，房地产价值的评估是房地产融资业务风险管理中非常关键的内容。《国家标准房地产估价规范》（GB/T50291—1999）对房地产估价行为进行了规范，房地产估价应当遵循四项估价原则：合法性原则、最高最佳使用原则、替代原则、估价时点原则。

估价类型：房地产估价可以分为土地使用权出让价格评估、房地产转让价格评估、房地产租赁价格评估、房地产抵押价值评估、房地产保险估价、房地产课税估价、征地和房屋拆迁补偿估价、房地产分割或合并估价、房地产纠纷估价、房地产拍卖底价评估、企业各种经济活动中涉及的房地产估价以及出于其他目的的房地产估价。

估价程序：房地产估价程序包括明确估价基本项、拟订估价作业方案、搜集估价所需资料、实地勘察估价对象、选定估价方法计算、确定估价结果、撰写估价报告、估价资料归档。

（2）房地产估价的基本方法

估价的方法主要包括：市场比较法、收益法、成本法、假设开发法、基准地价修正法、综合法，对同一估价对象适宜于采用两种以上的估价方法。

①市场比较法：市场比较法是指将估价对象与在估价时点近期有过交易的类似房地产进行比较，对这些类似房地产的已知价格作适当修正，以此估算估价对象客观合理价格或价值的方法。如果有条件选用市场比较法进行估价的，应当以市场比较法为主要的估价方法。

运用市场比较法对估价对象进行估价：首先，需要选取可比实例，建立价格可比基础。可比实例应当是估价对象的类似房地产，成交日期与估价时

---

① 根据《巴赛尔补充规定》的规定："抵押贷款价值是通过银行所聘请的不直接涉及银行的贷款决定的外部或内部估价师，采取保守和谨慎的方式，在考虑到评估房地产未来出售的可能性，顾及房地产长期的和持续的特征、正常的和当地的市场情况、房地产的当前用途和可能性的用途改变等条件下，评估出来的房地产的客观价值。投机性因素不予以考虑。抵押贷款价值应以透明、清楚的方式表达。"

点相近，成交价格为正常价格或经修正为正常价格；选取可比实例后，应对可比实例的成交价格进行换算处理以建立价格可比基础。其次，对交易情况、交易日期、区域因素、个别因素进行调整，每项修正对可比实例成交价格的调整不得超过20%，综合调整不得超过30%。最后，选取多个可比实例的价格经过各种修正后，根据具体情况计算求出综合结果，以此作为比准价格。

②收益法：收益法是指预计估价对象未来的正常收益，选用适当的资本化率将其折现到估价时点后累加，以此估算估价对象客观合理价格或价值的方法。对收益性房地产进行估价的，应当选用收益法作为其中一种附加方法。

运用收益法对估价对象进行估价的：首先，搜集有关收入和费用的资料，估算出潜在和有效毛收入，估算出运营费用；其次，根据估算的收入和运用费用，估算出净收益；最后，选取使用的资本比率，计算出收益价格。

收益法公式：V = (a ÷ r) × [1 - 1 ÷ (1 + r) n]，其中：V为房地产价格，a为房地产年净收益，r为折现率，n为剩余收益年限 [注：n为 (1 + r) 的n次方]。

③成本法：成本法是指求取估价对象在估价时点的重置价格或重建价格，扣除折旧，以此估算估价对象客观合理价格或价值的方法。在无市场依据或市场依据不充分而不适宜采用市场比较法、收益法、假设开发法进行估价的情况下，可以采用成本法作为主要的估价方法。

运用成本法对估价对象进行估价的：首先，搜集有关成本、税费、开发利润等资料，估算出重置价格或重建价格。重置价格或重建价格应为包括土地成本、开发成本、管理费用、投资利息、销售税费和开发利润之和。其次，估算出折旧，根据重置价格或重建价格扣除建筑物折旧计算出价格。如果是新开发土地或房屋，采用成本法估价时，一般不应扣除折旧。

④假设开发法：预计估价对象开发完成后的价值，扣除预计的正常开发成本、税费和利润等，以此估算估价对象客观合理价格或价值的方法。具有投资开发或再开发潜力的房地产的估价，应当选用假设开发法作为其中一种估价方法。

运用假设开发法对估算对象进行估价的：首先，调查待开发房地产的基本情况，选取最佳的开发利用方式；其次，估算开发建设周期，预测开发完成后的房地产价值，估算开发成本、管理费用、投资利息、销售税费、开发利润、投资者购买待开发房地产应负担的税费；最后，根据预测开发完成后的房地产价值扣除估算开发成本管理费用、投资利息、销售税费、开发利润、投资者购买待开发房地产应负担的税费，计算出待开发房地产的价值。

⑤基准地价修正法：基准地价修正法是指在政府确定公布了基准地价的地区，由估价对象所处地段的基准地价调整得出估价对象宗地价格的方法。

运用基准地价修正法对估价对象进行估价的：首先，搜集有关基准地价的资料，确定估价对象所处地段的基准地价；其次，对交易日期、区域因素、个别因素进行修正；最后，根据基准地价和修正因素，求出估价对象的宗地价格。

2. 房地产抵押价值评估

房地产抵押价值评估应当注意区分抵押价值和市场价值，抵押价值具体是指房地产在估价时点的市场价值减去法定优先受偿款，其中法定优先受偿款是指假定在估价时点实现抵押权时，法律规定优先于本次抵押融资受偿的款项（如发包人拖欠承包人的建筑工程价款，已抵押担保的债权数额，以及其他法定优先受偿款）。抵押价值的确定应注意以下情形：

（1）首次抵押的房地产，以该房地产的价值作为抵押价值；再次抵押的房地产，以该房地产的价值扣除已担保债权后的余额部分为抵押价值。

（2）以划拨方式取得的土地使用权连同地上建筑物的抵押价值评估，应当扣除应缴纳的土地出让金。估价对象的土地使用权是以划拨方式取得的，抵押价值的评估方式可以选择：①直接评估在划拨土地使用权下的市场价值；或者②评估假设在出让土地使用权下的市场价值，然后扣除划拨土地使用权应缴纳的土地使用权出让金或相当于土地使用权出让金的价款。

（3）抵押价值评估应当考虑土地使用权剩余年限对价值的影响。

（4）诸如经济适用房等以国家优惠政策购买的房地产抵押价值为抵押人可以处分和收益份额部分的价值。

（5）按份共有房地产的抵押价值为抵押人所享有份额部分的价值；共同共有房地产的抵押价值为该房地产的价值。

（6）评估在建工程的抵押价值时，在建工程发包人与承包人应当出具在估价时点是否存在拖欠建筑工程价款的书面说明，并应以书面形式提供拖欠建筑工程价款的数额。

（四）房地产抵押的其他物权法问题

1. 受偿顺位：根据《物权法》的规定，同一财产向两个以上债权人抵押的，拍卖变卖抵押财产所得价款的清偿顺序按照如下规则进行：（1）抵押权已经登记的，按照登记的先后顺序清偿；顺序相同的，按照债权比例清偿；（2）抵押权已登记的优先于未登记的受偿；（3）抵押权未登记的，按照债权比例清偿。

2. 抵押不破租赁：订立抵押合同前抵押财产已经出租的，原租赁关系不受该抵押权的影响；抵押权设立后抵押财产出租的，该租赁关系不得对抗已登记的抵押权。这里需要注意一个问题，即抵押合同签订后至抵押权登记设立前的期间内，抵押物已出租的，在抵押权登记设立后，租赁关系在有效期内同样继续有效，但抵押人有可能承担违约责任。

另外还需要讨论一个问题，即“抵押财产出租”应如何理解，也即在租赁合同的订立与租赁物的交付时间不一致的情况下，租赁权设立的准据时点应该如何认定。根据《民事审判参考》总第57辑“论物权法第一百九十条中“抵押财产出租”的准据时间——兼论‘买卖不破租赁’的理解与适用”的观点，租赁权设立的准据时点应以租赁物的交付占有为准。

3. 流质条款之禁止：抵押权人在债务履行期届满前，不得与抵押人约定债务人不履行到期债务时抵押财产归债权人所有。债务人不履行到期债务或者其他需要实现抵押权的条件成就时，抵押权人可以和抵押人协议由抵押权人折价受让抵押财产。

4. 抵押财产转让：抵押期间，抵押人经抵押权人同意转让抵押财产的，应当将转让所得的价款向抵押权人提前清偿债务或者提存。转让价款超过债权数额的部分归抵押人所有，不足部分由债务人清偿。抵押期间，抵押人未经抵押权人同意，不得转让抵押财产，但受让人代为清偿债务消灭抵押权的除外。

按照上述抵押期间抵押财产转让的相关规定，抵押人在在建工程抵押期间进行预售时，应当征得抵押权人同意，并将预售款项用于向抵押权人提前清偿或者提存（归集到监管账户）；没有经过抵押权人同意，抵押人不得对抵押的在建工程进行预售。具体业务中，抵押人在进行预售前，会通过抵押物替换或者归集保证金等方式，向抵押权人申请解除拟预售抵押物的抵押登记。

另外需要重点提示的是，要重点了解抵押物（用款项目）所在地国土部门对抵押登记的特殊管理要求，比如项目用地抵押后转为在建工程抵押、预售前项目用地及在建工程不得设置抵押权等事项。

二、房地产抵押相关问题

（一）一般规定

1. 调整范围：《城市房地产抵押管理办法》对城市规划区内国有土地范围内的房地产抵押事项进行规范，但是该办法没有将地上无房屋的国有土地使用权设定抵押事项纳入调整范围。该办法调整的范围包括一般房地产抵押、预购商品房贷款抵押和在建工程抵押。由于信托业务不会涉及预购商品房贷款，所以本章对该内容不予讨论。在建工程抵押由于其特殊性，将会单独予以讨论。

2. 禁止抵押：不得设定抵押权的房地产范围包括：（1）权属有争议的房地产；（2）用于教育、医疗、市政等公共福利事业的房地产；（3）列入文物保护的建筑物和有重要纪念意义的其他建筑物；（4）已依法公告列入拆迁范围的房地产；（5）被依法查封、扣押、监管或者以其他形式限制的房地产；（6）依法不得抵押的其他房地产。

3. 复合抵押：抵押人所担保的债权不得超过其抵押物的价值，抵押房地产的价值大于所担保债权的余额部分，可以再次抵押，但不得超过余额部分。如果同一房地产设定两个以上抵押权的，抵押人应当将已经设定过的抵押情况告知抵押权人。以两宗以上房地产设定同一抵押权的，视为同一抵押房地产，但当事人可以另有约定。

（二）抵押各类型房地产的具体规定

1. 以享受国家优惠政策购买的房地产抵押的，抵押额以房地产权利人可以处分和收益的份额比例为限。

2. 国有企业、事业单位法人以国家授予其经营管理的房地产抵押的，应当符合国有资产管理的有关规定。

3. 以集体所有制企业的房地产抵押的，必须经集体所有制企业职工大会通过并报其上级主管机关备案。

4. 以中外合资、中外合作和外商独资企业的房地产抵押的，必须经过董事会通过，但企业章程另有规定的除外。

5. 以有限责任公司、股份有限公司的房地产设定抵押的，必须经过董事会或者股东大会通过，但企业章程另有规定的除外。

6. 有经营期限的企业以其所有的房地产设定抵押的，所担保债务的履行期限不应当超过其经营期限。

7. 以具有土地使用年限的房地产设定抵押的，所担保债务的履行期限不应超过土地使用权出让合同规定的使用年限减去已经使用年限后的剩余年限。

8. 以共有房地产抵押的，抵押人应当事先征得其他共有人的书面同意。

9. 以已经出租的房地产抵押的，抵押人应当将租赁情况告知抵押权人，并将抵押情况告知承租人，原租赁合同继续有效。

（三）抵押权的设定、转让与处分

以房地产设定抵押的，抵押当事人应当签订书面抵押合同，抵押当事人应当在房地产抵押合同签订之日起30日内到房地产所在地的主管部门办理抵押登记手续。根据《城市房地产抵押管理办法》第三十一条规定，房地产抵押合同自抵押登记之日起生效。但是《物权法》区分了物权行为与债权行为，我们可以根据《物权法》的精神及相关规定认为，房地产抵押合同应当自合同约定的生效条件成就时生效，抵押权自登记之日设定。

对于权属清楚和证明材料齐全的抵押事项，登记主管机关应当在受理登记之日起7日内决定是否予以登记。登记机关决定予以登记的，应当在《房屋所有权证》《国有土地使用权证》《房地产权证》上作他项权利记载并由抵押人收执，同时向抵押权人颁发《他项权利证》。

抵押权人处分抵押房地产时，应当书面通知抵押人；如果抵押房地产为共有或者出租的，还应当同时书面通知共有人或承租人，同等条件下，共有人或承租人有优先购买权。同一房地产设定两个以上抵押权时，以抵押登记的先后顺序受偿。土地上新增的建筑物应当和抵押财产一同处分，抵押权人对于新增房屋的处分所得没有优先受偿权。处分以划拨方式取得的土地及其上建筑所得的价款，应当首先用于缴纳相当于土地使用权出让金的款项后，抵押权人才可以优先受偿。

处分抵押物所得价款的清偿顺序为：（1）支付处分抵押房地产的费用；（2）扣除抵押房地产应当缴纳的税金；（3）偿还抵押权人债权本息及支付违约金；（4）赔偿因债务人违反合同而对抵押权人造成的损害；（5）剩余金额交还抵押人。

三、土地使用权抵押相关问题

根据《物权法》《担保法》和《城镇国有土地使用权出让和转让暂行条例》规定，国有土地使用权（建设用地使用权）可以抵押。根据“房随地走”和“地随房走”的原则，土地使用权抵押的，其地上建筑物和附着物随之抵押；地上建筑物和附着物抵押时，其使用范围内的土地使用权随之抵押。

根据原国家土地管理局颁发的《关于土地使用权抵押登记有关问题的通知》规定，土地使用权抵押登记应当遵循登记机关一致原则，即土地使用权的抵押登记手续须在该土地使用权登记管理机关办理，具体由县级以上地方人民政府土地管理部门负责抵押权登记工作。土地使用权抵押权合法凭证为《土地他项权利证明书》，《土地使用权证》不是抵押权的法律凭证，并且抵押权人也不得扣留抵押人的《土地使用权证》。土地使用权分割抵押的，由土地管理部门确定抵押土地的界线和面积。

抵押人和抵押权人应当在《抵押合同》签署后 15 日内到土地管理部门申请办理抵押登记手续；《抵押合同》变更的，抵押人和抵押权人应当在变更后 15 日内申请办理抵押登记的变更手续；《抵押合同》解除或终止的，抵押人和抵押权人应当在解除或终止后的 15 日内申请办理抵押登记的注销手续。因处分抵押财产而导致土地使用权发生转移的，抵押人、抵押权人和受让人在抵押财产处分后 30 日内申请办理土地登记变更手续。

根据国土资源部门颁发的《关于国有划拨土地使用权抵押登记有关问题

的通知》规定，以国有划拨土地使用权为标的物设定抵押权的，土地管理部门办理的抵押登记手续视同已经具有审批权限的土地管理部门批准。最高人民法院也发出通知要求，凡是涉及国有划拨土地使用权抵押经过有审批权限的土地管理部门办理抵押登记手续的案件，不得以国有划拨土地使用权抵押未经批准而认定抵押无效。

根据《最高人民法院关于能否将国有土地使用权折价抵偿给抵押权人问题的批复》规定，抵押权人通过拍卖方式处分土地使用权，该土地使用权无法变现，且债务人又没有其他可供清偿的财产的，经抵押权人同意，人民法院可以参考评估价值将该土地使用权折价抵偿给抵押权人。

四、在建工程抵押相关问题

（一）一般规定

在建工程抵押是指抵押人为取得在建工程继续建造资金的贷款，将其合法方式取得的土地使用权连同在建工程的投入资产，以不转移占有的方式抵押给贷款人作为偿还贷款履行担保的行为。在建工程抵押的条件包括以下几个方面：

1. 在建工程抵押贷款的资金用途为该在建工程继续建造所需资金。借款人不得用在建工程为他人债务提供担保，也不得为借款人其他用途的债务提供担保。

2. 在建工程占用范围内的土地，已经全部交纳国有土地使用权出让金，并取得国有土地使用权证。

3. 在建工程必须已经取得建设用地规划许可证、建设工程规划许可证和建设工程施工许可证。

4. 自有资金投入必须达到工程建设总投资的25%以上，已经确定工程施工进度和竣工交付日期。

《城市房地产抵押管理办法》规定在建工程抵押合同应当具有的内容包括：《国有土地使用权证》《建设用地规划许可证》和《建设工程规划许可证》编号；已交纳的土地使用权出让金或需要交纳的相当于土地使用权出让

金的款项；已投入在建工程的工程款；施工进度及工程竣工日期；已完成的工作量和工程量。

根据我国“房随地走”和“地随房走”的原则，以在建工程已完工部分抵押的，其土地使用权随之抵押。如果在建工程在抵押期间竣工的，抵押权人应当在抵押人领取房地产权属证书后及时与抵押人办理房地产抵押登记。

值得注意的是，《城市房地产抵押管理办法》对在建工程抵押权予以认可，但是该办法将在建工程抵押融资的目的限制为“为取得在建工程继续建造所需要的资金而进行的融资”。在实践中，在建工程抵押融资存在两种情形：一种是在建工程抵押人以其所有的在建工程连同建设用地使用权为该在建工程继续建造所需资金而进行的融资提供抵押担保；另一种是在建工程抵押人以其所有的在建工程连同建设用地使用权为自己开发的其他项目融资或者为他人融资提供抵押担保。《城市房地产抵押管理办法》否认了第二种情形的合法性，但是依据《物权法》及《担保法》司法解释规定，上述两种抵押担保情形应当为法律所认可，因此我们可以说《城市房地产抵押管理办法》的该项规定不符合经济社会发展的现实和需要，应当由相关主管部门予以修改。

（二）商品房预售和在建工程抵押

根据《城市房地产管理法》第四十五条规定，在建工程符合以下条件即可进行预售：（1）已交付全部土地使用权出让金，取得土地使用权证书；（2）持有建设工程规划许可证；（3）按提供预售的商品房计算，投入开发建设的资金达到工程建设总投资的25%以上，并已经确定施工进度和竣工交付日期；（4）已办理预售登记，取得商品房预售许可证明。《物权法》第一百九十一条规定，抵押期间，抵押人经抵押权人同意转让抵押财产的，应当将转让所得的价款向抵押权人提前清偿债务或者提存。转让的价款超过债权数额的部分归抵押人所有，不足部分由债务人清偿。抵押期间，抵押人未经抵押权人同意，不得转让抵押财产，但受让人代为清偿债务消灭抵押权的除外。由此我们可以知道，在建工程抵押后，房地产开发企业如果要预售商品房，就必须解除与抵押权人的抵押关系。在信贷资金没有清偿之前解除抵押，将对贷款人的信贷资金安全构成很大的风险。为了防范风险，贷款人可以与借款人设立销售监管账户，预售部分先解除抵押关系，预售收入全部进入销售监管账户作为保证金。或者由借款人提供其他价值相当的担保物作担保，抵押权人方可解除在建工程的抵押。

（三）在建工程抵押权与工程款优先权

根据《最高人民法院关于建设工程价款优先受偿权问题的批复》规定，人民法院在审理房地产纠纷案件和办理执行案件中，应当依照《合同法》第二百八十六条的规定，认定建筑工程承包人的优先受偿权优先于抵押权和其他债权。该优先权的行使期限自建设工程竣工之日或者建设工程合同约定的竣工之日起6个月。但是该优先权不得对抗已交付商品房全部或者大部分购房款的买受人。信托公司在开展房地产融资业务时，应该注意防范该类风险。信托公司应对建设工程施工单位和开发商进行详尽的尽职调查，对于工程款额应从抵押物价值中剔除出去，或者直接要求建筑施工企业放弃工程款优先权。以此防范可能存在的风险。

第二节　房地产项目监管措施

一、项目公司管理

（一）管理人员派驻

信托公司采取股权投资方式进入项目公司的，应当加强对项目公司的管理。信托公司原则上应当取得对项目公司绝对控股的地位，立即修改公司章程并改组董事会；信托公司向项目公司董事会派驻董事及财务总监，派驻董事的人数能够控制董事会重大事项表决权，或者派驻董事能对重大事项拥有一票否决权。重大事项的具体内容可根据具体项目而定，笔者认为至少应当包括如下事项：（1）以项目公司资产或者以项目公司名义对外提供抵（质）押/保证担保，或者设定权利负担；（2）对外举债、转让/出售资产或权益、直接或间接放弃项目公司经济利益；（3）项目公司年度经营报告、财务预决算及大额资金使用计划；（4）印鉴的启用、废除、变更及备案等；（5）高级管理人员的聘任、解聘、薪酬等事项；（6）项目设计方案的确定及变更，项目投资概算、销售计划的确定及变更；（7）重大规章制度的制定及修改，如董事会议事规则、财务管理制度等。

（二）印鉴管理

项目公司的公章、法定代表人名章、财务专用章、合同专用章等应当由信托公司指定专人保管，项目公司未经董事会同意，不得另行刻制除规定印鉴外的其他印鉴。项目公司每次用印时需要进行登记，并对用印文件及资料留存复印件；印鉴保管人员需要编制用印明细表，并向信托公司派驻的财务总监进行汇报。

项目公司的营业执照、税务登记证、组织机构代码证、贷款卡等主体资格证照，以及土地出让合同、建设项目证照批文（包括但不限于立项可研批复、环评批复、土地使用权证、用地规划许可证、工程规划许可证、工程施工许可证、预售许可证等）、其他法律文件等需要由信托公司指定专人保管。

二、账户监管

信托公司可以根据具体情况对项目公司开立的账户种类及数量进行规定，项目公司未经信托公司同意，不得开立除规定账户外的任何账户。比如信托公司规定项目公司在监管银行仅能开立主账户、日常营运资金账户，信托资金监管账户、保证金账户/销售资金监管账户，如果项目公司需要在监管银行开立其他账户或者在其他银行开立账户的，需要信托公司书面同意，并接受信托公司按照约定用途监管。银行账户预留的印鉴一般分为项目公司财务专用章及法定代表人名章、信托公司指定人员名章。各银行账户的用途如下：

主账户（仅用于资金收入）：不得直接用于资金支出，资金支出仅限通过银行汇款的方式向日常营运资金账户汇入资金。

日常营运资金账户（仅用于资金支出）：日常营运资金账户项下资金由主账户直接拨付，并用于项目公司日常营运资金需求。项目公司编制日常营运资金用款计划，并报信托公司核准后方可从该账户支付资金。

信托资金监管账户（仅用于资金支出）：信托资金由信托账户划入信托资金监管账户，专项用于项目建设。信托资金监管账户项下资金具体需要根据工程进度进行支付，不得用于项目建设以外的其他用途。

保证金账户/销售资金监管账户（仅用于资金收入）：项目公司每预售 1 平方米期房，需要向保证金账户划入一定金额的保证金，然后由信托公司相应解押 1 平方米在建工程①，具体划入保证金的金额可以根据期房销售价格确定；如果约定提前归集保证金条款的，项目公司应于信托期满一定期限按照相应的比例向保证金账户归集保证金②；如果约定对项目销售收入进行监管的，项目销售收入需要按照约定归集到销售资金监管账户。

三、工程监管

（一）工程进度监管

项目工程能否顺利完工，直接关系信托资金的安全，因此有效控制工程进度是项目风险控制的重要目标和手段。项目公司需要向信托公司提交工程进度承诺函，并按季度编制项目开发进度计划表；信托公司需要至少每月进行一次现场施工检查，如果项目未能达到约定进度，项目公司需要承担相应的违约责任，或触发特殊事项处理机制。项目开发进度表示例如下：

---

① 项目公司将在建工程抵押给金融机构后，办理预售许可证进行销售时，是否需要解除在建工程抵押，不同地方有不同的规定。如果需要解押后才能销售的，则项目公司需要交纳保证金或者提供其他担保后，方可解押在建工程。

② 比如信托期限为 24 个月，则可以约定在信托期满 20 个月时，项目公司应每月按照信托资金本金 10% 的比例向保证金账户归集保证金。

序号	工程阶段	进度时间
1	土石方外运	2012 年 3 月
2	地下层施工完成	2012 年 6 月
3	地下室结构封顶（出正负零）	2012 年 12 月
4	主体结构封顶	2013 年 9 月
5	内装、外装	2013 年 11 月
6	室外景观	2013 年 11 月
7	消防验收（取证）	2013 年 11 月
8	竣工验收（取得备案证书）	2013 年 12 月

（二）工程质量监督

信托公司没有专业的工程建筑专业资质和人员，很难做到亲自对工程质量进行监理监督，信托公司可以从以下三个方面对工程项目的质量进行监督：

（1）在相关合同中约定项目公司应当严格按照行业内公认或通用的质量标准进行项目的开发建设，并接受信托公司的监督；如果建设项目没有达到相应的质量标准，项目公司及其控股股东应当承担相应的违约责任。

（2）由信托公司聘请的工程监理公司对工程建设的投资、工期、工程质量进行控制，履行安全管理和合同管理职责，协调有关单位之间的工作关系（三控、两管、一协调）。

（3）信托公司至少每月一次派员进行现场监督检查，如果建设项目工程质量低于合同约定及行业公认或通用标准的，则触发特殊事项处理机制。

四、项目销售监管

（一）销售进度监管

项目公司制订项目销售计划表并经董事会批准通过，销售计划表包括但不限于销售定价方案、定价变动机制、销售进度等内容；如果需要根据市场变化对销售计划进行调整时，应当及时将调整方案并提交董事会批准。项目公司应当就销售计划表向信托公司出具销售进度承诺函。

项目公司应当至少每季度将实际销售情况结合销售计划表出具季度报告，并经信托公司派驻的财务总监审核同意。

信托公司根据信托期限对项目的去化率进行约束。比如信托期满 12 个月时，去化率需要达到40%以上；信托期满18 个月时，去化率需要达到60%以上；信托期满24 个月时，去化率需要达到 80%以上。如果去化率达不到约定的进度，则触发特殊事项处理机制，由信托公司主导销售定价等销售权利。

（二）销售资金监管

销售资金监管可以采用保证金账户监管或销售资金监管账户监管等方式，在信托资金退出之前，销售资金不得用于本项目建设之外的其他用途：

1. 如果需要信托公司解押在建工程才能进行预售期房的，则采用保证金账户监管的方式进行监管。项目公司按照×元/平方米的标准向保证金账户划入解押保证金后，再由信托公司解押对应面积的在建工程；实际销售价格超过解押保证金“×元/平方米”的部分可以划入主账户或销售资金监管账户进行全程封闭监管，实际销售价格低于解押保证金“×元/平方米”的部分由项目公司原控股股东补缴入保证金账户。

2. 如果项目公司预售期房不需要解押在建工程的，则采用销售资金监管账户的方式进行监管。在信托资金退出之前，销售资金不得用于本项目建设之外的其他用途。如果项目公司需要将销售资金用于本项目建设的，需要向信托公司申请并获同意后方可使用。信托公司应当加强与按揭银行的联系与合作，以确保销售款项能全部进入销售资金监管账户。

五、房地产预售政策及预售资金监管

很多城市对房地产预售政策及预售资金监管都有着较为严格的规定，其中预售资金必须专项用于项目建设。下文对全国重点城市房地产预售资金监管政策进行解析：

（一）北京市房地产预售及预售资金监管

1. 预售政策

根据《北京市城市房地产转让管理办法》规定，建设单位符合如下条件时方可申领商品房预售许可证：（1）已交付全部土地使用权出让金并取得国有土地使用权证，属于预售经济适用房的，应当取得建设用地批准书；（2）取得建设工程规划许可证和施工许可证；（3）按提供预售的商品房计算，投入开发的建设资金达到工程建设总投资的25%以上；（4）已经确定竣工日期，且满足市房地产行政主管部门公布的预售最长期限。

2. 预售资金监管

根据《北京市商品房预售资金监督管理办法》规定，房地产开发企业在申请商品房预售许可前，应选择商业银行作为预售资金监管专用账户的开户银行，并按照一个预售许可申请对应一个账户的原则在监管银行开立专用账户。在预售项目完成房屋初始登记后，房地产开发企业可以持房屋所有权登记证明向监管银行申请解除资金监管专用账户。

商品房预售资金需要全部存入专用账户，其中房地产开发企业直接收取的定金在完成商品房网上签约后5个工作日内存入专用账户，除可以直接收取定金外的其他购房款必须直接进入专用账户。

房地产开发企业不得从专用账户中支取现金。监管银行对于重点监管额度①部分进行重点监管，以优先用于工程建设，专用账户内的资金不得低于重点监管额度的5%。房地产开发企业根据地下结构完成、主体结构完成、竣工验收备案、初始登记完成四个环节设置资金使用环节②，并合理确定每个节点的用款额度。对于专用账户内资金超过剩余工程建设节点用款额度的，房地产开发企业可以申请支取超过部分的资金优先用于项目建设。

---

① 重点监管额度是指预售项目所需的建筑施工、设备安装、材料购置、配套建设、代征代建等相关建设费用总额。其中，住宅项目应包括按照本市相关规定达到同步交付使用条件所需的建设费用。

② 项目拟预售楼栋中最高楼栋为7层以上（含7层）10层以下建筑的，可增加“建设层数达二分之一”节点；拟预售楼栋中最高楼栋为10层以上（含10层）建筑的，可增加“建设层数达三分之一”“建设层数达三分之二”节点。

（二）上海市房地产预售及预售资金监管

1. 预售政策

根据《上海市房地产转让办法》规定，房地产开发企业预售商品房的，应当符合如下条件：（1）土地使用权以出让方式取得，已支付全部土地使用权出让价款；（2）土地使用权已经依法登记并取得房地产产权证书；（3）取得商品房的建设工程规划许可证和建设工程施工许可证；（4）商品房建筑安装工程投资完成的工程量达到规定标准；（5）已经确定商品房竣工交付日期，并落实了市政、公用和公共建筑设施的配套建设计划。

房地产开发企业符合上述预售条件的，应当向上海市住房保障管理局或区县房屋管理部门提出申领预售许可证的申请，并提交符合预售条件的文件以及商品房的总平面图和分层平面图。房地产开发企业取得商品房预售许可证后，才可以进行商品房预售的广告宣传。

2. 预售资金监管

上海市没有颁发专门的预售资金监管办法，《上海市房地产转让办法》对房地产开发企业的预售款监管作了简单规定。根据《上海市房地产转让办法》的规定，房地产开发企业收取的商品房预售款，应当委托监管机构监管，专项用于预售商品房的建设。监管机构对预售款监管不当，给预购人造成损失的，应当承担连带责任。

第三节　其他风险管理措施

一、结构化信托

（一）概述

所谓结构化信托是指信托公司根据投资者不同的风险偏好对信托受益权进行分层配置，按照分层配置中的优先与劣后安排进行收益分配，使具有不同风险承担能力和意愿的投资者通过投资不同层级的受益权来获取不同的收益并承担相应风险的集合资金信托业务。

结构化信托是一种信托产品设计类型，同时也是一种信用增级措施。信托公司可以将信托受益权划分为优先信托受益权和劣后信托受益权，在信托计划期限届满清算时，信托财产不足以向信托受益人分配信托资金本金和信托收益的，则以全部信托财产优先向优先信托受益人分配信托资金本金，然后依次分配的是优先信托受益人的信托收益，如信托财产还有剩余，才可以依次向劣后受益人分配信托资金本金和信托收益，劣后受益人以其所持有的信托受益权份额保证优先受益人的信托资金本金和信托收益如期兑付。

一般情况下，劣后信托受益权人的预期信托收益率明显高于优先信托受益权人的预期信托收益率，但前者承担的风险也较后者高很多，投资者可以根据自己的风险偏好和风险承受能力选择认购不同层级的信托受益权份额。但是还有一种情况，信托公司为了给信托计划进行信用增级，要求交易对手（项目公司或其关联方）认购劣后信托受益权份额，以此保证信托资金的安全性和吸引力。

（二）监管政策（银监通〔2010〕2号）

信托公司开展结构化信托业务应遵循的原则：依法合规原则；风险与收益相匹配原则；充分信息披露原则；公平公正，注重保护优先受益人合法利益原则。

合格投资者：信托公司应对结构化信托业务的投资者进行风险适应性评估，了解其风险偏好和承受能力，并对本金损失风险等各项投资风险予以充分揭示，以此使结构化信托产品的投资者都具有风险识别和承担能力。

结构化信托业务的劣后受益人首先必须是信托计划的合格投资者，其次参与单个结构化信托业务的金额不得低于100万元人民币。信托公司应对劣后受益人就强制平仓、本金发生重大损失等风险进行特别揭示。

产品设计：1. 结构化信托产品的优先受益人与劣后受益人投资资金配置比例大小应与信托产品基础资产的风险高低相匹配，但劣后受益权比重不宜过低。

2. 信托公司进行结构化信托业务产品设计时，应对每一支信托产品撰写可行性研究报告。报告应对受益权的结构化分层、风险控制措施、劣后受益人的尽职调查过程和结论、信托计划推介方案等进行详细说明。

3. 信托公司应当合理安排结构化信托业务各参与主体在投资管理中的地位与职责，明确委托人、受益人、受托人、投资顾问等参与主体的权限、责任与风险。

4. 结构化信托业务运行过程中，信托公司可以允许劣后受益人在信托文件约定的情形出现时追加资金。

禁止行为：信托公司禁止行为包括：

1. 利用受托人的专业优势为自身谋取不当利益，损害其他信托当事人的利益。

2. 利用受托人地位从事不当关联交易或进行不当利益输送。

3. 信托公司股东或实际控制人利用信托业务的结构化设计谋取不当利益。

4. 信托公司及其全体员工、信托公司股东等利益相关人作为劣后受益人。

5. 以商业银行个人理财资金投资劣后受益权。

劣后受益人禁止行为包括：

1. 为他人代持劣后受益权。

2. 通过内幕信息交易、不当关联交易等违法违规行为牟取利益。

3. 将享有的信托受益权在风险或收益确定后向第三方转让。

报告制度：信托公司按季将上季度开展的结构化信托产品情况向属地银监局报送，内容包括但不限于每个结构化信托产品的规模、分层设计情况、投资范围、投资策略和比例限制、劣后信托受益人的名称和认购金额。

二、应收账款质押担保

（一）概述

房地产开发企业进行经营性物业融资时，可以以经营性物业租金收入等经营性物业现金流提供质押担保。根据中国人民银行《应收账款质押登记办法》[①] 规定，出租动产或不动产等形成的债权属于应收账款范畴，因此房地产开发企业以经营性物业的租金收入等经营性物业现金流进行的质押融资可归类为应收账款质押融资业务。

信托公司接受房地产开发企业以租金收入提供应收账款质押担保应当注意如下几方面的问题：

1. 调查了解经营性物业的租赁情况，通过最近三年经营性物业出租率、空置率、出租面积、租赁价格等数据分析经营性物业租金收入水平及最近三年的变化趋势。

2. 通过查阅房地产开发企业与承租人的租赁合同，对该经营性物业的出租率、空置率、出租面积、租赁价格等数据进行核实。对经营性物业主要承租人租赁合同的期限、未来各年度租金的调整方式及调整幅度进行分析，以此对未来经营性物业的租赁收入进行预测。

3. 信托公司应与房地产开发企业签订应收账款质押合同，约定房地产开发企业将其出租不动产形成的应收账款设定质押。

4. 信托公司应与房地产开发企业、承租人、监管银行签署监管协议，约定承租人将其应缴租金按时向信托公司指定的监管账户进行归集，监管银行对归集入监管账户的资金进行监管。

（二）应收账款质押规则

1. 质押登记及办理机构

中国人民银行征信中心是应收账款质押的登记机构，中国人民银行征信中心通过应收账款质押登记公示系统办理应收账款质押登记服务。应收账款质押登记具体由债权人通过质押登记公示系统办理，债权人也可以委托他人代为办理。

---

① 根据中国人民银行颁发的《应收账款质押登记办法》（中国人民银行令〔2007〕第4号）规定，应收账款是指权利人因提供一定的货物、服务或设施而获得的要求义务人付款的权利，包括现有的和未来的金钱债权及其产生的收益，但不包括因票据或其他有价证券而产生的付款请求权。具体而言，应收账款包括如下债权：（1）销售货物、供应水电气暖及知识产权的许可权等而形成的债权；（2）出租动产或不动产等而形成的债权；（3）提供服务而产生的债权；（4）公路、桥梁、隧道、渡口等不动产收费权；（5）提供贷款或其他信用产生的债权。

2. 质押登记期限

应收账款质押登记期限可以由质权人自行确定，质押登记期限的具体规则如下：（1）登记期限以一年计算，最长登记期限不得超过5年；（2）登记期限届满前90日内，质权人可以申请展期；（3）登记期限届满而未进行展期的，质押登记失效；（4）质权人可以多次展期，每次展期期限不得超过5年。

3. 异议登记

出质人或其他利害关系人认为登记内容错误的，可以要求质权人变更或注销登记。质权人不同意变更或注销登记的，出质人或其他利害关系人可以办理异议登记。出质人或其他利害关系人自异议登记之日起15日内不起诉的，征信中心撤销异议登记。出质人或其他利害关系人应在异议登记办理完毕的同时通知债权人，办理异议登记的出质人或其他利害关系人也可以自行注销异议登记。

4. 变更与注销

登记内容存在遗漏、错误等情形或者登记内容发生变化的，质权人应当办理变更登记；质权人办理登记时所填写的出质人法定注册名称或有效身份证件号码变更的，质权人应当在变更之日起4个月内办理变更登记，否则质押登记失效。质权人在原质押登记中增加新的应收账款出质的，新增加的部分视为新的质押登记，登记时间为质权人填写新的应收账款并提交登记公示系统的时间。

质权人在发生如下情形之一起10个工作日内办理注销登记：（1）债权消灭；（2）质权实现；（3）质权人放弃登记载明的应收账款之上的全部质权；（4）其他导致所登记质权消灭的情形。

三、项目公司股权质押

（一）概述

房地产开发企业进行特定城市/地区房地产开发建设，会通过新设项目公司来具体运作该城市/地区的房地产项目。房地产开发企业进行项目融资的方式有两种：一种是以项目公司作为融资主体；另一种是由集团公司进行融资，并由集团公司调配融资资金用于指定项目的开发建设。项目公司的实质资产一般就是其名下开发的房地产项目，因此房地产项目融资业务债权人原则上要求融资人以用款项目所在土地使用权或者在建工程提供抵押担保。为了加强对项目公司的控制，信托公司往往会要求项目公司股东将其所持有的项目公司股权质押给信托公司。

根据《物权法》第二百二十六条规定："以基金份额、股权出质的，当事人应当订立书面合同。以基金份额、证券登记结算机构登记的股权出质的，质权自证券登记结算机构办理出质登记时设立；以其他股权出质的，质权自工商行政管理部门办理出质登记时设立……"由此可知，如果交易对手以其所持有的或第三人所持有的非上市公司股权申请质押融资的，则应在工商行政管理机构办理股权质押登记，质权自工商行政管理部门办理出质登记时设立。2008 年 9 月 1 日，国家工商行政管理总局公布第 32 号令，正式颁发《工商行政管理机关股权出质登记办法》，对未在证券登记结算机构登记的股份有限公司以及有限责任公司的股权质押事项进行规范。

（二）股权质押登记基本问题

1. 出质股权标准

根据《工商行政管理机关股权出质登记办法》《公司法》以及其他相关法律法规规定，用于出质的股权必须符合如下条件：

（1）申请质押登记的股权必须是依法可以转让和出质的股权；

（2）申请出质登记的股权没有被人民法院冻结。如果受到司法冻结或者其他限制，在解除司法冻结之前不得办理质押登记。

（3）股份有限公司不得接受本公司的股票作为质权标的。值得注意的是，《公司法》规定了股权有限公司不得接受本公司的股票作为质押标的，但是并没有规定有限责任公司是否可以接受本公司股权作为质权标的。

（4）以外商投资公司的股权出质的，应当经原公司设立审批机关批准后方可办理出质登记。

2. 股权出质通知书（见附件一）

股权出质登记机关对登记申请应当当场办理登记手续并发给登记通知书，通知书加盖登记机关股权出质登记专用章。股权出质通知书的内容包括：

（1）出质人和质权人的姓名或名称；（2）出质股权所在公司的名称；（3）出质股权的数额；（4）质权登记编号。

3. 外商投资企业股权出质相关问题

根据《外商投资企业投资者股权变更的若干规定》规定，经企业其他投资者同意，缴付出资的投资者可以依据《担保法》的有关规定，通过签订质押合同并经审批机关批准，将其已缴付出资部分形成的股权质押给质权人；投资者不得质押未缴付出资部分的股权；投资不得将股权质押给本企业。在质押期间，出质投资者作为企业的投资者身份不变，未经出质投资者和企业其他投资者同意，质权人不得转让出质股权；未经质权人同意，出质投资者不得将已出质的股权转让或者再出质。

企业投资者与质权人签订股权质押合同后，应当将如下材料报送批准设立该企业的审批机关审查：

（1）企业董事会及其他投资者关于同意出质投资者将其股权质押的决议；

（2）出质投资者与质权人签署的质押合同；

（3）出质投资者的出资证明书；

（4）中国注册会计师及其所在的事务所为企业出具的验资报告。

企业应在获得审批机关同意其投资者出质股权的批复后30日内，持有关批复文件向原登记机关备案，未经审批和备案的质押行为无效。

（三）质押设立、变更、注销与撤销

1. 设立登记申请

股权出质设立登记申请应当由出质人和质权人共同提出，质押双方当事人申请股权出质登记应当提交的材料如下：

（1）申请人签字或盖章的《股权出质设立登记申请书》；

（2）记载有出质人姓名或名称及其出资额的有限责任公司股东名册复印件或者出质人持有的股份有限公司股票复印件，并应加盖公司印章；

（3）质押合同（抵押合同范围见第四节）；

（4）出质人、质权人的主体资格证明或者自然人的身份证明复印件，自然人需本人签字，法人需加盖印章；

（5）申请人指定代表或者共同委托代理人的证明（如有）；

（6）国家工商行政管理总局要求提交的其他材料。

2. 变更登记申请

如果出现出质股权数额变更、质押双方当事人姓名（名称）或者出质股权所在公司名称变更的，应当由出质人和质权人共同向登记机关提交如下资料申请变更登记：

（1）申请人签字或者盖章的《股权出质变更登记申请书》；

（2）有关登记事项变更的证明文件；出质股权数额变更的，提交质押合同修正案或者补充合同；出质人、质权人或者出质股权所在公司名称（姓名）变更的，提交名称（姓名）变更的证明文件和变更后的主体资格证明或者自然人身份证明复印件；

（3）申请人指定代表或者共同委托代理人的证明（如有）；

（4）国家工商行政管理总局要求提交的其他材料。

3. 注销登记申请

如果出现主债权消灭、质权实现、质权人放弃质权或者法律规定的其他导致质权消灭的情形，出质人和质权人应当共同提交如下材料申请办理注销登记：

（1）申请人签字或者盖章的《股权出质注销登记申请书》；

（2）申请人指定代表或者委托代理人的证明（如有）。

4. 撤销登记申请

如果质押合同被依法确认无效或者被撤销的，可以由出质人或质权人单方提交如下材料申请办理撤销登记：

（1）申请人签字或者盖章的《股权出质撤销登记申请书》；

（2）质押合同被依法确认无效或者被撤销的法律文件；

（3）申请人指定代表或者委托代理人的证明（如有）。

四、保证担保

（一）概述

信托公司在设计房地产开发项目融资的风险控制措施时，可以要求融资人的股东或者实际控制人提供连带责任保证担保。如果房地产开发企业为民营企业，笔者建议应当要求融资人的实际控制人及其配偶提供连带责任保证担保。

自然人提供连带责任保证担保时，应当对其主要资产及债务情况进行调查了解，查询其银行征信信息是否有不良信息，查询其是否在失信被执行人名单中；企业提供连带责任保证担保的，应当比较借款人分析其担保能力及偿债资金来源等情况。

（二）担保方式

根据《担保法》的规定，保证方式分为一般保证和连带责任保证两种方式。当事人在保证合同中约定，债务人不能履行债务时，由保证人承担保证责任的，为一般保证；当事人在保证合同中约定保证人与债务人对债务承担连带责任的，为连带责任保证；当事人对保证方式没有约定或者约定不明确的，按照连带责任保证承担保证责任。一般保证与连带责任保证的区别在于：

1. 一般保证：保证人在主合同纠纷未经审判或者仲裁，并就债务人财产依法强制执行仍不能履行债务前，对债权人可以拒绝承担保证责任；有如下情形之一时，保证人不得行使一般保证的抗辩权：（1）债务人住所变更，致使债权人要求其履行债务发生重大困难的；（2）人民法院受理债务人破产案件，中止执行程序的；（3）保证人以书面形式放弃前款规定的权利的。

2. 连带责任保证：债务人在主合同规定的债务履行期届满没有履行债务的，债权人可以要求债务人履行债务，也可以要求保证人在其保证范围内承担保证责任。

（三）保证期间

债权人与保证人可以约定保证期间，如果未约定保证期间的，一般的保证期间为主债务履行期届满之日起 6 个月，连带保证的债权人有权自债务履行期届满之日起 6 个月内要求保证人承担保证责任。一般保证的债权人在保证期间内未对债务人提起诉讼或者申请仲裁的，保证人免除保证责任，债权人已经提起诉讼或申请仲裁的，保证期间适用诉讼时效中断的规定。连带保证的债权人在保证期间内未要求保证人承担保证责任的，保证人免除保证责任。保证合同约定的保证期间早于或等于主债务履行期间的，视为没有约定，保证期间为主债务履行期届满之日起6个月。保证合同约定保证人承担保证责任直至主债务本息还清时为止等类似内容的，视为约定不明，保证期间为主债务履行期届满之日起2年。

（四）担保圈担保

担保圈担保主要有互保、联保、循环担保三种模式：（1）互保是指A企业为B企业的对外融资提供保证担保，B企业也为A企业的对外融资提供保证担保；（2）联保是指A企业为B/C/D等多家企业的对外融资提供保证担保；（3）循环担保是指A企业为B企业先后发生的多笔外部融资提供担保（比如A企业为B企业的X借款提供担保，B企业归还完毕X借款后再向金融机构申请Y借款，A企业仍旧继续为B企业的Y借款提供担保）。

担保圈担保主要发生在如下三个领域：一是小微企业和县域企业，二是同一地区的各家政府融资平台，三是同一实际控制人控制下的各关联企业。担保圈担保在一定程度上能够增强企业的偿债能力，某些地方政府也鼓励辖区内企业通过担保圈担保方式进行信用增级以便于从金融机构融资。担保圈担保的问题在于容易造成金融机构对企业的多头授信和过度授信，从而加大企业间风险发生和传递的可能性；特别是在经济下行周期时，因为个别企业的违约而造成多米诺骨牌效应，使得风险向担保圈内的企业传递，进而造成区域性金融风险。

（五）风险池业务①

风险池业务具体是指：由当地政府部门、担保机构、银行按照约定比例出资共同建立风险池基金，银行按照风险池基金规模的一定倍数安排专项资金用于支持特定区域或特定产业企业。企业出现风险后，可由风险池基金先行代偿，风险池基金不足以代偿的部分由各出资方按照出资比例承担损失。

---

① 详见浙江省担保集团有限公司网站。

五、“外保内贷”问题分析

（一）外保内贷概念与特征

1. 外保内贷概念

“外保内贷”是指债务人向境内金融机构借款时，由境外机构或个人提供担保。“外保内贷”的担保方式可以为保证担保，也可以为抵押担保或质押担保。在香港等境外上市的房地产开发企业通过境内实体进行融资，由境外上市公司提供担保，即涉及“外保内贷”的问题，下文将对“外保内贷”相关规定进行分析。

2. 外保内贷特征

根据《外债登记管理办法》《资本项目外汇业务操作指引》（2013 年版）、《跨境担保外汇管理规定》及《跨境担保外汇管理操作指引》的规定，可以归纳中国法下“外保内贷”的如下特征：

（1）债务人为外商投资企业，或者获得外汇局外保内贷额度的中资企业（即在境内注册经营的非金融机构）。

（2）债权人为境内注册经营的金融机构，债权人应按照相关规定向所在地外汇局的资本项目系统集中报送外保内贷业务数据。

（3）担保的债权为债务人借用的本外币普通贷款或金融机构给予的授信额度。

（4）担保的形式为保证担保、中国法律法规允许提供或接受的抵押或质押担保。

（二）外保内贷业务额度申请

根据《资本项目外汇业务操作指引》（2013 年版）规定，外商投资企业可以自行签订外保内贷合同；中资企业借用境内贷款需要接受境外担保的，应当事先向外汇局申请外保内贷额度。外汇局依据如下原则进行审核：（1）属于国家鼓励行业；（2）过去三年内连续盈利，或经营趋势良好；（3）具有完善的财务管理制度和内控制度；（4）企业净资产与总资产的比例不得低于

15%；（5）对外借款与对外担保余额之和不得超过其净资产的 50%。

（三）外保内贷担保履约

1. 担保履约管理

根据《跨境担保外汇管理规定》及《跨境担保外汇管理操作指引》的规定，境外担保人需要履行外保内贷项下的担保责任时，债权人可以直接与境外担保人办理担保履约收款。外保内贷业务发生境外担保履约时，境内债务人应在担保履约后 15 个工作日内到外汇局办理短期外债签约登记及信息备案。

境内债务人应当清偿而尚未偿清其对境外担保人的债务之前，未经外汇局批准，不得签订新的外保内贷合同；已经签订外保内贷合同但尚未提款或全部提款的，未经外汇局批准，不得办理新的提款。

境内债务人对境外担保人履约而形成的对外负债，其未偿本金余额不得超过其上年度末未经审计的净资产数额；超过净资产限额的，则占用其自身的外债额度；外债额度仍然不够的，按照未经批准擅自对外借款处理。

2. 担保履约结购汇管理

根据《跨境担保外汇管理操作指引》及《资本项目外汇业务操作指引》（2013 年版），境外担保人因承担担保责任而支付的担保履约款与担保项下债务提款币种不一致的，金融机构应当办理结购汇。外汇局按照如下原则进行审核：（1）债权人已经办理境内贷款项下接受境外担保定期登记；（2）境内金融机构作为受益人签订贷款担保合同时无违规行为；（3）境内金融机构签订贷款担保合同时存在违规行为的，应半年一次集中向所在地外汇局提出申请。

债权人签订贷款担保合同时没有违规行为的，外汇局正常办理批准担保履约结购汇；存在程序性违规的，外汇局先允许办理结购汇，再依法进行处理；存在实质性违规且债权人应当承担相应责任的，外汇局先移交外汇检查部门，再办理批准结购汇。

（四）投注差与外债规模管理

1. 投注差管理

投注差是指外商投资企业投资总额与注册资本的关系。根据国家工商行政管理局《关于中外合资经营企业注册资本与投资总额比例的暂行规定》规定，中外合资经营企业的注册资本和投资总额的比例：（1）投资总额在300万美元及以下的，其注册资本至少应占投资总额的7/10；（2）投资总额在300万美元以上至1000万美元（含）的，其注册资本至少应占投资总额的1/2，其中投资总额在420万美元以下的，注册资本不得低于210万美元；（3）投资总额在1000万美元以上至3000万美元（含）的，其注册资本至少应占投资总额的2/5，其中投资总额在1250万美元以下的，注册资本不得低于500万美元；（4）投资总额在3000万美元以上的，其注册资本至少应占投资总额的1/3，其中投资总额在3600万美元以下的，注册资本不得低于1200万美元。

2. 外债规模管理

根据《外债登记管理办法》规定，外商投资企业发生境外担保履约的，其担保履约额应纳入外商投资企业外债规模管理。根据《外债管理暂行办法》规定，外商投资企业举借的中长期外债累计发生额和短期外债余额之和应当控制在审批部门批准的项目总投资和注册资本之间的差额以内。在差额范围内，外商投资企业可自行举借外债；超出差额的，须经原审批部门重新核定项目总投资。

六、融资担保

（一）业务范围

1. 融资担保业务

融资担保公司的融资担保业务主要包括借款担保，发行债券担保以及其他融资担保，其中借款担保主要包括贷款、互联网借贷、融资租赁、商业保理、票据承兑、信用证；其他融资担保主要包括被担保人大型的基金产品、信托产品、资产管理计划、资产支持证券。

2. 非融资担保业务

融资担保公司非融资担保业务主要包括：（1）投标担保、预付款担保、工程履约担保、尾付款如约偿付担保等履约担保业务；（2）与担保业务有关的融资咨询、财务顾问等中介服务；（3）诉讼保全担保；（4）自有资金进行投资以及监管部门规定的其他业务。

3. 禁止业务范围

融资担保公司不得经营如下业务：吸收存款或者变相吸收存款、自营贷款或者受托贷款、受托投资等。

（二）业务规则

1. 杠杆比例

融资担保公司的担保责任余额不得超过其净资产的10倍。小微企业和三农融资担保业务在保余额占比50%以上且户数占比80%以上的融资担保公司的担保责任余额不得超过其净资产的15倍。

2. 业务集中度

融资担保公司对同一被担保人的担保责任余额与融资担保公司净资产的比例不得超过10%，对同一被担保人及其关联方的担保责任余额与融资担保公司净资产的比例不得超过15%，为单个被担保人债券发行提供的担保责任余额不得超过净资产的30%。为被担保人主体信用评级AA级以上的发行债券担保，计算欠款规定的集中度时，责任余额按在保余额的60%计算。

3. 关联担保

融资担保公司不得为其控股股东、实际控制人以及子公司提供融资担保。融资担保公司为其他关联方提供融资担保的条件不得优于为非关联方提供同类担保的条件。

4. 自有资金投资

融资担保公司自有资金投资限于国债、金融债及大型企业债务融资工具等信用等级较高的固定收益类金融产品，以及不存在利益冲突且总额不高于净资产20%的其他投资。

（三）资产比例及相关指标

1. 资产比例

融资性担保公司净资产与未到期责任准备金、担保赔偿准备金之和不得低于资产总额的60%；Ⅰ级资产、Ⅱ级资产之和不得低于资产总额扣除应收代偿款后的70%；Ⅰ级资产不得低于资产总额扣除应收代偿款后的20%；Ⅲ级资产不得高于资产总额扣除应收代偿款后的30%。

2. 准备金

融资性担保公司应当按照当年担保费收入的50%提取未到期责任准备金，并按不低于当年年末担保责任余额1%的比例提取担保赔偿准备金。担保赔偿准备金累计达到当年担保责任余额10%的，实行差额提取。

3. 融资担保责任余额

融资担保责任余额＝借款类担保责任余额＋发行债券担保责任余额＋其他融资担保责任余额。其中，借款类担保责任余额＝单户在保余额500万元人民币以下的小微企业借款类担保在保余额×75%＋单户在保余额200万元人民币以下的农户借款类担保在保余额×75%＋其他借款类担保在保余额×100%；发行债券担保责任余额＝被担保人主体信用评级AA级以上的发行债券担保在保余额×80%＋其他发行债券担保在保余额×100%；其他融资担保责任余额＝其他融资担保在保余额×100%。

本章附录：

【实务案例一】

一、案由

（一）基本案由

1. 当事人：原告：CC资产管理公司（以下简称CC公司）；被告一：XZ市住房保障中心；被告二：XZ市住建局

2. 主债权

2003年6月27日，借款人XZ房管所与贷款人工行XZ支行签订编号为2003年（XZ）字第1号《流动资金借款合同》，约定XZ房管所向工行XZ支行借款240万元用于偿还2002年（XZ）字第2号合同项下借款人所欠贷款本金，借款期限自2003年6月27日至2004年6月26日；借款担保方式为抵押，双方就本合同之具体担保事项签订2003年XZ（抵）字3号担保合同；对XZ房管所逃避监督、拖欠借款本金及利息或其他严重违约行为，工行规定XZ支行有权实行信贷制裁，有权通过新闻媒体实现公告催收；本合同经双方签字并盖章后生效，有担保的，自担保合同生效后生效。

3. 担保措施

同日，为确保2003年6月27日XZ房管所与工行XZ支行签订的2003年

(XZ)字第1号借款合同项下借款人的义务得到切实履行，双方签订编号为2003年XZ（抵）字第3号《抵押合同》，约定XZ房管所以其位于A、B、C、D的房屋提供抵押担保，抵押担保的范围为主合同项下全部借款本金、利息、复利、罚息、违约金、赔偿金、实现抵押权的费用和所有其他应付的费用；在行使抵押权时，经协商对抵押物进行折价以抵偿主合同借款人所欠债务或对抵押物进行拍卖、变卖以取得价款优先受偿；本合同自双方签字并盖章之日起生效，需要办理抵押登记的，自到有关抵押登记机关办理完毕抵押登记手续之日起生效，至抵押担保范围全部清偿之日起终止。

2003年6月27日，XZ房管所提供抵押担保房屋登记的房屋他项权人为工行XZ支行（他项权利证书），抵押期限1年。2004年9月10日、12月16日，工行XZ支行向XZ房管所送达催收逾期贷款本息通知书。

（二）债权转让

2005年7月19日，工行HN分行与CC公司签订《债权转让协议》，约定截至2005年4月30日（转让基准日），工行HN分行将XZ房管所欠的贷款本息转让给CC公司。双方办理债权转让相关档案资料交接后，于同年10月22日共同在《HN商报》发布《债权转让通知暨债务催收联合公告》，通知XZ房管所向其债权受让人CC公司履行主债权合同及担保合同约定的还本付息义务或相应的担保责任。之后，CC公司先后于2007年10月15日在《HN商报》、2009年10月12日及2011年10月10日在《HN法制报》向XZ房管所催收贷款本金息。

（三）借款人重组

2007年3月15日，XZ市机构编制委员会1号文件，撤销XZ房管所，成立XZ市房地产管理局。2010年6月20日，XZ市机构编制委员会2号文件，成立事业单位住房保障中心，隶属XZ住建局；原XZ市建设管理局、XZ市房地产管理局机关事业全体人员人事关系全部编入住房保障中心。

2012年7月23日，XZ市机构编制委员会新编（2012）33号文件，XZ住建局下属事业单位中包括住房保障中心。XZ房管所系事业单位法人，其宗旨和业务范围被包含于住房保障中心之内。

二、法院判决

（一）一审判决

XZ房管所与工行XZ支行签订的《流动资金借款合同》及《抵押合同》，

系双方真实意思表示，其内容不违反国家法律法规规定，合法有效。工行XZ支行按照合同约定发放了贷款，XZ房管所应履行相应的偿还借款本息义务。工行HN分行作为工行XZ支行的管辖行，与CC公司签订《债权转让协议》，将XZ房管所欠《流动资金借款合同》及《抵押合同》项下贷款本金息的债权转让给CC公司。双方办理了债权转让有关档案资料的交接，还共同在《HN商报》发布债权转让通知暨债务催收联合公告，通知XZ房管所自公告之日起立即向其债权受让人CC公司履行主债权合同约定的还本付息义务或相应的担保责任，偿还债务。根据以上所述，就XZ房管所欠工行XZ支行本息的债权，CC公司从工行HN分行受让该债权，并在媒体上发布公告，将债权转让通知了债务人XZ房管所，符合债权转让的生效条件，该债权已合法转让给CC公司。

截至2012年12月31日，CC公司对XZ房管所享有的债权包括贷款本息。债权人转让权利的，受让人取得与债权有关的从权利。《最高人民法院关于审理涉及金融资产管理公司收购、管理、处置国有银行不良贷款形成的资产的案件适用法律若干问题的规定》第七条规定，债务人逾期归还贷款，原借款合同约定的利息计算方法不违反法律法规规定的，该约定有效。没有约定或者不明的，依照中国人民银行《人民币利率管理规定》计算利息和复息。第九条规定，金融资产管理公司受让有抵押担保的债权后，可以依法取得对债权的抵押权，原抵押权登记继续有效。《流动资金借款合同》约定，XZ房管所到期不偿还借款本金及利息，对逾期借款按日计收万分之二点一的利息，并对未支付利息计收复利。因此，XZ房管所还应偿还CC公司受让的债权本金所产生的利息、复利，自2013年1月1日起计算至付清之日止。

《抵押合同》约定XZ房管所以其A、B、C、D房屋为主合同项下全部借款本金、利息、复利、罚息、实现抵押权的费用和所有其他应付的费用提供抵押担保，抵押至担保范围全部清偿之日起终止，并办理了房屋抵押登记手续（他项权利证书）。如XZ房管所逾期不履行上述债务，CC公司对原登记在XZ房管所名下提供抵押担保的上述房屋折价或者拍卖、变卖所得的价款在本息范围内享有优先受偿权。因抵押房屋所占用的土地未办理抵押登记，CC公司关于对抵押房产占用的土地使用权折价或者拍卖、变卖的价款优先受让的诉讼请求，法院不予支持。

根据XZ机构编制委员会下发文件，XZ房管所被撤销后，其人员人事关系全部编入住房保障中心，其宗旨和业务范围也被包含于住房保障中心之内；住房保障中心系XZ住建局下属事业法人单位，能够独立承担民事责任。因此，XZ房管所对CC公司所负的上述债务应当由住房保障中心承担，而非XZ住建局。CC公司要求住房保障中心、XZ住建局承担连带责任的诉讼请求，法院不予支持。

（二）二审判决

1. 二审上诉

CC公司上诉认为：（1）原审判决认为XZ房管所对上诉人所负债务应当由住房保障中心承担而非XZ住建局，无事实及法律依据；（2）原审判决认为因抵押房屋所占用的土地未办理抵押登记，不予支持CC公司关于对抵押房产占用的土地使用权优先受偿的诉讼请求无法律依据。CC公司请求二审法院撤销原审判决，改判住房保障中心及XZ住建局连带偿还上诉人借款本息；改判CC公司有权对抵押房产及抵押房产所占用的土地使用权折价或者拍卖、变卖的价款优先受偿。

2. 二审判决

（1）虽然《物权法》第一百八十二条规定，“以建筑物抵押的，该建筑物占用范围内的建设用地使用权一并抵押。以建设用地使用权抵押的，该土地上的建筑物一并抵押。抵押人未依照前款规定一并抵押的，未抵押的财产视为一并抵押”。但是《物权法》第一百八十七条规定，“以本法第一百八十条第一款第一项至第三项规定的财产或者第五项规定的正在建造的建筑物抵押的，应当办理抵押登记。抵押权自登记时设立”，据此以土地使用权作为抵押财产时，抵押权自登记时设立，在本案中，双方仅就房产办理了抵押登记，该房产占用范围内的土地并不当然设定了抵押权，土地使用权抵押也应当登记才有法律效力。因此CC公司认为其对抵押房产占用的土地使用权享有优先受偿的上诉理由，法院不予采信。（2）根据XZ机构编制委员会下发文件，XZ房管所被撤销后，其人员人事关系全部编入住房保障中心，其宗旨和业务范围也被包含于住房保障中心之内，住房保障中心系XZ住建局下属能够独立承担民事责任的事业法人单位，因此XZ房管所的债务应由住房保障中心承担，不应由XZ住建局承担，对CC公司认为应由XZ住建局承担连带责任的上诉理由，法院不予采信。

评析：《物权法》第一百八十二条体现的是我们通常所说的“房随地走、地随房走”的原则。如果建设用地使用权已经设定抵押的，建设用地使用权上的新增建筑物不适用“房随地走”的原则。本案值得关注的地方在于司法机关根据不动产抵押权实行登记生效主义的规定，否定了“房随地走、地随房走”的效力。根据本司法判例，为了保障信托资金的安全，信托公司应当将建设用地使用权及其上建筑物一起办理抵押登记手续。我国目前尚未建立不动产统一登记制度，土地使用权抵押登记机关和房屋抵押登记机关分别为国土资源部门和房屋管理部门，这就使得抵押双方必须到国土资源部门和房屋管理部门分别办理土地使用权的抵押登记手续和房屋抵押登记手续。

【实务案例二】登记的抵押权人与债权人不一致时，抵押权的效力问题——王某海、国瑞公司民间借贷纠纷［（2015）民一终字第107号］

一、案情事实

阳光半岛公司与王某海签订《借款合同》后，因为当地抵押登记部门不准许将土地使用权抵押登记在自然人名下，双方为了履行《借款合同》关于“由借款人提供其名下不低于500亩土地使用权作为还款的担保并进行抵押登记，另行签订《土地抵押合同》”的约定，同意由阳光半岛公司与国瑞公司签订《土地抵押合同》，将案涉土地使用权抵押登记在国瑞公司名下，并明确载明为《借款合同》债权人王某海的债权提供抵押担保。

二、最高院裁判观点

首先，在抵押登记制度不健全，抵押登记部门不准许将土地使用权抵押登记在自然人名下的情形下，阳光半岛公司和王某海同意由国瑞公司与阳光半岛公司签订《土地抵押合同》，以国瑞公司名义办理抵押登记，为阳光半岛公司与王某海之间的《借款合同》提供抵押担保，实质是阳光半岛公司与王某海为了履行双方之间的《借款合同》而作的一种交易安排。这样的交易安排体现了阳光半岛公司与王某海以案涉土地使用权为双方之间的借款提供抵押担保的真实意思表示，且不违反法律、行政法规的强制性规定。故案涉

《借款合同》《土地抵押合同》均属合法有效。

其次，阳光半岛公司与国瑞公司之间的《土地抵押合同》明确载明：为担保主合同即阳光半岛公司与王某海之间《借款合同》项下债务的履行，阳光半岛公司自愿将登记在其名下的土地使用权为主合同即《借款合同》出借人王某海的债权设立抵押担保。阳光半岛公司与国瑞公司签订《土地抵押合同》的目的并非将案涉土地使用权抵押给国瑞公司，而是以案涉土地使用权为阳光半岛公司向王某海的借款提供抵押担保。即阳光半岛公司是将案涉土地使用权抵押给《借款合同》的债权人王某海，以履行其与王某海之间的《借款合同》，实现向王某海借款的合同目的。由此可见，阳光半岛公司与国瑞公司之间的《土地抵押合同》并非独立存在的合同，而是附属于阳光半岛公司与王某海之间《借款合同》存在的从合同，即没有阳光半岛公司与王某海之间的《借款合同》，就没有阳光半岛公司与国瑞公司之间的《土地抵押合同》。故本案抵押权设立没有突破抵押权的从属性，也不存在脱离债权的独立抵押。案涉土地使用权的抵押符合《物权法》第一百七十二条关于担保物权从属性的规定。

最后，阳光半岛公司与王某海安排国瑞公司签订《土地抵押合同》，并以国瑞公司名义办理抵押登记，符合《物权法》第一百八十七条关于以建设用地使用权等财产进行抵押，应当办理抵押登记，抵押权自登记时设立的规定。案涉土地使用权经抵押登记，表明在案涉土地使用权上存在担保物权的权利负担，对外具有公示公信作用。而阳光半岛公司与国瑞公司之间《土地抵押合同》关于案涉土地使用权为王某海债权提供抵押担保的约定，对于阳光半岛公司、国瑞公司和王某海内部之间具有约束力。在没有信赖登记的善意第三人主张权利的情形下，应依据当事人约定来确定权利归属。根据阳光半岛公司与国瑞公司签订的《土地抵押合同》约定，王某海对案涉土地使用权享有实际抵押权，为案涉的土地使用权的实际抵押权人；国瑞公司只是《土地抵押合同》约定的名义上抵押权人，对案涉土地使用权不享有抵押权，且国瑞公司在诉讼中也未主张任何权利。因登记制度不健全、登记部门不准予将土地使用权抵押登记在自然人名下的原因，导致本案债权人与登记上的抵押权人不一致，只是债权人和抵押权人形式上不一致，实质上债权人和抵押权人仍为同一，并不产生抵押权与债权实质上分离。王某海既是《借款合同》

的债权人，也是《土地抵押合同》约定的案涉土地使用权的实际抵押权人，王某海对阳光半岛公司享有的债权实质上就是抵押担保的主债权。故王某海作为本案债权人享有案涉土地使用权的抵押权，符合《物权法》第一百七十九条关于抵押权的一般规定。

保险资金投资不动产暂行办法

第一章　总　　则

第一条　为规范保险资金投资不动产行为，防范投资风险，保障资产安全，维护保险当事人合法权益，依据《中华人民共和国保险法》、《中华人民共和国信托法》、《中华人民共和国物权法》、《中华人民共和国公司法》及《保险资金运用管理暂行办法》等规定，制定本办法。

第二条　保险资金投资的不动产，是指土地、建筑物及其它附着于土地上的定着物。

保险资金可以投资基础设施类不动产、非基础设施类不动产及不动产相关金融产品。

保险资金投资基础设施类不动产，遵照《保险资金间接投资基础设施项目试点管理办法》及有关规定。投资非基础设施类不动产及相关金融产品，遵照本办法。

第三条　本办法所称不动产投资管理机构（以下简称投资机构），是指在中华人民共和国（以下简称中国）境内依法注册登记，从事不动产投资管理的机构。

本办法所称专业服务机构（以下简称专业机构），是指经国家有关部门认可，具有相应专业资质，为保险资金投资不动产提供法律服务、财务审计和资产评估等服务的机构。

第四条　保险资金投资不动产相关金融产品形成的财产，应当独立于投资机构、托管机构和其他相关机构的固有财产及其管理的其他财产。投资机构因投资、管理或者处分不动产相关金融产品取得的财产和收益，应当归入不动产相关金融产品财产。

第五条　保险公司（含保险集团（控股）公司，下同）投资不动产，必须遵循稳健、安全原则，坚持资产负债匹配管理，审慎投资运作，有效防范风险。

第六条 保险公司、投资机构及专业机构从事保险资金投资不动产活动，应当遵守本办法规定，恪尽职守，勤勉尽责，履行诚实、信用、谨慎、守法的义务。

第七条 中国保险监督管理委员会（以下简称中国保监会）负责制定保险资金投资不动产的政策法规，依法对保险资金投资不动产活动实施监督管理。

第二章 资格条件

第八条 保险公司投资不动产，应当符合下列条件：

（一）具有完善的公司治理、管理制度、决策流程和内控机制；

（二）实行资产托管机制，资产运作规范透明；

（三）资产管理部门拥有不少于8名具有不动产投资和相关经验的专业人员，其中具有5年以上相关经验的不少于3名，具有3年以上相关经验的不少于3名；

（四）上一会计年度末偿付能力充足率不低于150%，且投资时上季度末偿付能力充足率不低于150%；

（五）上一会计年度盈利，净资产不低于1亿元人民币（货币单位下同）；

（六）具有与所投资不动产及不动产相关金融产品匹配的资金，且来源充足稳定；

（七）最近三年未发现重大违法违规行为；

（八）中国保监会规定的其他审慎性条件。

投资不动产相关金融产品的，除符合前款第（一）、（二）、（四）、（五）、（六）、（七）、（八）项规定外，资产管理部门还应当拥有不少于2名具有3年以上不动产投资和相关经验的专业人员。

保险公司聘请投资机构提供不动产投资管理服务的，可以适当放宽专业人员的数量要求。

第九条 为保险资金投资不动产提供投资管理服务的投资机构，应当符合下列条件：

（一）在中国境内依法注册登记，具有国家有关部门认可的业务资质；

（二）具有完善的公司治理，市场信誉良好，管理科学高效，投资业绩稳定；

（三）具有健全的操作流程、风险管理、内部控制及稽核制度，且执行有效；

（四）注册资本不低于1亿元；

（五）管理资产余额不低于50亿元，具有丰富的不动产投资管理和相关经验；

（六）拥有不少于15名具有不动产投资和相关经验的专业人员，其中具有5年以上相关经验的不少于3名，具有3年以上相关经验的不少于4名；

（七）接受中国保监会涉及保险资金投资的质询，并报告有关情况；

（八）最近三年未发现重大违法违规行为；

（九）中国保监会规定的其他审慎性条件。

符合上述条件的投资机构，可以为保险资金投资不动产提供有关专业服务，发起设立或者发行不动产相关金融产品。投资机构向保险资金发起设立或者发行不动产投资计划的规则，由中国保监会另行规定。

第十条 为保险资金投资不动产提供有关服务的专业机构，应当符合下列条件：

（一）具有经国家有关部门认可的业务资质；

（二）具有完善的管理制度、业务流程和内控机制；

（三）熟悉保险资金不动产投资的法律法规、政策规定、业务流程和交易结构，具有承办投资不动产相关服务的经验和能力，且商业信誉良好；

（四）与保险资金投资不动产的相关当事人不存在关联关系；

（五）接受中国保监会涉及保险资金投资的质询，并报告有关情况；

（六）最近三年未发现重大违法违规行为；

（七）中国保监会规定的其他审慎性条件。

为保险资金投资不动产提供资产托管服务的商业银行，应当接受中国保监会涉及保险资金投资的质询，并报告有关情况。

第三章 投资标的与投资方式

第十一条 保险资金可以投资符合下列条件的不动产：

（一）已经取得国有土地使用权证和建设用地规划许可证的项目；

（二）已经取得国有土地使用权证、建设用地规划许可证、建设工程规划许可证、施工许可证的在建项目；

（三）取得国有土地使用权证、建设用地规划许可证、建设工程规划许可证、施工许可证及预售许可证或者销售许可证的可转让项目；

（四）取得产权证或者他项权证的项目；

（五）符合条件的政府土地储备项目。

保险资金投资的不动产，应当产权清晰，无权属争议，相应权证齐全合法有效；地处直辖市、省会城市或者计划单列市等具有明显区位优势的城市；管理权属相对集中，能够满足保险资产配置和风险控制要求。

第十二条 保险资金可以投资符合下列条件的不动产相关金融产品：

（一）投资机构符合第九条规定；

（二）经国家有关部门认可，在中国境内发起设立或者发行，由专业团队负责管理；

（三）基础资产或者投资的不动产位于中国境内，符合第十一条第一款第（一）项至第（五）项的规定；

（四）实行资产托管制度，建立风险隔离机制；

（五）具有明确的投资目标、投资方案、后续管理规划、收益分配制度、流动性及清算安排；

（六）交易结构清晰，风险提示充分，信息披露真实完整；

（七）具有登记或者簿记安排，能够满足市场交易或者协议转让需要；

（八）中国保监会规定的其他审慎性条件。

不动产相关金融产品属于固定收益类的，应当具有中国保监会认可的国内信用评级机构评定的AA级或者相当于AA级以上的长期信用级别，以及合法有效的信用增级安排；属于权益类的，应当建立相应的投资权益保护机制。

保险资金投资不动产相关金融产品的规则，由中国保监会另行规定。

第十三条 保险资金可以采用股权方式投资第十一条第一款第（一）项至第（四）项规定的不动产，采用债权方式投资第十一条第一款第（一）项至第（五）项规定的不动产，采用物权方式投资第十一条第一款第（三）、（四）项规定的不动产。保险资金采用债权、股权或者物权方式投资的不动产，仅限于商业不动产、办公不动产、与保险业务相关的养老、医疗、汽车服务等不动产及自用性不动产。

保险资金投资医疗、汽车服务等不动产，不受第十一条第一款第（二）项至第（五）项及区位的限制；投资养老不动产、购置自用性不动产，不受第十一条第一款第（一）项至第（五）项及区位的限制；本款前述投资必须遵守专地专用原则，不得变相炒地卖地，不得利用投资养老和自用性不动产（项目公司）的名义，以商业房地产的方式，开发和销售住宅。投资养老、医疗、汽车服务等不动产，其配套建筑的投资额不得超过该项目投资总额的30%。

保险资金投资不动产，除政府土地储备项目外，可以采用债权转股权、债权转物权或者股权转物权等方式。投资方式发生变化的，应当按照本办法规定调整管理方式。保险资金以多种方式投资同一不动产的，应当分别遵守本办法规定。

第十四条 保险公司投资不动产（不含自用性不动产），应当符合以下比例规定：

（一）投资不动产的账面余额，不高于本公司上季度末总资产的10%，投资不动产相关金融产品的账面余额，不高于本公司上季度末总资产的3%；投资不动产及不动产相关金融产品的账面余额，合计不高于本公司上季度末总资产的10%。

（二）投资单一不动产投资计划的账面余额，不高于该计划发行规模的50%，投资其他不动产相关金融产品的，不高于该产品发行规模的20%。

第十五条 保险资金投资不动产，应当合理安排持有不动产的方式、种类和期限。以债权、股权、物权方式投资的不动产，其剩余土地使用年限不得低于15年，且自投资协议签署之日起5年内不得转让。保险公司内部转让自用性不动产，或者委托投资机构以所持有的不动产为基础资产，发起设立或者发行不动产相关金融产品的除外。

第十六条 保险公司投资不动产，不得有下列行为：

（一）提供无担保债权融资；

（二）以所投资的不动产提供抵押担保；

（三）投资开发或者销售商业住宅；

（四）直接从事房地产开发建设（包括一级土地开发）；

（五）投资设立房地产开发公司，或者投资未上市房地产企业股权（项目公司除外），或者以投资股票方式控股房地产企业。已投资设立或者已控股房地产企业的，应当限期撤销或者转让退出；

（六）运用借贷、发债、回购、拆借等方式筹措的资金投资不动产，中国保监会对发债另有规定的除外；

（七）违反本办法规定的投资比例；

（八）法律法规和中国保监会禁止的其他行为。

第四章　风险控制

第十七条　保险资金投资不动产，应当建立规范有效的业务流程和风控机制，涵盖项目评审、投资决策、合规审查、投资操作、管理运营、资产估值、财务分析、风险监测等关键环节，形成风险识别、预警、控制和处置的全程管理体系，并定期或者不定期进行压力测试，全面防范和管理不动产投资风险。

第十八条　保险资金投资不动产，应当按照监管规定和内控要求，规范完善决策程序和授权机制，确定股东（大）会、董事会和经营管理层的决策权限及批准权限。

决策层和执行层应当各司其职，谨慎决策，勤勉尽责，充分考虑不动产投资风险，按照资产认可标准和资本约束，审慎评估不动产投资对偿付能力和收益水平的影响，严格履行相关程序，并对决策和操作行为负责。保险资金投资不动产不得采用非现场表决方式。

第十九条　保险资金投资不动产，应当聘请符合第十条规定条件的专业机构，提供尽职调查报告和法律意见书，制定有效的投资方案、经营计划和财务预算，并通过科学的交易结构和完善的合约安排，控制投资管理和运营风险。

第二十条　保险资金以股权方式投资不动产，拟投资的项目公司应当为不动产的直接所有权人，且该不动产为项目公司的主要资产。项目公司应当无重大法律诉讼，且股权未因不动产的抵押设限等落空或者受损。

以股权方式投资不动产，应当向项目公司派驻董事、高级管理人员及关键岗位人员，并对项目公司的股权转让、资产出售、担保抵押、资金融通等重大事项发表意见，维护各项合法权益。

第二十一条 保险资金以债权方式投资不动产，应当在合同中载明还款来源及方式、担保方式及利率水平、提前或者延迟还款处置等内容。债务人应当具有良好的财务能力和偿债能力，无重大违法违规行为和不良信用记录。

第二十二条 保险资金以物权方式投资不动产，应当及时完成不动产物权的设立、限制、变更和注销等权属登记，防止因漏登、错登造成权属争议或者法律风险。对权证手续设限的不动产，应当通过书面合同，约定解限条件、操作程序、合同对价支付方式等事项，防范和控制交易风险。

第二十三条 保险资金投资不动产相关金融产品，应当对该产品的合法合规性、基础资产的可靠性和充分性，及投资策略和投资方案的可行性，进行尽职调查和分析评估。持有产品期间，应当要求投资机构按照投资合同或者募集说明书的约定，严格履行职责，有效防范风险，维护投资人权益。

第二十四条 保险资金投资不动产，应当实行资金专户管理，督促开户银行实行全程监控，严格审查资金支付及相关对价取得等事项。

保险资金投资不动产，应当合理确定交易价格。保险公司、投资机构与托管机构、专业机构不得存在关联交易。保险公司与投资机构存在关联交易的，不得偏离市场独立第三方的价格或者收费标准，不得通过关联交易或者其他方式侵害保险公司利益。

第二十五条 保险资金投资不动产，应当加强资产后续管理，建立和完善管理制度，设置专门岗位，配置管理人员，监测不动产市场情况，评估不动产资产价值和质量，适时调整不动产投资策略和业态组合，防范投资风险、经营风险和市场风险。出现重大投资风险的，应当及时启动应急预案，并向中国保监会报告风险原因、损失状况、处置措施及后续影响等情况。

第二十六条 保险资金投资不动产，应当聘请符合第十条规定条件的专业机构，按照审慎原则，综合考虑不动产所处区位、市场及其他相关因素，采用成本法、市场比较法和收益还原法等评估方法，合理评估不动产资产价值。

第二十七条 保险资金投资不动产，应当明确相关人员的风险责任和岗位职责，并建立责任追究制度。

保险公司的高级管理人员和主要业务人员，在职期间或者离任后，发现其在该公司工作期间，存在违反有关法律、行政法规和本办法规定投资不动产行为的，保险公司应当依法追究其责任。

第二十八条 保险资金投资不动产，应当要求投资机构按照法律法规、有关规定及合同约定，履行信息披露义务，并对所披露信息的及时性、真实性、完整性和合法性负责。投资机构所披露信息，应当满足保险公司了解不动产及不动产相关金融产品的风险特征、风险程度及投资管理的需要。所披露信息内容至少应当包括不动产或者不动产相关金融产品的投资规模、运作管理、资产估值、资产质量、投资收益、交易转让、风险程度等事项。

第五章 监督管理

第二十九条 保险公司投资不动产，投资余额超过20亿元或者超过可投资额度20%的，应当在投资协议签署后5个工作日内，向中国保监会报告；对已投资不动产项目追加投资的，应当经董事会审议，并在投资协议签署后5个工作日内，向中国保监会报告。

前款规定的报告，应当至少包括董事会或者其授权机构决议、可行性研究报告、资产配置计划、合法合规报告、资产评估报告、风险评估报告、关联交易说明、偿付能力分析、后续管理方案、法律意见书、投资协议书等。

保险资金投资养老项目，应当在确定投资意向后，通报中国保监会，并在签署投资协议后5个工作日内，向中国保监会报告。除本条第二款规定内容之外，还应当说明经营目的和发展规划，并提交整体设计方案和具体实施计划等材料。

中国保监会发现保险公司投资行为违反法律法规或者本办法规定的，有权责令其改正。

第三十条 保险公司投资不动产，应当在每季度结束后的15个工作日内和每年3月31日前，向中国保监会提交季度报告和年度报告，至少包括以下内容：

（一）投资总体情况；

（二）资本金运用情况；

（三）资产管理及运作情况；

（四）资产估值；

（五）资产风险及质量；

（六）重大突发事件及处置情况；

（七）中国保监会规定的其他审慎性内容。

除上述内容外，年度报告还应当说明投资收益及分配、资产认可及偿付能力、投资能力变化等情况，并附经专业机构审计的相关报告。

第三十一条 投资机构应当于每年 3 月 31 日前，就保险资金投资不动产相关金融产品情况，向中国保监会报告，至少包括以下内容：

（一）保险资金投资情况；

（二）产品运作管理、主要风险及处置、资产估值及收益等情况；

（三）基础资产或者资产池变化、产品转让或者交易流通等情况；

（四）经专业机构审计的产品年度财务报告；

（五）中国保监会规定的其他审慎性内容。

除上述内容外，投资机构还应当报告专业团队和投资能力变化、监管处罚、法律纠纷等情况。

不动产相关金融产品为公开发行或者募集的，应当按照有关规定披露相关信息。

第三十二条 托管机构应当于每季度结束后的 15 个工作日内和每年 3 月 31 日前，向中国保监会提交季度报告和年度报告，至少包括以下内容：

（一）保险资金投资情况；

（二）投资合法合规情况；

（三）异常交易及需提请关注事项；

（四）资产估值情况；

（五）主要风险状况；

（六）涉及的关联交易情况；

（七）中国保监会规定的其他审慎性内容。

第三十三条 中国保监会制定不动产投资能力标准，保险公司及相关投资机构应当按照规定标准自行评估，并向中国保监会提交评估报告。中国保监会将检验并跟踪监测保险公司及相关投资机构的不动产投资管理能力及变化情况。

中国保监会可以根据市场需要，适当调整投资比例、相关当事人的资质条件和报送材料等事项。保险资金投资不动产及不动产相关金融产品的相关当事人，向中国保监会报送的材料，应当符合监管规定，并对材料的真实性负责。

第三十四条 中国保监会依法对保险公司投资不动产进行现场监管和非现场监管，必要时可以聘请专业机构协助检查。

保险公司投资不动产，出现偿付能力不足、重大经营问题、存在重大投资风险，或者可能对金融体系、金融行业和金融市场产生不利影响的，中国保监会应当采取有关法律法规规定的停止投资业务、限制投资比例、调整投资人员、责令处置不动产资产、限制股东分红和高管薪酬等监管措施。保险公司投资不动产后，不能持续符合第八条规定的，中国保监会应当责令予以改正。

违规投资的不动产或者超比例投资的不动产，中国保监会按照有关规定不计入认可资产范围。突发事件或者市场变动等非主观因素，造成不动产投资比例超过本办法规定的，保险公司应当在规定期限内，按照规定调整投资比例。

保险资金投资不动产的资产评估标准和方法及风险因子的规则，由中国保监会另行规定。

第三十五条 投资机构和专业机构参与保险资金投资不动产活动，违反有关法律、行政法规和本办法规定的，中国保监会有权记录其不良行为，并将违法违规情况通报其监管或者主管部门。情节严重的，中国保监会将责令保险公司不得与该机构开展相关业务，并商有关监管或者主管部门依法给予行政处罚。

保险公司不得与列入不良记录名单的投资机构和专业机构发生业务往来。

第六章　附　　则

第三十六条 保险公司投资购置办公用房、培训中心、后援中心、灾备中心等自用性不动产，应当运用资本金。

保险公司投资购置自用性不动产的账面余额，不得高于该公司上年末净资产的50%。

保险公司投资的同一不动产，含自用性不动产和投资性不动产的，应当按照本办法规定，分别确定运用资本金和保险责任准备金的比例，分别核算成本和投资收益并进行会计处理。

第三十七条 保险资金投资境外不动产，按照《保险资金境外投资管理暂行办法》和中国保监会有关规定执行，保险资金投资境内和境外的不动产及相关金融产品，投资比例合并计算。

保险资金以取得不动产所有权为目的投资项目公司股权，不适用《保险资金投资股权暂行办法》的有关规定。

第三十八条 本办法由中国保监会负责解释和修订，自发布之日起实施。

中国保险监督管理委员会
二〇一〇年七月三十一日

图书在版编目（CIP）数据

房地产信托业务投融资实务/张同庆编著．—2版．—北京：中国法制出版社，2020.6

ISBN 978-7-5216-1129-8

Ⅰ.①房… Ⅱ.①张… Ⅲ.①房地产投资-信托投资-中国②房地产投资-信托-融资-中国 Ⅳ.①F832.45

中国版本图书馆CIP数据核字（2020）第091777号

策划编辑　谢雯
责任编辑　谢雯　王紫晶　　　封面设计　李宁

房地产信托业务投融资实务

FANGDICHAN XINTUO YEWU TOURONGZI SHIWU

编者/张同庆
经销/新华书店
印刷/三河市紫恒印装有限公司
开本/710毫米×1000毫米　16开　　　印张/19.5　字数/224千
版次/2020年6月第2版　　　2020年6月第1次印刷

中国法制出版社出版
书号 ISBN 978-7-5216-1129-8　　　定价：69.00元

北京西单横二条2号
邮政编码100031　　　传真：010-66031119
网址：http://www.zgfzs.com　　　**编辑部电话：010-66070046**
市场营销部电话：010-66033393　　　**邮购部电话：010-66033288**